中国はいかに国境を書き換えてきたか

地図が語る領土拡張の真実

平松茂雄

草思社文庫

はじめに

今から数年ばかり前に著者が指導していた勉強会で、ある社会人の方から、「中国というのは、劉備玄徳《りゅうびげんとく》、諸葛孔明《しょかつこうめい》の蜀《しょく》あたりまでというイメージしかありませんでしたが、先生の本を読んで、中東に近いずっと西の方まで広がっていることに気づき、驚きました。ペルシャ湾やイランはずっと遠い場所だと思っていたけれど、中国にとっては近い所なんですね」と言われて、逆に驚いたことがある。

中国を見る場合、政治軍事体制やイデオロギーや歴史といった要素はむろん重要であるが、それ以前に、国家の基本的な在り方を規定する地理的位置と空間的広がりを知らなければ、決定的に見誤ることになる。

もともと中国語にはヨーロッパ的な意味での「国境」という言葉はない。中国語のなかにそれに該当する言葉を探すとすれば「辺疆《へんきょう》」である。「辺境」でない点に注意して欲しい。「辺疆」とは国境線ではなく、地域を示す言葉であり、しかもどこからどこまでと線で明確に区画された地域ではなく、極めて曖昧な地域である。

アジアには数千年にわたって、「地球という小惑星には中国という一つの大国しか存在しない」という「中華世界」という考え方が存在してきた。「中華世界」とは、ちょうど風船球が膨らんだり、萎《しぼ》んだりするように、中央政府が強固な時には膨らみ、反対に政治的に混乱し強力な中央政府が存在しない時には萎んでしまう。その伸縮自在に膨らんだり萎んだりする地域が「辺疆」である。中央政府は弱体化すると、積極的に「辺疆」を防衛も維持もせず、簡単に捨ててしまう。そして、力を得ればまた「辺疆」を拡大・膨張させていく。

近年、中国が経済的軍事的に成長して大国になるに従って、大陸周辺のアジアばかりか、世界のあらゆる地域に進出し、影響力を拡大させているのを見て、「なぜ中国は膨張するのか」と非難する人が多いが、中国大陸を舞台とする歴史をひもとけば、中国という国家が、つねに膨張と縮小を繰り返してきたことが分かる。

そもそも現在の中国の国境線というものが、昔から規定されているかのように考える人も多いようだが、中国が今のように広大な領土を支配するようになったのは、歴史的にいえばごく最近の、清朝以降のことである。

古来の「中華世界」、つまり漢民族の居住してきた地域は驚くほど小さく、現在の中華人民共和国の領土のほぼ三分の一程度の広がりを持つ地域に過ぎなかった。歴史的に見ても、概して漢民族の建てた王朝は、漢民族の居住地を中心として、河西回廊《かせいかいろう》

族の土地を侵略されたり、あるいは漢民族がその異民族の支配を受けた歴史である。
辺疆地域に拡大したり、それらの辺疆地域に居住する辺疆異民族の侵略により、漢民
いい換えれば、中国の歴史は、漢民族の居住する地域を核として、漢民族の支配が
漢民族の王朝である。このことは第1章に掲載の歴史地図を見れば一目瞭然である。
漢民族の居住地を超えて大帝国を形成したのは、漢と唐を除くと、元や清といった非
（シルクロード）、あるいは朝鮮半島、インドシナ半島の一部を支配しただけである。

＊

漢民族の居住地域の周りを取り囲むように、東から満洲、蒙古、新疆《しんきょう》、その南にチベットがあり、いわゆる外部世界との緩衝地帯として「辺疆」を形成してきた。

辺疆とは「緩衝地帯」であり、そこに「力の空白」ができた場合、周辺国はその空白を埋めようと進出してくる。中国の場合は、辺疆が外部勢力の手に落ちてしまうと「緩衝地帯」がなくなり、漢民族の居住地域が直接的に脅かされることになる。地理的戦略的観点から見るならば、漢民族にとって、中原の地から少しでも遠く離れた地域を自分の影響下に置き、「緩衝地帯」とすることが、最善の国防策であった。いわば膨張することは中国の「宿命」ともいえる。

だが、膨張は「宿命」といっても、現在の中国共産党政権は、ただ闇雲に、無鉄砲に、膨張してきたわけではない。つねに明確な国家目標の下に、戦略的に辺疆を押さ

え、支配地域を拡大し、領土を拡張し、影響力を拡大してきたといえる。

一八四〇年のアヘン戦争以来、中国大陸は欧米と日本という「帝国主義列強」によって「侵略」されたが、一九四五年の日本の敗戦と同時に、その「力の空白」に乗じて、満洲、蒙古、新疆、チベット、朝鮮半島、台湾といった辺疆に、蔣介石軍、ソ連、米国、インドが進出しようとした。そうしたなか、毛沢東は建国前後の多事多難な時期であったにもかかわらず、満洲、内蒙古、新疆、チベットを必死に押さえた。それが今日の中華人民共和国の国境線となった。

毛沢東はその後、辺疆での経済建設、軍事建設を進めたが、その時々の状況や目的に応じて、その重点地域を、極めて柔軟にかつ大胆に変更しつつ、辺疆経営を進めた。しかも、それらの辺疆は、当初はただの原野や砂漠や凍土に過ぎなかったが、営々と開拓・建設を続けた結果、今や中国の拡張を支える戦略的拠点として不可欠の要地となっている。毛沢東は明確に、辺疆を戦略的要衝と見ていたのである。

さらにいえば、辺疆は「陸」だけではない。「海」の辺疆もある。その「海の辺疆」に位置するのが台湾であり、黄海、南シナ海、東シナ海である。さらに、わが国の南西諸島も中国にとっては「海の辺疆」である。第二次大戦後、これら「海の辺疆」は米国によって「奪われた」も同然であったが、一九七〇年代から周辺海域に進出し始めた中国は、徐々に「海の辺疆」を「取り戻し」つつ、それを背景として現在、西太平洋にまで進出しつつある。

＊

こうして戦略的に膨張を続ける中国の、毛沢東を先頭とする指導者らの念頭にあったのは、アヘン戦争以来、「帝国主義列強」に「奪われた領土」を取り戻し、「中華世界の復興」を果たすことであった。「中華世界の復興」とは、具体的には清朝最盛期の版図を回復することである。この「失地回復主義」とでもいうべき立場こそ、領土拡張を続ける中国の原動力である。

中国の「国境」に対する考え方は、世界の国々とは全く異なる。しかも、現在の中国の膨張は、「戦略的辺疆」という新たな概念によって理論付けられ正当化されているることに注意しなければならない。つまり、普通は国際的に承認された国境で囲まれた範囲を自国の領域と考えるが、中国の考える「戦略的辺疆」は領土・領海・領空に制約されず、総合的国力の変化に伴って変化する。これは伝統的な「中華世界」の考え方と同じである。中国は「戦略的辺疆」を長期間有効に支配すれば、「地理的境界」を拡大することができると考えている。現に中国で進展中の軍事改革により新設された「東部戦略区」（東部戦区、第4章で論じる）は、日中中間線を越えて、わが国の南西諸島を完全に包摂し、管轄の対象としている。

従って、わが国は喫緊《きっきん》の課題として、自力で南西諸島を防衛できるよう一日も早く態勢を整えるとともに、日米同盟を基軸として、台湾、韓国、オーストラリア、あるいは南シナ海沿岸諸国とも協力し、中国がこれ以上海洋に進出することを食い止めなければならない。日本は独立国家として「自分の国は自分で守る」との立場に立ち、足りないところを米国の軍事力や関係国との安保協力によって補うという当たり前の立場に立つ必要がある。軍事的に考えれば、中国から日本を守るためにとるべき戦略は明白である。

＊

これまで日本人は、中国との摩擦をひたすら回避して「友好」を唱えるか、何の根拠もなく中国の崩壊や民主化を期待するだけで、中国を正面から見ようとしてこなかった。実際に、著者は中国の問題を指摘するたびに、「中国なんて大したことない。日米安保があれば大丈夫」「何を心配しているんですか、オオカミ少年みたいに」と笑われたり、たしなめられたりしてきた。

しかし、これ以上中国を見誤り続けるならば、いずれわが国は決定的な存亡の危機を迎えることになる。そうならないためにも、この辺で中国に対する見方を改め、中国を正視する必要がある。中国問題は、中国の問題というより日本の問題である。

本書はこれまで論じられることのなかった、「地理」という側面から中国を捉えなおすことを意図した。さまざまな地図をもとに、歴史から現代、今日に至るまでの過程を通して日本人が知らない中国の本質を立体的に描き出すことを心がけた。過去・現在・未来、一貫した原理で貫かれた中国の姿から、中国のこれから、そして日本のこれからが見えてくるであろう。

中国はいかに国境を書き換えてきたか◉目次

第2章 中国はいかに領土を拡張してきたか

第3章 知らぬ間に築かれた軍事大国の礎

第4章　アジアの大国から世界帝国への豹変

第5章　中国はどこまで膨張するのか

第1章　史上最大の版図に膨張する現代中国

1 中国は多様なる一つの世界

中国は国家の集合体

「中国は国連みたいなものだから国連に入る必要はない」――。一九六〇年代中葉、中国が国連に加盟したくても中華民国の存在により加盟できなかった時代に、毛沢東はこのようなことを述べたことがある。この発言は加盟したくても加盟できなかった中国の強がりであったにしても、「国連みたい」との意味は「大きくて多様な国家の集まり」を指すから、中国という国の広さと多様性をうまく表現した言葉であったといえる。

中国は面積が大きく、国境線が長く、しかも多くの国と国境を接している世界でもまれな国である。陸地国土面積は九六〇万平方キロメートルで、世界でロシア、カナダに次いで世界第三位の大きさであり、わが国の陸地国土面積の二十六倍、ヨーロッパ大陸やアメリカ合衆国がすっぽり入るほどの広さである。海上の国土面積は、中国がこの二十数年来主張しているところによれば、三〇〇万平方キロメートルで、日本に次ぐ世界第七位の大きさである。

中国の最も大きな行政単位は、省・自治区・中央直轄市で、現在省は二十二、自治区（少数民族ないし非漢民族居住地区）は五、中央直轄市（わが国の政令指定都市に該当）が四、特別行政区が二で、合計三十三にのぼる。省や自治区というと、単純にわが国の県を連想しがちであるが、それらは平均すれば日本やヨーロッパの一つの国家の大きさに相当する。ヨーロッパには都市国家を含めて、国家が四十五ほどあるので、中国は一つの国家というよりは、ヨーロッパのような多数の個性の異なる国家の集まりに近い。

人口数も一三億四〇〇〇万人（二〇一〇年）と巨大で、省人口は平均すると四〇〇〇万人で、世界の多くの国家の人口に匹敵する。最も人口の多い省で約一億人だから、日本の人口に近い。

中国の人口の約九〇パーセントを占める漢民族は、同じ民族でありながら一様ではなく、地方により異なる。まず話し言葉が違う。同じ漢字でも、北京語、上海語、広東語で発音が全く異なる。さらに同じ広東省でも地域により発音が違う。次に風土が異なり、生活・習慣が異なる。黄河と長江の間にある淮河《わいが》とそれに続く秦嶺《しんれい》山脈を基軸として、中国大陸を南北に二分すると、北の地域は乾燥して寒冷の地域である。平原で小麦・雑穀を栽培して、粉にして食糧とする。南は雨が多く、温暖である。河川、湖沼《こしょう》が多く、水田中心で米を常食としている。北では、秋に小麦、雑穀の種を蒔いて春に収穫する。南では、春先に種を蒔いて秋に収穫する。収穫を祝う祭りは、小麦・雑穀の春、水稲地区は秋である。祭りの仕方も異なる。

中国には、少数民族と呼ばれる非漢民族が五十四民族あり、最大のチワン民族は約一六〇〇万、ウイグル民族は約八〇〇万、蒙古民族とチベット民族は六〇〇万を数え、人口数とは反対に広大な地域に居住していて、今あげた民族は、それぞれが一つの国家を形成してもおかしくない（なお、中国の公表している少数民族数は五十五である。これには台湾の少数民族が含まれている。台湾は中国の領土ではないから、本書では含めていない）。

大雑把にいえば、漢民族の居住地域は中国の三分の一程度で、少数民族・非漢民族の地域は三分の二を占めている。しかも少数民族・非漢民族の地域は、満洲（東北地区）から西へ、内蒙古《うちもうこ》自治区、新疆《しんきょう》ウイグル自治区へ、その西端で南下してチベット自治区へ、チベットから東へ広西チワン族自治区へと連なっていて、地理上、漢民族地区は、これらの少数民族・非漢民族地区の内側にあって、それらの少数民族地区により守られていることになる。すなわちこれらの少数民族・非漢民族地域は、漢民族と外部世界との間の広大な緩衝地帯として重要な役割を果たしている。さらにこれから本書で論じるように、外の世界に進出していく根拠地としての役割を果たしている。

このように、中国の「地方」というのは、日本や世界でいうところの「国家」という感覚で捉える必要がある。また中国という国家を見る場合、それは一つの国家というよりも、一つの世界、ヨーロッパのような「小世界」「小宇宙」と捉えた方がよい。

国の在り方は地理的要素で規定される

中国がいかに広い国家であるかということは、隣接する国の数の多さからも見て取れる。

中国の陸地国境線は約一万五〇〇〇キロメートル。この国境線に隣接する国は、東から北朝鮮、ロシア（以上は中国の東北地区と隣接）、モンゴル、ロシア、カザフスタン、キルギス、タジキスタン（同、中国の新疆と隣接）、アフガニスタン、パキスタン、インド（同、中国の新疆、チベットと隣接）、ネパール、ブータン、インド（同、中国のチベットと隣接）、ミャンマー、ラオス、ベトナム（同、中国の西南地区、雲南省と広西チワン族自治区と隣接）の十四カ国である。最近まで英国の植民地であった香港、ポルトガルの植民地であったマカオを入れると、十六カ国・地域となる。

一方、海上国境線は約二万二〇〇〇キロメートル。複雑な海岸線が多く、この海岸線に沿って、北から黄海、東シナ海、南シナ海というそれぞれ性格を異にする海が広がり、これらの海を挟んで東から北朝鮮、韓国、日本、台湾、フィリピン、ベトナムの六カ国と隣接している。

フルンブイル
黒竜江省
チャムス
チチハル
鶏西
ハルビン
ウランホト
白城
牡丹江
長春
吉林
延吉
通遼
四平
吉林省
シリンホト
通化
内蒙古自治区
瀋陽
遼寧省
フフホト
張家口
北京市
丹東
バヤンノール
包頭
北京
大同
天津市
大連
銀川
河北省
天津
煙台
寧夏回族
自治区
太原
石家荘
武威
済南
延安
山西省
青島
蘭州
山東省
宝鶏
西安
連雲港
天水
洛陽
鄭州
徐州
江蘇省
河南省
陝西省
阜陽
南通
南陽
合肥
南京
上海市
綿陽
上海
南充
湖北省
安徽省
寧波
成都
重慶市
宜昌
武漢
杭州
景徳鎮
浙江省
楽山
重慶
常徳
岳陽
南昌
温州
遵義
長沙
宜春
南平
貴州省
湖南省
六盤水
江西省
福州
貴陽
桂林
福建省
厦門
広西チワン(壮)族
自治区
広東省
汕頭
広州
深圳
南寧
マカオ
(特別行政区)
香港(特別行政区)
湛江
海口
海南省

図1-1　中国の行政区画

アルタイ
伊寧
石河子
ウルムチ
アクス
ハミ
カシュガル
新疆ウイグル自治区
敦煌
嘉峪関
酒泉
ホータン
甘粛省
ゴルムド
青海省
西寧
ガル
玉樹
バルガ
チベット（西蔵）
自治区
四川省
チャムド
シガツェ
ラサ
麗江
大理
雲南省
景洪

ロシア連邦
モンゴル
中華人民共和国
朝鮮民主主義
人民共和国
大韓民国
日本海
渤海
黄海
東シナ海
台湾
南シナ海
フィリピン
ベトナム
ラオス

図1-2　中国と周辺国

このように、中国は多数の国家と陸続きであり、また海を挟んで多数の国家と隣接する世界でもまれな国である。中国問題を考える時、政治軍事体制やイデオロギーや歴史を考慮することはむろん重要であるが、それ以前に国家の基本的な在り方を規定する地理的位置と空間的広がりを知らなければ、決定的に誤ることになる。

「地大物博」の国

中国を説明する言葉として、「地大物博《じだいぶつはく》」という言葉がある。「土地が大きく、物が沢山ある」という意味である。著者はこれに「人多」を加えて、「地大物博人多の国」と呼んでいる。

「物博」とは、単に物が沢山あるというのではなく、「なんでもある」「ないものはない」という意味である。「大変多様な要素を持つ国である」と訳せばよいであろうか。自然条件を取り上げても、中国には世界のあらゆる自然条件がある。ないのは寒帯だけである。東北（満洲）には亜寒帯のツンドラ地帯、亜寒帯森林、西南のミャンマー、ベトナムとの国境地帯には亜熱帯のジャングルがあり、大陸の最南端の海南島は亜熱帯で、天然ゴムの生産が行われる。南シナ海まで含めれば、南沙諸島は熱帯である。さらに年間降雨量五〇ミリに達しないタクラマカン砂漠、海抜四〇〇〇～五〇〇〇メートルあるチベット・青海高原――と東西の経度の広い幅と、海岸から内陸への奥の

図1-3　中国の三大自然地理区

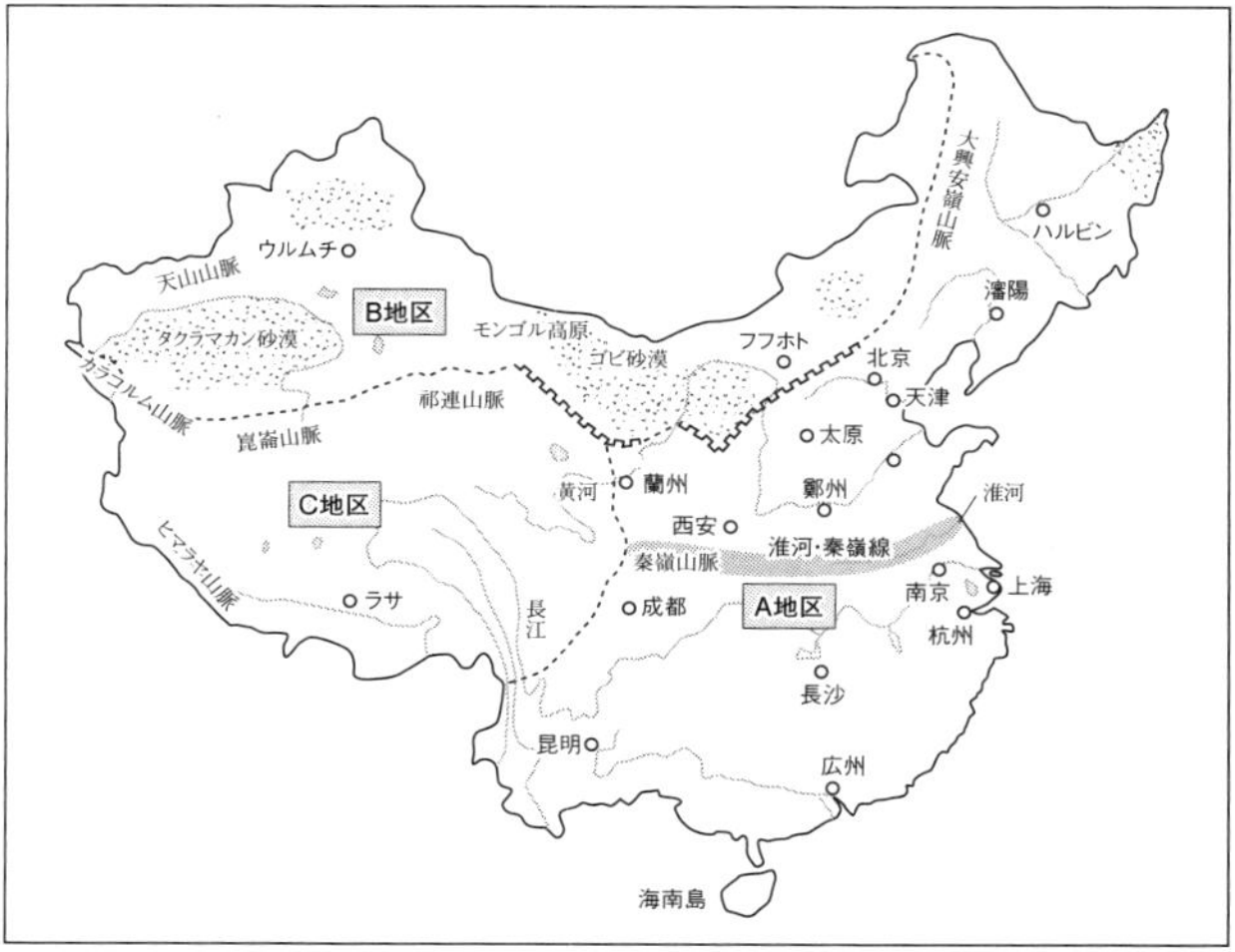

深さ、さらに世界最高峰のエベレスト山（中国名チョモランマ）から海面以下の内陸盆地に至る大きな起伏、こうした自然が生んだ多様な風土である。

中国の国土を、地質、地形の構造、気候、植物生育の状態から概観すると、図1－3「中国の三大自然地理区」のように、A　東部の季節風地区、B　西北部の蒙古・新疆高原地区、C　西南部の青海・チベット高原地区の三つの地域に分けられる。大雑把にいえば、西南のC地区が高く、A地区に向かって低くなっている。

C地区は、中国国土の西南部分に位置する。海抜四〇〇〇～五〇〇〇メートルの広大なチベット・青海高原で、南側は世界で一番高いエベレスト山（八八四八メートル）を抱く七〇〇〇メートル級のヒマラヤ山脈、北側にはそれよりも高いカラコルム山脈（海抜八〇〇〇メートル級）、崑崙《こんろん》山脈（六〇〇〇メートル級）と続く重々《じゅうじゅう》たる山並みが連なっていて、空気は希薄、気温・湿度も非常に低く、大部分が寒冷の砂漠に近い土地である。高原といっても、わが国の志賀高原とか軽井沢高原とは全く異質の山岳地帯である。文字通り「世界の屋根」である。ここは通常の人間が生活することは困難であり、作物も実りにくい。チベット民族の世界である。

B地区は、中国の西北から東北にかけての地区で、南はカラコルム山脈、崑崙山脈、北は天山山脈（六〇〇〇メートル）から、祁連《きれん》山脈（五〇〇〇メートル）、モンゴル高原を経て、東北の大興安嶺《だいこうあんれい》山脈（二〇〇〇メートル）へと続く山岳に囲まれた海抜一〇〇〇～二〇〇〇メートルの高地である。新疆から蒙古にかけて、タクラマカン砂漠（面積約五二万平方キロメートル、東西約二〇〇〇キロメートル、南北約六〇〇キロメートル）、ゴビ砂漠（面積約一三〇万平方キロメートル、東西約一六〇〇キロメートル、南北約九七〇キロメートル）など大きな砂漠がいくつもある。北の天山山脈、南の崑崙山脈などの六〇〇〇～七〇〇〇メートル級の山脈が延々と連なっているが、蒙古草原、大原生林地帯である大興安嶺山脈地帯を除いて、砂漠地帯であるところから、高山の雪が解けて川となっても、外洋に注ぐことができず、砂漠のなかに消えてしまう。新疆地区は主としてイスラム系のウイグル民族とカザフ民族、蒙古民族が居住している。生業は主として遊牧であるが、雪解け水を利用できる山麓地帯では農業が行われている。

C地区のチベット・青海高原とB地区の砂漠地帯を合わせると、広大な中国国土の多くは、通常の生活が極めて困難な地域である。

A地区は大部分が一〇〇〇メートル以下の丘陵と平原であり、すべての河川は海(渤海《ぼっかい》、黄海、東シナ海、南シナ海)に注いでいる外洋流域で、温暖で湿潤である。だがA地区でも、東北から西南にかけて、ヒマラヤ造山期にできた比較的に若い山脈が走り、華南には老年期の山脈が複雑に入り組んでいるため、東北(約三〇万平方キロメートル)と華北(約四〇万平方キロメートル)の二つの大平野を除くと、農耕に利用できる土地はそれほど多くない。

この地区には、チベットを水源とする黄河と長江の二つの大河が東に流れて、それぞれ渤海と東シナ海に注いでいる。北が黄河、南が長江である。そのほぼ中間に、黄海に注ぐ淮河があり、それを遡ると秦嶺山脈につながる。これを淮河・秦嶺線といい、これを境にして、その北と南とで、大きく性格の異なる風土である。北は寒冷で乾燥しており、小麦、トウモロコシ、コーリャンなどの穀物、南は温暖で湿潤であり、水稲を主食としている。

中国の半分は人が住めない過酷な地

こうした風土の違いは、農業生産の形態（畑と水田）、住民の生活、風俗・習慣の相違を生み、さらに北京語、上海語、広東語、客家《ハッカ》語などの言葉の違いが加わって、同じ漢民族といいながら、ちょうどヨーロッパが外部世界から見ると同じように見えても、内に入ってみると、それぞれ個性のある多くの国の集まりであるように、北と南、東と西で大きく異なっている。「南船北馬《なんせんほくば》」という言葉は、中国の北部と南部の風土の違いをうまく表現している。

山地には流水による浸蝕作用が働き、低地に堆積《たいせき》平原ができて、農業が実施されている。中国の広大な国土のなかで農業に比較的適している地区は、A地区のみであり、全国土の四割程度である。このように中国は国土面積が世界で第三位と広大でも、人間が利用できる国土は非常に限られている。

中国大陸の大部分は山岳と砂漠と高原で、耕地は極めて少ない。国土の一一パーセント程度である。一方、日本は島国で山地が多く、やはり耕地は少ない。耕地の割合は国土の一二パーセント程度である。割合だけを比較すれば、日本も中国もほとんど変わらないように見えるが、中国の耕地は国土の一一パーセントといっても、国土面積が大きいから、耕地面積は一億七〇〇〇万ヘクタールで、日本の陸地領土面積の約三倍になる。だが、人口の八割以上が農民であるから、農業人口一人当たりの耕地面積は、わが国と比較して三〜四割程度少ない。農家人口一人当たりの耕地面積が少ないということは、自家消費以上の生産が困難であることを意味する。簡単にいえば、自分の家で作った作物を自分たちで食べて終わりということである。だが、中国の農民の生活を見れば、それすらできなかった農民が大勢いたのである。

その主要な原因は、過酷な小作制度と想像を絶する厳しい自然災害である。前者は本書の対象ではないから、ここでは取り上げない。想像を絶する厳しい自然災害とは大規模な旱魃《かんばつ》と水害の頻発である。もともと中国大陸の降水量は、季節および年によって偏差が大きい。しかも多くの山がほとんど禿山《はげやま》であるため、森林の保水作用がなく、河川の流水量が最大と最小で数百倍も違い、旱魃と水害が頻発する。中国大陸では、紀元二〇六年から一九三六年の期間に、大きな水害が一〇三一回、旱魃が一〇五〇回と記録されているから、毎年のように大きな水害と旱魃が発生していたことになる。

漢民族王朝が支配した土地は狭い

今説明したA、B、Cの三つの地区のなかで、古来漢民族が居住してきた地域はA地区であり、A地区は北から東、さらに南にかけて弧状形に黄海、東シナ海、南シナ海の三つの海に面している。それらの海はさらに朝鮮半島、日本列島、台湾、ボルネオ島へと連なるいわゆる「第一列島線」によって、取り囲まれている。このようにA地区はB地区とC地区および黄海、東シナ海、南シナ海の三つの海と第一列島線によって囲まれている。

そして歴史的にいえば、漢民族の居住するA地区は、主として北すなわちB地区からの異民族＝騎馬民族による侵略を受けてきた。「北からの脅威」、騎馬民族の侵略を阻止する目的で構築されたのが「万里の長城」である。「万里の長城」は現在の甘粛《かんしゅく》省から渤海湾に面した山海関まで延々二七〇〇キロメートル続いている。この長城がいかに重要な役割を果たしたかについては、甘粛省の区画が各王朝の時代を通じて、「万里の長城」に沿って、昔のシルクロード、いわゆる「河西回廊」沿いに意図的につくられているところからよく分かる。漢民族にとって外部世界、すなわち新疆、西域との通路を確保する意味があるが、これは同時に、後述するように、蒙古と新疆ウイグルとチベットを分断する役割を果たしている。

歴史から見て、漢民族の居住地域は、現在の中華人民共和国のほぼ三分の一程度の広がりを持つ地域であり、その周りに、東から満洲、蒙古、新疆、その南にチベットがあり、いわゆる「辺疆《へんきょう》」を形成している。これらの地域は、非常に広大であり、外部世界との緩衝地帯としては十分すぎる大きさである。しかも、これらの地域は世界でも最も高い山岳地帯、広大な砂漠地帯・草原地帯が折り重なっている文字通りの「辺疆」地帯である。

中国の歴史は、漢民族の居住する地域を核として、漢民族の支配が辺疆地域に拡大したり、それらの辺疆地域に居住する辺疆異民族の侵略により、漢民族の土地を侵略されたり、あるいは彼らがそれらの異民族の支配を受けた歴史である。

著者の手元に、『中国歴代疆域形勢圖《ず》 附・疆域形勢通論』という地図帳がある。この地図を見ると、中国の領土の膨張と縮小の歴史がよく分かる（三九ページ以下）。香港の文光書局が出版したもので、出版年月日は記載されていない。中華民国時代に大陸で出版された地図帳を基にしていると思われる。十八図からなっていて、「中学史地課程適用」と書かれているから、学校での壁掛け用の大きな地図を冊子に印刷出版したものであろう。一九六九年八月から七一年七月まで、著者が外務省特別研究員として香港総領事館で研究していた時に買い求め、当時中国が地図の類を一切外部に出さなかった時期に大変役に立った一冊である。

この地図によると、中国の歴代王朝で、前漢、唐最盛期、北宋、明最盛期などの漢民族の王朝の版図《はんと》は概ね漢民族の住む地域を中心として、東は朝鮮半島の一部、西は新疆の一部、南はベトナムの一部を含む地域であるが、それほど広くない。だが後漢、唐後期、南宋、明後期の版図は漢民族の地域すら支配していない。

前漢の版図は、東は満洲の遼東《りようとう》半島と渤海湾に面した地域および朝鮮半島の北から三分の二程度に及んでいるが、蒙古は匈奴《きようど》の支配下にあり、河西回廊を経て天山山脈の北側すなわち新疆の一部が版図となっている。南はベトナムの一部。チベットは支配下にない。後漢になると、新疆ばかりか、河西回廊も失い、遼東半島と朝鮮半島の一部、ベトナムの一部だけである。

最盛期の唐の版図は漢民族としては最大の広がりを持ち、満洲、蒙古、新疆からさらに現在の中央アジア四カ国、すなわちキルギスとタジキスタンのほぼ全域、ウズベキスタンとトルクメニスタンの一部を含み、さらにチベット（吐蕃《とばん》）を包摂し、朝鮮半島とインドシナ半島を支配下におさめた大帝国であった。だが、唐末になると大幅に縮小してしまう。

北宋になると、さらに漢民族だけの世界に狭まり、南宋では、北の境界は黄河と長江の間まで狭くなるほど漢民族の領土は狭められた。

蒙古民族は元というカスピ海から黒海に至る大帝国を築き、漢民族の世界はもとより、新疆、チベット、沿海州、ハバロフスク州まで含んでいる。明の版図は漢民族の住む地域の他に、シベリアのハバロフスク州と沿海州を含んでいるが、朝鮮半島に支配は及ばず、新疆は河西回廊沿いの地帯だけ、チベットにも支配は及んでいない。南ベトナムの北半分を支配している。明末になると河西回廊の大部分を失っている。

前漢（紀元前206年～紀元後8年）

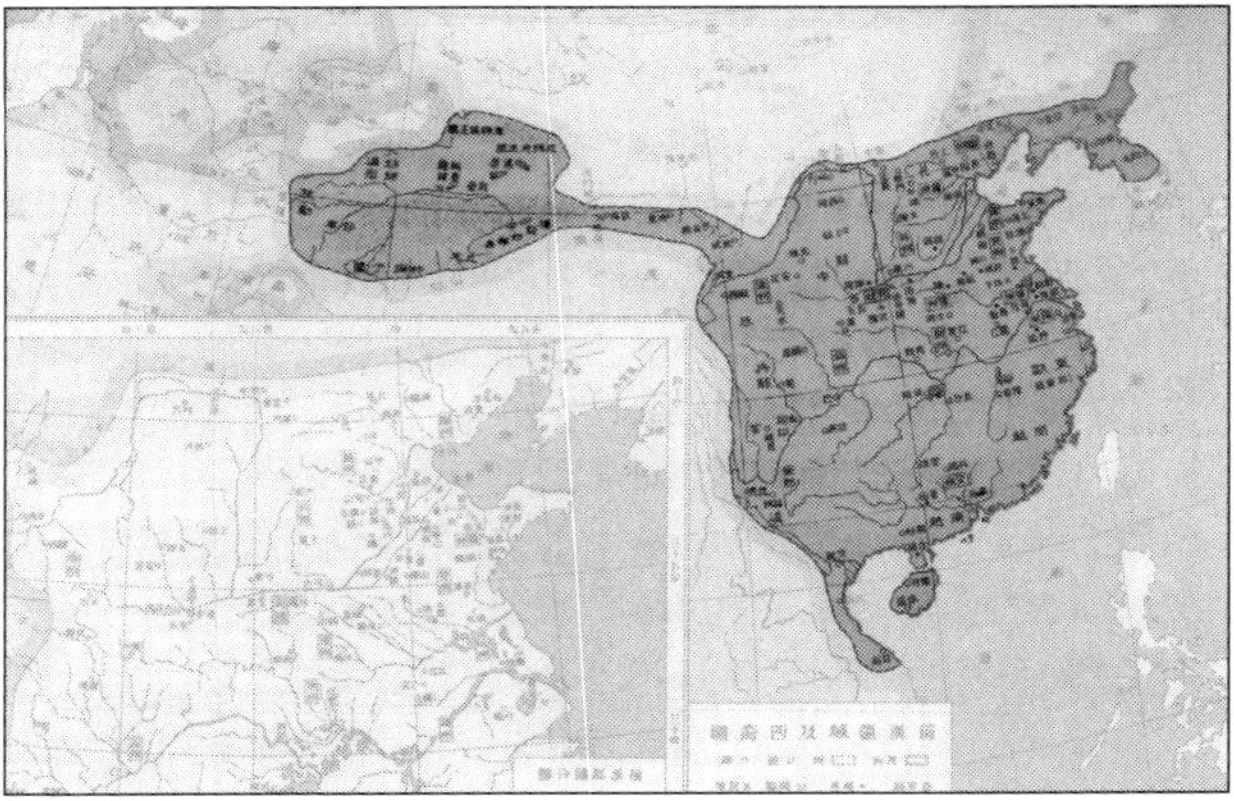

後漢（25年～220年）

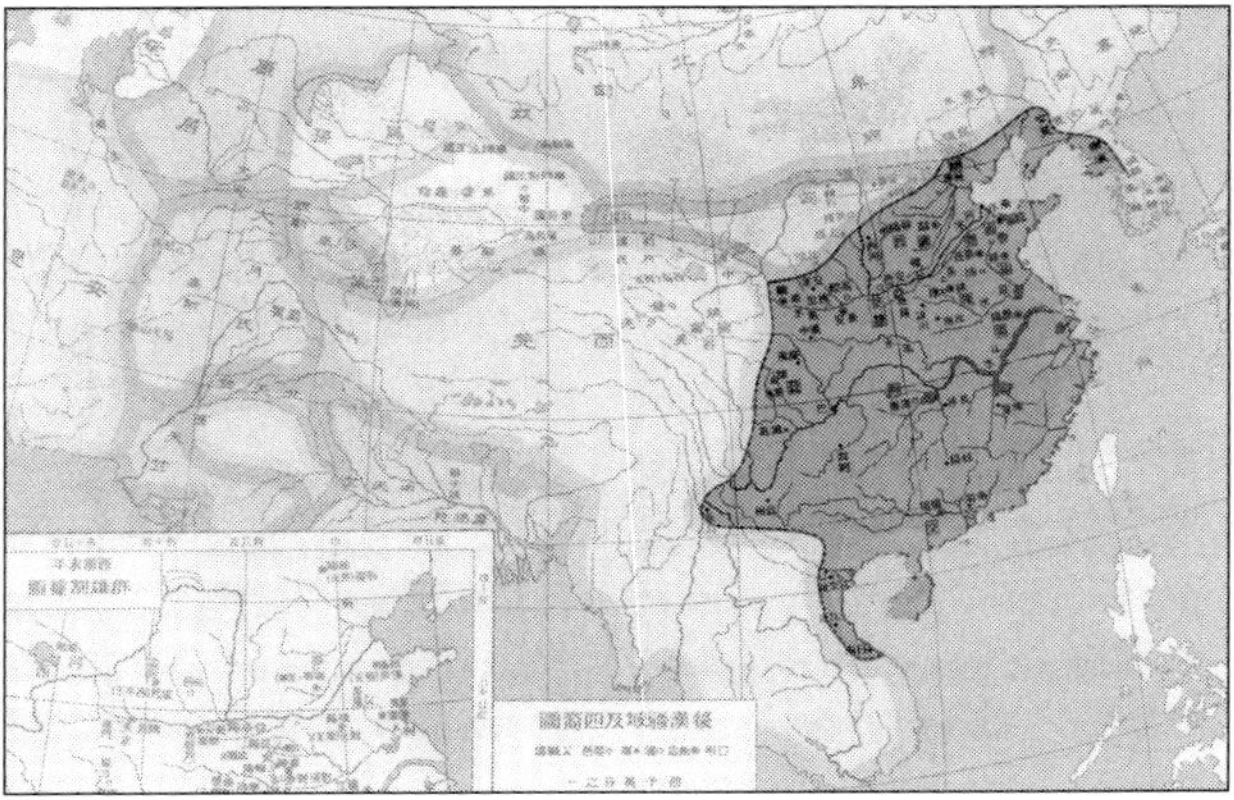

盛唐（第三代皇帝高宗の治世、およそ670年代）

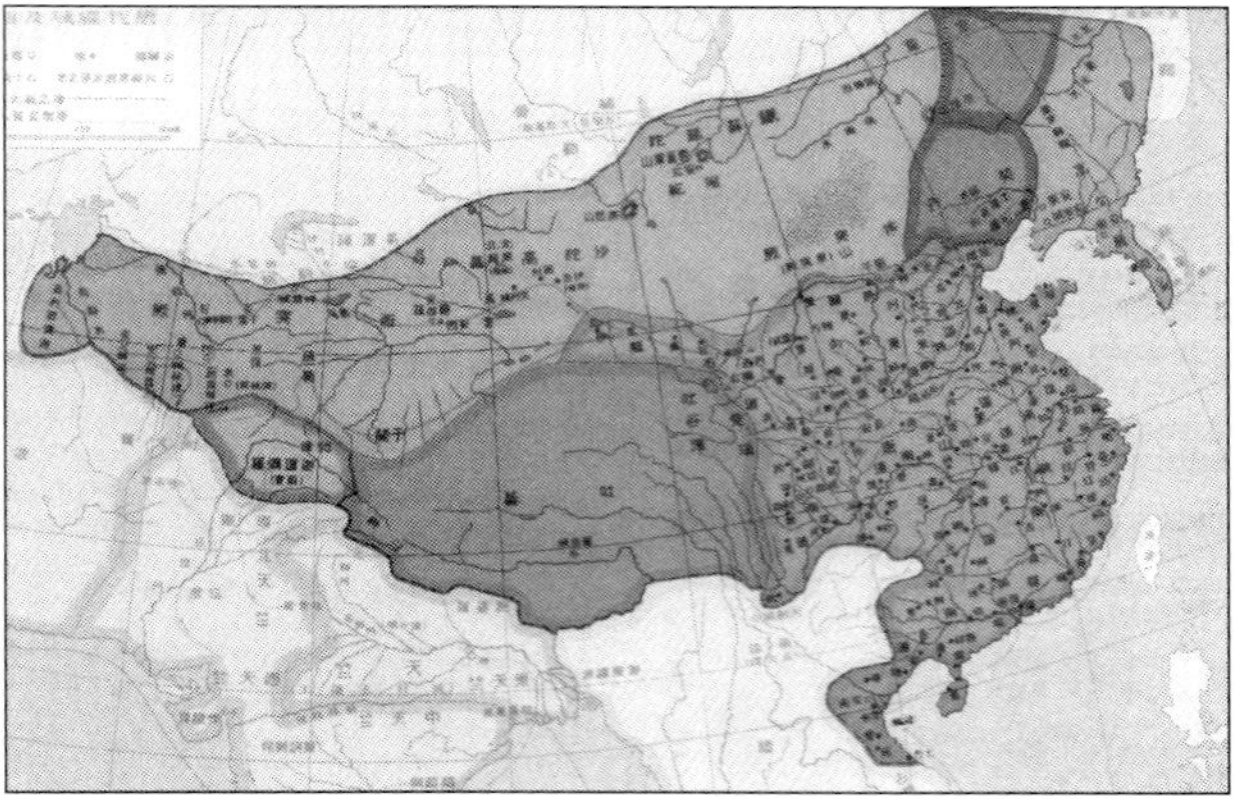

唐末
（9世紀半ば～10世紀初頭）

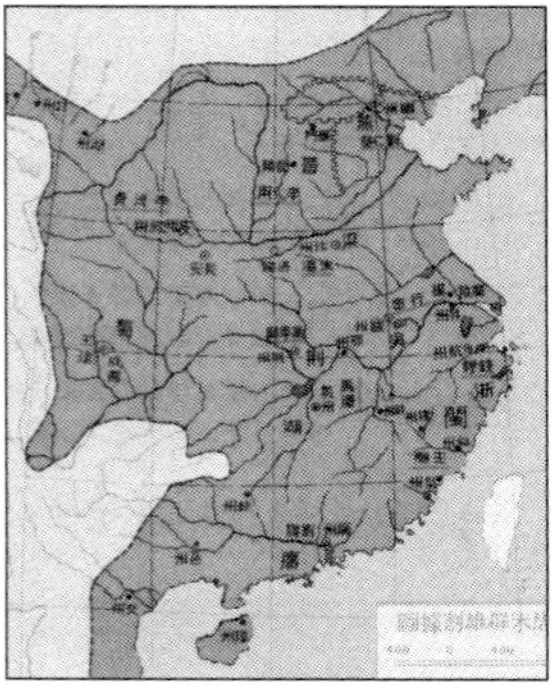

南宋（1127年～1279年）

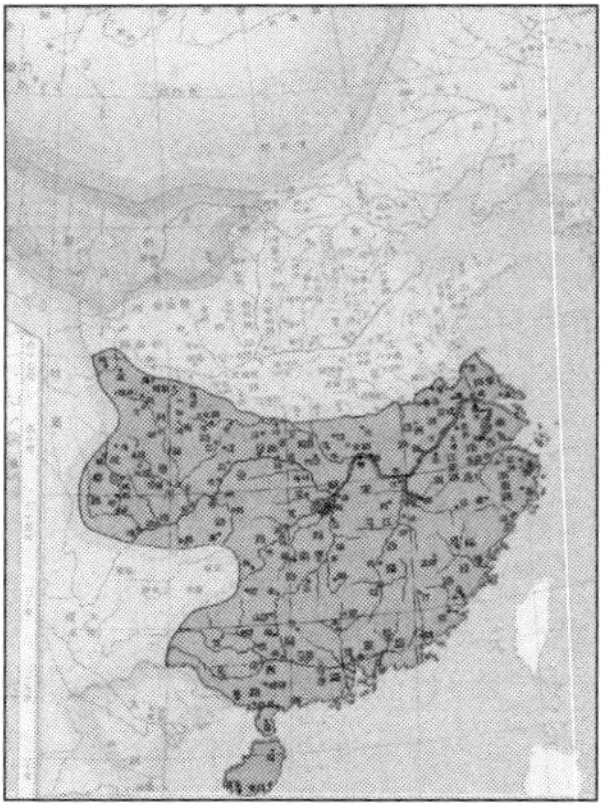

北宋（960年～1126年）

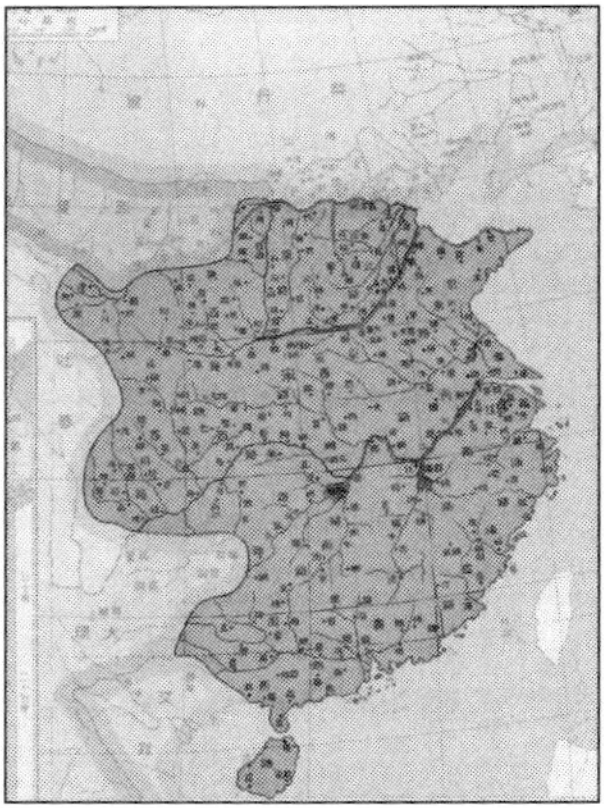

元（1271年～1368年）

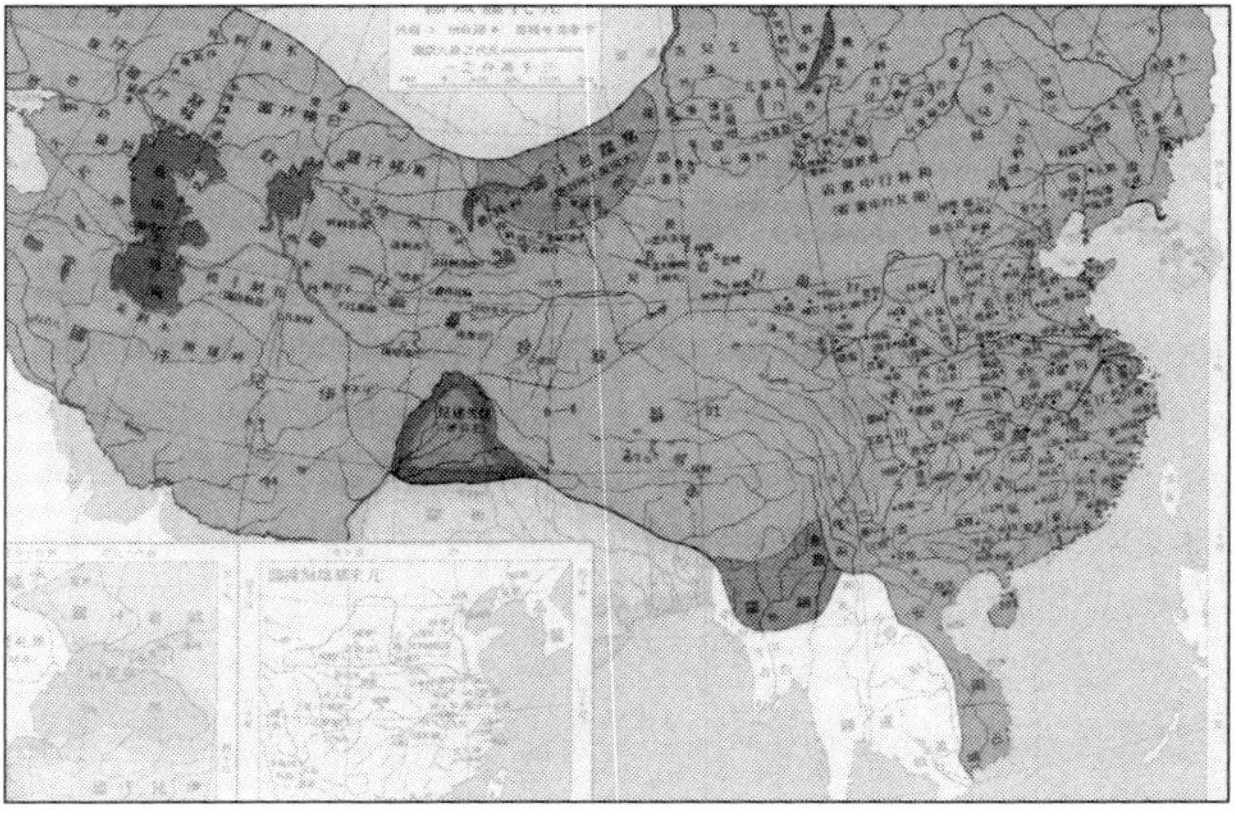

明末・後金初期（およそ1620年代）

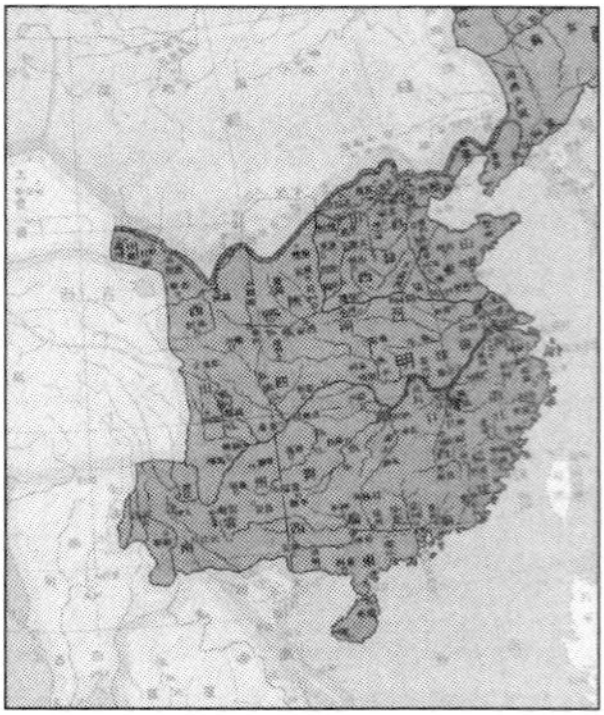

明（1368年〜1644年）

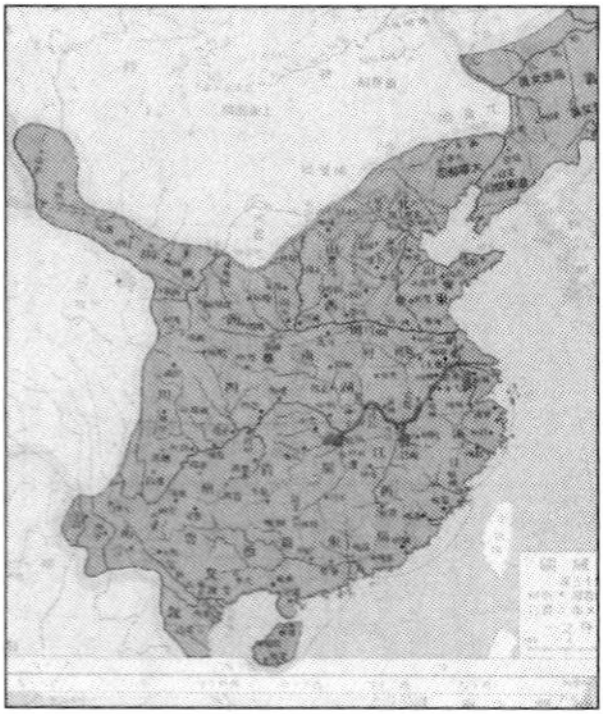

清（1644年〜1912年）

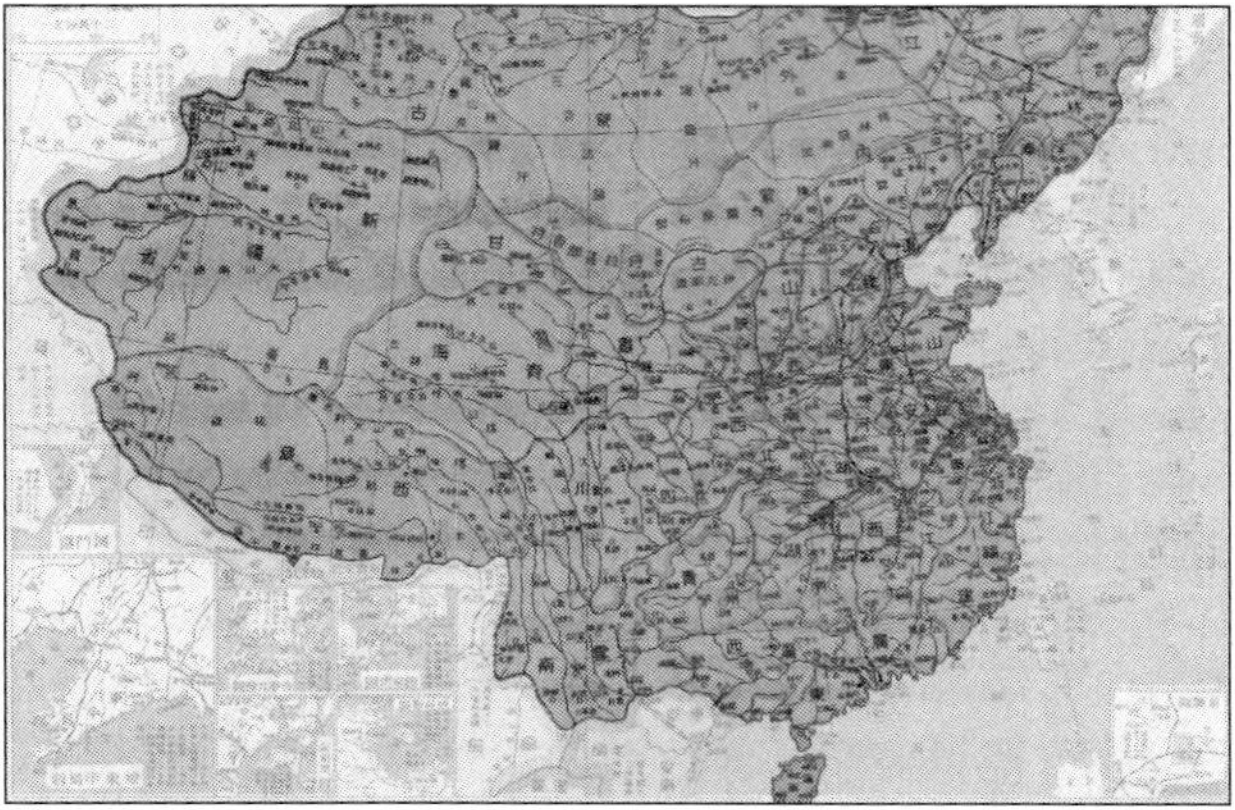

この地図には含まれていないが、清朝最盛期の版図には沿海州とハバロフスク州が含まれていた。

清朝になって、沿海州、ハバロフスク州から満洲、蒙古を経て新疆、チベットを含む大帝国が形成された。これだけの広範囲な地域を支配した王朝は清朝だけである。

こうして見ていくと、漢民族の建てた王朝は、最盛期の漢と唐を除くと、漢民族の居住地を中心として河西回廊あるいは朝鮮半島およびインドシナ半島の一部を支配しただけであり、漢民族の居住地を越えて大帝国を形成したのは非漢民族の王朝であることが分かる。

他方、非漢民族・異民族に支配されたといっても、蒙古民族にしても、満洲民族にしても、中国を支配していく過程で、漢民族化していき、文化的に漢民族になってしまって、事実上中国の歴史は漢民族支配の国家の歴史となってしまっている。

2 極めて異質な国防意識

侵入者を「距離」のなかに埋没させる〝自然の障壁〟

以上論じたところを軍事的に論じるならば、西から北にかけて高い山岳地帯と砂漠地帯が延々と連なり、東から南にかけて海に囲まれている中国の険峻《けんしゅん》な自然条件は、古来、「自然の障壁」を形成した。国防の観点からいえば、広大な国土は空間として利用できる。すなわち長大な縦深を持つ国土は、侵入者を「距離」のなかに埋没させることができる。ナポレオンのモスクワ遠征をあげるまでもなく、独ソ戦争や日中戦争はその典型である。ドイツはスターリングラード（現ボルゴグラード）までの約一七〇〇キロで力尽き、日本軍は中国本土の海岸線から約八〇〇キロ以内のところでしか作戦行動を行うことができなかった。こうした「場」で戦闘するには、十分な兵站《へいたん》能力、何よりも輸送手段が不可欠である。

甘粛省の蘭州《らんしゅう》から新疆のウルムチまでの蘭新鉄道が開通する以前には、当時のソ連との合弁企業であった新疆のクラマイ油田の原油を甘粛省の玉門製油所まで自動車輸送したが、その自動車の積んだ原油の三分の一が輸送する過程で消費したという。チベットでは「解放」から一九七七年に青海省のゴルムドからチベットのラサまでパイプラインが敷設されるまで、毎年数千台の車両で石油を輸送したが、輸送の過程で積載している石油の三分の一から二分の一を消費した。

だが時代を経るにつれ、交通・輸送手段の発達および兵器の発展、特に航空機やミサイルの発達により、「自然の障壁」は克服されるようになり、また広大な国土の持つ軍事的意味は従来と比較すれば減少しつつある。だが「矛と盾」という中国の諺にあるように、兵器の発展は日進月歩であり、攻撃兵器が発展すれば防御兵器が開発され、それゆえ中国の険峻な「自然の障壁」や広大な国土は依然として有効である。中国は建国後数年間に起こった朝鮮戦争、インドシナ戦争、台湾海峡における蔣介石軍との戦闘において、米国から何回も「原爆を落とすぞ」と恫喝された。この体験から、毛沢東は核兵器を持たなければ米国とは対等に渡り合えないことを悟り、「目には目を、歯には歯を」の譬えに倣い、「核には核を」と、核兵器を保有することによって米国に対抗することを決断した。その後、中国の核兵器開発が進展する過程で、米国とソ連は何回も中国の核兵器関連施設の攻撃を意図したが、結局は実施されなかった。その大きな理由は、中国の核兵器開発基地・ミサイル発射基地が険峻な山岳地帯に設置されていて簡単に破壊できないこと、陸上戦力の投入は日本軍の二の舞となる恐れがあったからであった。

さらに中国には、長江、黄河という大きな河が流れている。他にも一般に馴染みがないから名前をあげないが、大きな河川が沢山流れている。中露国境地帯には、黒龍江、ウスリー江といった大きな河が国際河川として流れている。しかし、これらの河川には橋がほとんど架設されていなかった。これは守る側にも攻める側にも、一長一短であるが、近代化された軍隊がこれらの河川を越えることは大変である。鄧小平時代になってから、中国軍は黄河のどこにでも戦車橋を架設できる部隊を編成したと大々的に報じたことがある。もっとも、この部隊は河川に橋を架設するだけでなく、海岸でも船舶との間に架設して、渡海作戦において戦車や大砲を民間船舶で運搬するという重要な役割を課せられている。

ちなみに、近年の経済成長以前には、黄河には九カ所にしか橋が架設されていなかったし、長江には河口から武漢までの間に南京、九江と武漢の三カ所にしか橋は架設されておらず、その上流は重慶まで橋はなかった。また中国では河川を兵器として使うこともあり、明末の一六四二年に李自成率いる農民蜂起軍が河南省の開封《かいほう》を囲んだ時、孤立無援の明軍は黄河の堤防を破壊して危機を脱した。この時両軍合わせて三〇万人が水死したという。近現代では日中戦争中の一九三八年に国民党政府の蔣介石軍が日本軍の侵攻を食い止める目的で、河北省花園口で黄河の堤防を破壊した。わが国の九州全域より広い五万四〇〇〇平方キロメートルが水没し、被災者一二五〇万人、死者八九万人、濁流は南の淮河を溢れさせ、さらに長江へ注ぎ込み、洪水の連鎖反応を引き起こした。近年、三峡《さんきょう》ダムを建設するに当たって、中国軍はもし米国や台湾から軍事攻撃されてダムが破壊された場合、下流地域での被害を阻止できるかについて、長年にわたり研究や実験を実施したという。なお、その場合、武漢や南京が水没するとされている。

中華世界の求心力と遠心力

こうした多様な風土を持つ中国大陸には、漢民族の他に、蒙古、ウイグル、チベットはじめ五十四の非漢民族（少数民族）が生活している。中国は漢民族を含めて五十五の民族からなる多民族国家である。中国の人口は二〇一〇年で約一三億四〇〇〇万人、そのうち漢民族は約一二億人である。

非漢民族のうち最も人口の多い民族は主として西南の広西チワン族自治区に居住するチワン民族で約一六〇〇万人、広西チワン族自治区全体の人口は約四〇〇〇万人で、韓国の人口に相当し、面積は二三万六七〇〇平方キロメートルで英国やルーマニアくらいの大きさである。その他、数の多い民族は蒙古民族、ウイグル民族、チベット民族で、それぞれ内蒙古、新疆、チベットに居住している。これらの民族は、長い歴史と独自の高い文化・宗教を持っているから、それぞれ別個の独立国家を形成してもおかしくない。

図1－4は、中国とヨーロッパを重ねた地図である。中国のなかにヨーロッパがすっぽり入ってしまう。中国の方がヨーロッパよりも大きいことが分かる。ヨーロッパには、大小合わせて四十五のそれぞれ個性のある国家が存在する。中国には、最大の行政区として省・自治区・中央直轄市・特別行政区が三十三あるから、中国の省・自治区・中央直轄市・特別行政区は平均すると、ヨーロッパの一つの国家の一・五倍くらいの大きさに該当する。人口も平均して約四〇〇〇万人であるから、中国の一つの省は普通の国家と見ることができる。このように中国はヨーロッパと同じような地域

図1-4　中国とヨーロッパ

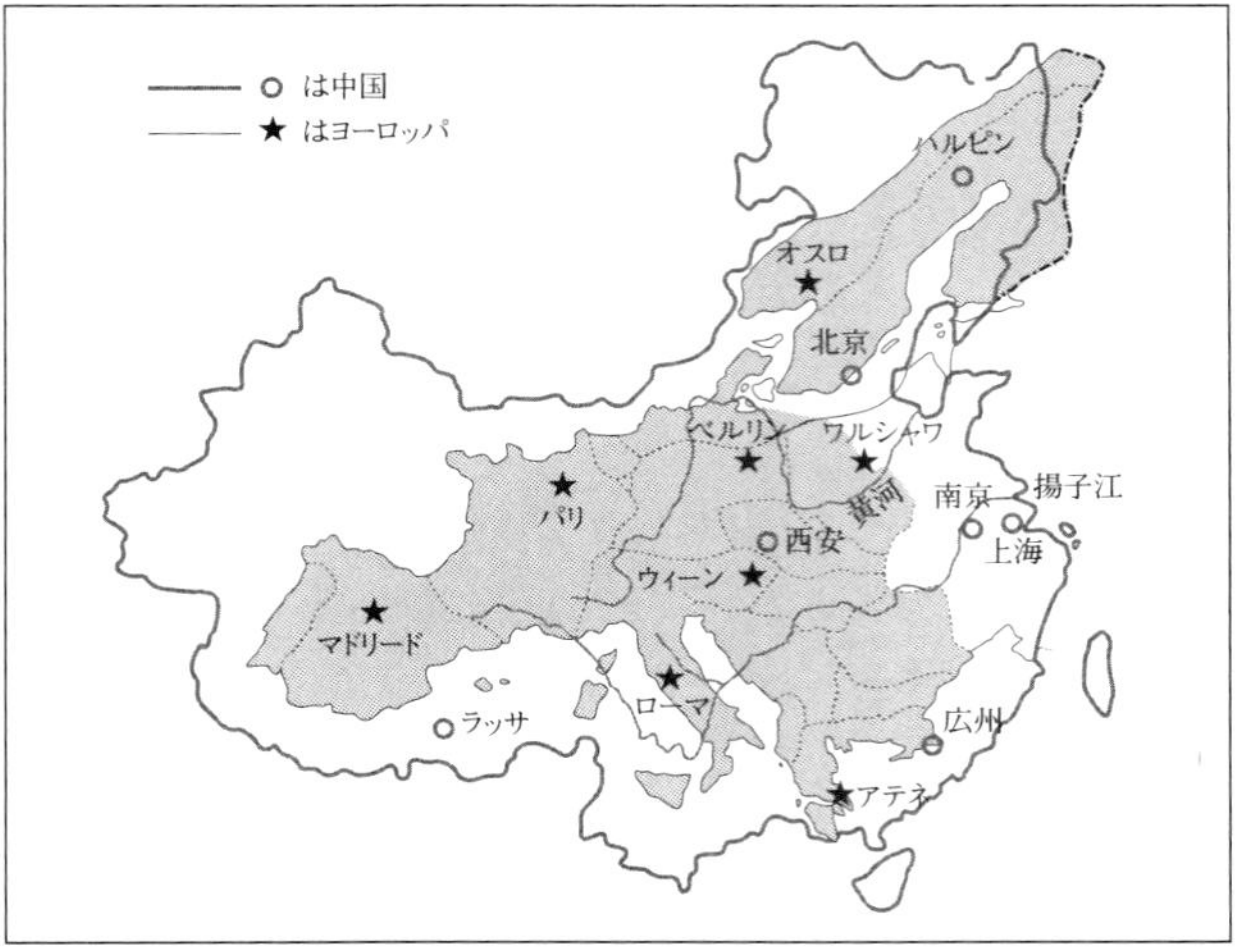

出典：竹内実『現代中国の展開』（日本放送出版協会、1987年）22頁

とることができる。

それではそのように多様な要素からなる中国が、なにゆえヨーロッパのように多様な民族国家を形成しなかったのか。それは現在および将来の中国を考える上で重要な問題である。

かつてヨーロッパ大陸も、中国大陸と同じように、多様な要素からなる一つの世界であった。多様な要素は遠心力として働くから、その多様な要素を上回る求心力が働いていたことになる。近代以前において、多様なヨーロッパを一つの世界にまとめていた求心力は、キリスト教とそれが生んだ精神文明である。ところが中世末期から近代にかけてヨーロッパ世界で起きたルネッサンスと宗教改革といった精神革命により、近代的な個人主義・合理主義が生まれ、キリスト教およびその精神文明は求心力を失い、ヨーロッパ世界を構成していた多様な要素が遠心力となって、それぞれの民族国家を形成し、現在のヨーロッパができあがった。キリスト教がヨーロッパを動かすことはなくなった。

では、多様な要素から構成される中国を一つの世界にまとめていた求心力は何か。それはヨーロッパの場合と同様に、儒教とそれが生んだ儒教文明が中国の求心力として働いていたことは間違いない。元として中国を支配した蒙古民族にしても、清国を支配した満洲民族にしても、その支配者たちは漢民族の文化に同化していった。そしてヨーロッパにおけるルネッサンスや宗教改革といった精神革命を経験することなく近代社会に入った結果として、前近代的な儒教文明が引き続き中国を支配することになった。

次に中国の求心力として、漢字と漢字が生んだ文化をあげることができる。先に述べたように、同じ漢民族の間でも地域によって言葉が違い共通の言葉で話すことはごく最近まで困難であったが、彼らが使う文字、すなわち漢字は共通である。もし漢字という共通の文字がなければ、漢民族はちょうどヨーロッパで英語を話す英国人、フランス語を話すフランス人、同様にドイツ人、イタリア人、ロシア人とばらばらに分裂していったように、北京語を話す北京人、上海語を話す上海人、広東語を話す広東人というように、ばらばらになっていったと考えられる。

さらに、中国をまとめてきた求心力として、強大な専制的な政治権力（現在では中国共産党政権）、あるいは中国を取り囲んでいる人を寄せ付けない厳しい山岳、砂漠、海洋などの自然条件をあげることができる。

いずれにしても、中国では現在も、遠心力より求心力が強く作用している。このように広大で多様な世界が近代的な社会に発展するには、いくつかの国家に分かれていくか、連邦制を採用するのが合理的だと考えられるが、漢民族にはそのような考えはなさそうである。

中華帝国と失地回復主義

どこの国でも、国防の観点から第一に守るべき対象は国土とそこに住んでいる国民である。中国もその例外ではないが、国土および国土防衛について、中国は普通の国家とは極めて異質な立場に立っている。

一般に中国人、少なくとも現在の中国を支配している中国共産党（中共）の指導者には、現在の中国の国境線を自国の主権の及ぶ領域、すなわち領土とは見ておらず、漢民族が過去において一度でも支配した地域が「中国の領土」あるいは「中国の版図」であるという意識が強く存在するようである。いまだ中共が中国の政治権力を掌握するとは考えられなかった抗日戦争直前の一九三六年に、毛沢東は当時中共の本拠地があった延安を訪問した米国のジャーナリスト、エドガー・スノーと会談した際、「すべてわが国が失った領土を取り戻すのが目前の事業です」と述べたことがある（『中国の赤い星』）。

次いで三九年十二月、毛沢東は、革命が成功した後の中国の発展方向を論じた「中国革命と中国共産党」で、「戦争によって中国を破った後、帝国主義国家は中国の多くの属国と一部の領土を奪い去った。日本は朝鮮、台湾、琉球、澎湖諸島および旅順を占領し、英国はビルマ、ブータン、ネパールと香港を占領し、フランスはベトナムを占領し、そしてポルトガルのような小国までもが、わが国のマカオを占領している」と書いていた。毛沢東のこの文章は、建国後の一九五一年に公刊された『毛沢東選集　第二巻』に収録された際、「日本は台湾と澎湖諸島を占領し、旅順を租借し、英国は香港を占領し、フランスは広州湾を租借した」と書き直している。建国間もない中国の国力・立場から、毛沢東はあからさまな主張を控えたのであろう。またソ連に言及していないのも興味深い。

ここで論じられている「戦争」とは、アヘン戦争に始まる「帝国主義列強の中国侵略戦争」を指しており、それらの戦争で「帝国主義列強によって奪われた」中国の領土を、取り返すことを意図していることが示されていた。だが、ここで指摘されている「奪われた領土」のなかには、琉球、ビルマ、ブータン、ネパールなど、アヘン戦争以後の歴史とは関係のない地域が含まれている。ここには、漢民族のなかにある「中華世界」、すなわち過去において漢民族が支配した地域は「中国」という「中華意識」が反映している。

いい換えれば、それは「失地回復主義」ともいうべき立場である。その立場は中国の辺疆地域に居住する非漢民族を包含する複雑な問題でもある。

時事状況によって変化する中国の領土観

中国の論理によると、今日の中国、すなわち中華人民共和国の陸地国土を形成している国境線は、一八四〇年に勃発したアヘン戦争を契機に帝国主義列強が中国を侵略してできたものであり、弱体化していた清朝政府に対して強力な帝国主義列強が押し付けた「不平等条約」であるという。よって建国の際採択された「中国人民政治協商会議共同綱領」（暫定憲法）第五十五条で、「国民党政府が外国政府と締結した各種条約と協定について、中華人民共和国中央人民政府は、これを審査し、その内容に応じて、それぞれあるいは承認し、あるいは廃棄し、あるいは改善し、あるいは重ねて締結しなければならない」と規定し、新政府が改めて政治交渉を行い、国境条約を締結して国境線を画定する意思を表明した。ちなみに、「国民党政府が外国政府と締結した各種条約と協定」とは、日本降伏前日の一九四五年八月十四日に国民党政府がソ連との間に締結した条約と協定を指す。ここには東北（満洲）における鉄道および大連港と旅順海軍基地の共同使用、外蒙古の独立など中国の利害に関わる重要な問題が含まれていた。そのうち前の三つの問題については期限が短縮されることで折り合いがつき、現実に五五年一月までに解決したが、外蒙古の独立についてソ連が譲ることはなかった（なお、九〇年二月の「米ソ冷戦」終焉《しゅうえん》とそれに続くソ連崩壊により、外蒙古すなわちモンゴル国は名実ともに独立国家となった）。

その後「中ソ対立」さなかの一九六三年三月に、「国民党政府が外国政府と締結した各種条約と協定」は、「各代の旧中国政府が外国政府と締結した各種条約と協定」という表現に変わった（『人民日報』社説「アメリカ共産党の声明を評す」）。「各代の旧中国政府」のなかには清朝政府が含まれ、弱体化した清朝政府が帝国主義列強との間に締結した中国の国境線のほとんど全域に及ぶ。なかでも帝政ロシアにハバロフスク、沿海州など広大な「中国の領土」を奪われ、また大英帝国にインドとの国境がインド側に有利に画定されたというのが、中国の主張である。それゆえこの変更は、当時進行していたソ連およびインドとの国境紛争を念頭に置いたものであったと考えられるが、それ以後の領土問題・国境紛争に関する中国の言動から、建国以来の中国の

図1-5　中国の歴史教科書に見る失地回復主義

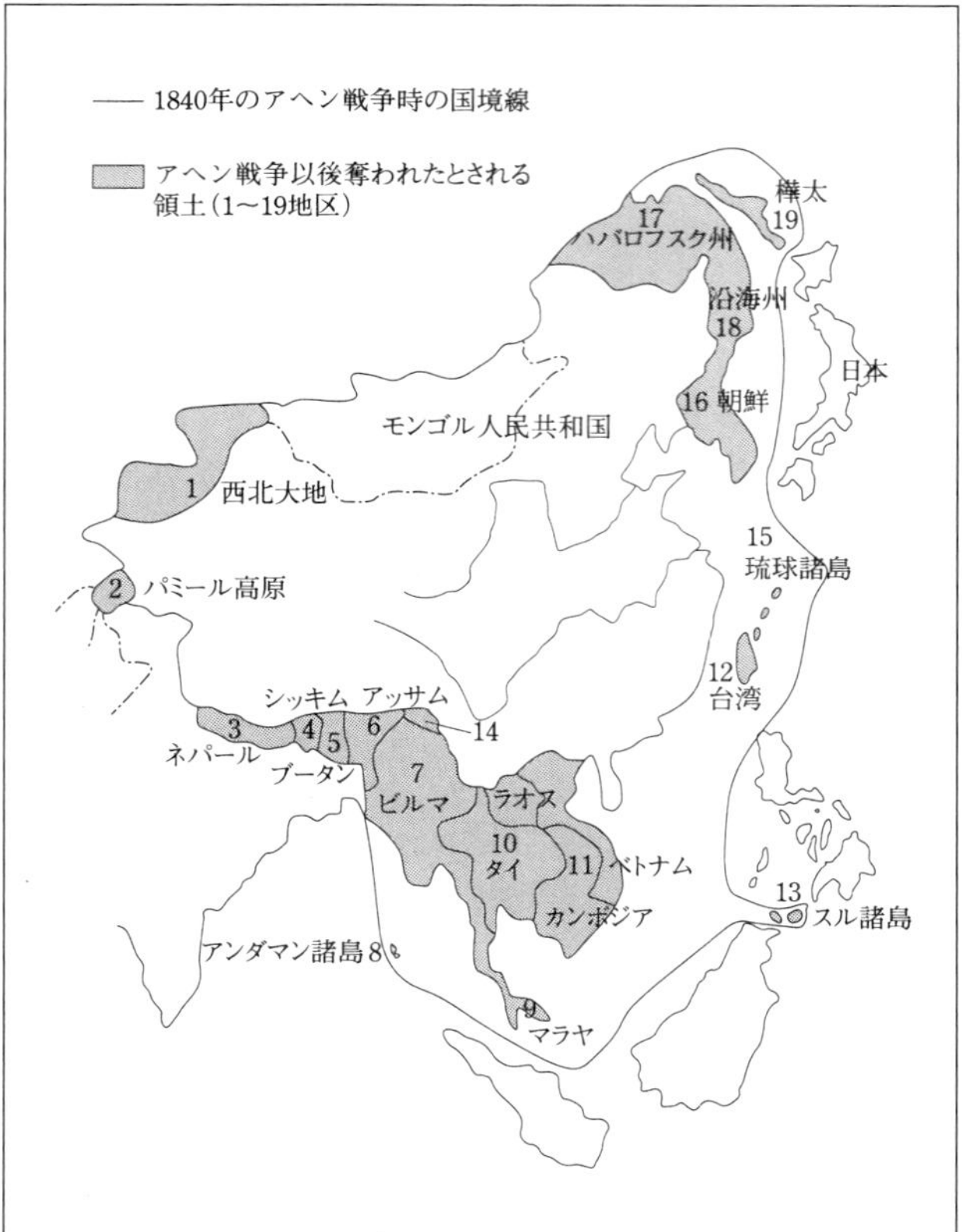

出　典：Harrison E. Salibury, *The Coming War Between Russia & China*, 1969, Par Books Ltd., p.138の劉培華『中国近代簡史』（北京・益昌書局、1954年）掲載の地図を基に作成

国力の成長、世界における中国の地位の向上とともに、領土あるいは国境に関する中国の立場が変化していることを示している。

なお、図1－5は中国で使われていた中学生用の歴史教科書『中国近代簡史』に載っていた地図である。ここにもかつての「中華世界」を再興する意図がすでによく表れている。この地図は「中ソ対立」の過程でソ連側が明らかにしたものである。建国直後の中ソ同盟時代に、このようにソ連が大量の中国領土を奪ったと、地図で子供たちを教育していたことに、ソ連は怒りを露わにしたのである。

3　民族問題という内なる火種

中国は五十五の民族からなる多民族国家

中国は五十五の民族から構成される多民族国家である。五十五の民族のうち一つは漢民族であり、漢民族を除いた五十四の民族は一般に「少数民族」と呼ばれている。だが、建国時点で五億五〇〇〇万人、それから六十年後の現在一三億を超す人口の九〇パーセント以上を占める漢民族から見れば、世界のほとんどの民族は「少数民族」になってしまう。そこで本書ではこれらの民族を「少数民族」ではなく、「非漢民

図1-6　中国の有力非漢民族の主な分布図

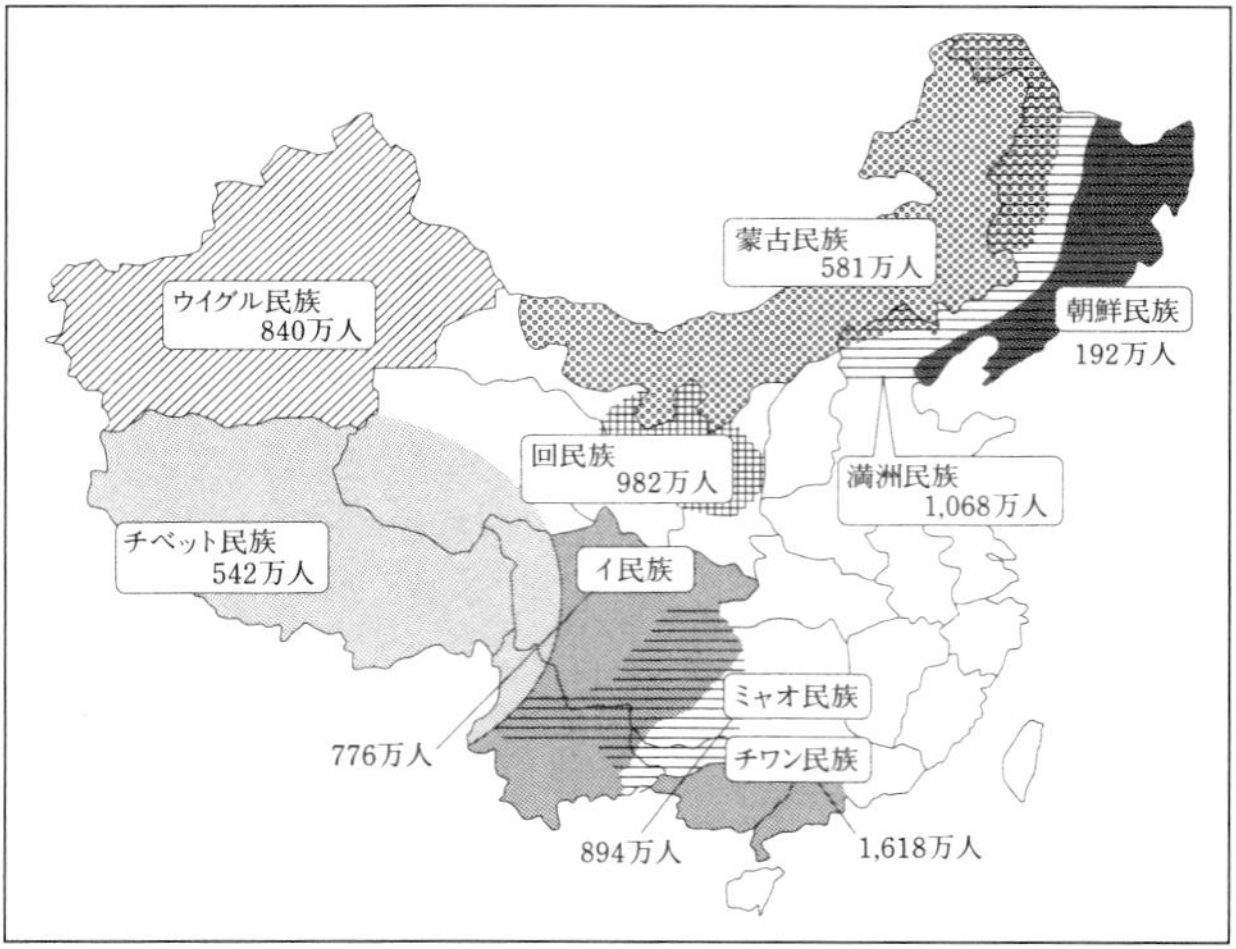

出典：中国統計年鑑、国勢調査を基に作成

族」という言葉と併記している。

図1－6は「非漢民族」のうち百万人以上の人口を有する民族について、その人口数と主要居住地域を示したものである。

図に見る通り、これらの民族の居住地域は主として辺疆地域であり、軍事的に重要な地域である。漢民族はこれらの地域にまで進出して居住しているから、チベットと新疆を除けば、「非漢民族」は居住者の主要民族ではない。例えば内蒙古自治区の人口は二三八四万人で、そのうちの蒙古民族は約二〇パーセントの五八一万人に過ぎない。また広西チワン族自治区の人口は四七六六万人で、チワン民族は一六一八万人である。しかし、辺疆地域に進出した漢民族の大部分は主として都市に居住しており、都市を除く広大な地域はいまだ「非漢民族」が多く居住している。

建国後、中共政権が実施したさまざまな改革は、辺疆地域におけるこれまでの社会秩序を根本的に変革した。それが「非漢民族」の中共政権に対する忠誠心を強めたか、それとも弱めたかについては、簡単に答えられる問題ではないが、ある民族が民族としての自覚を持つ限り、他民族との間に違和感を持つのは当然であり、それが中共政権による社会秩序の変革に伴って、例えば一九五九年のチベット動乱のように危険な事態を生じることもまた自然であろう。強く表面には現れなかったが、新疆でも改革が進展して新疆ウイグル自治区が成立してまもなくの一九五七年に、中央の民族政策に対する反発があり、政治的に抑えられる事態が生じている。

同じような事態は、その後何回も起きている。これからも起きるであろう。

民族分断を目的とした意図的な省割り

「非漢民族」のなかには、①人口が多い、②一定の地域に居住している、③特有の歴史と文化を持っている、④民族意識が旺盛であるなどの点から、民族国家を形成する条件を備えた民族がいる。非漢民族のなかで最大の人口を持つチワン民族の人口は約一六〇〇万人で、オーストラリアの人口に匹敵する。居住地域も広西チワン族自治区とまとまっており、一つの国家を形成する条件を備えている。だが、概して中国の南西地域（C地区）に居住する「非漢民族」はあまり民族意識が強くないようである。

民族意識が高い民族はチベット民族、蒙古民族、ウイグル民族である。チベット民族はかつて「吐蕃《とばん》」と呼ばれた国家を形成した歴史があり、ラマ教という仏教とそこから生まれた独自の歴史と文化を持っている。チベット・青海高原と呼ばれる標高四〇〇〇～五〇〇〇メートルの高地に居住しているところから、四千年の歴史を持つ漢民族もここを支配し「同化」することは困難であった。地理的にインドとの交流の歴史が長くかつ深く、チベット民族あるいはラマ教（チベット仏教）の信者はチベット・青海高原を中心に、四川省から内蒙古にまで居住しており、「チベット独立」という時、その範囲は広大な地域に及ぶ。

そのため歴代の漢民族の王朝は、チベット民族の居住地域を行政上分割する統治を行ってきた。現在の中華人民共和国では、チベット民族が最も多数居住している地域をチベット自治区と青海省に分断し、さらに青海省のチベット民族をいくつもの民族自治州に分割したばかりか、蒙古民族、チベット民族、ハザク（カザフ）民族からなる複数の自治州をつくっている（図1－7、図1－8）。

内蒙古に対しても中国政府は露骨な行政区画を行っている。先に書いたように内蒙

図1-7 チベット族の民族自治地方

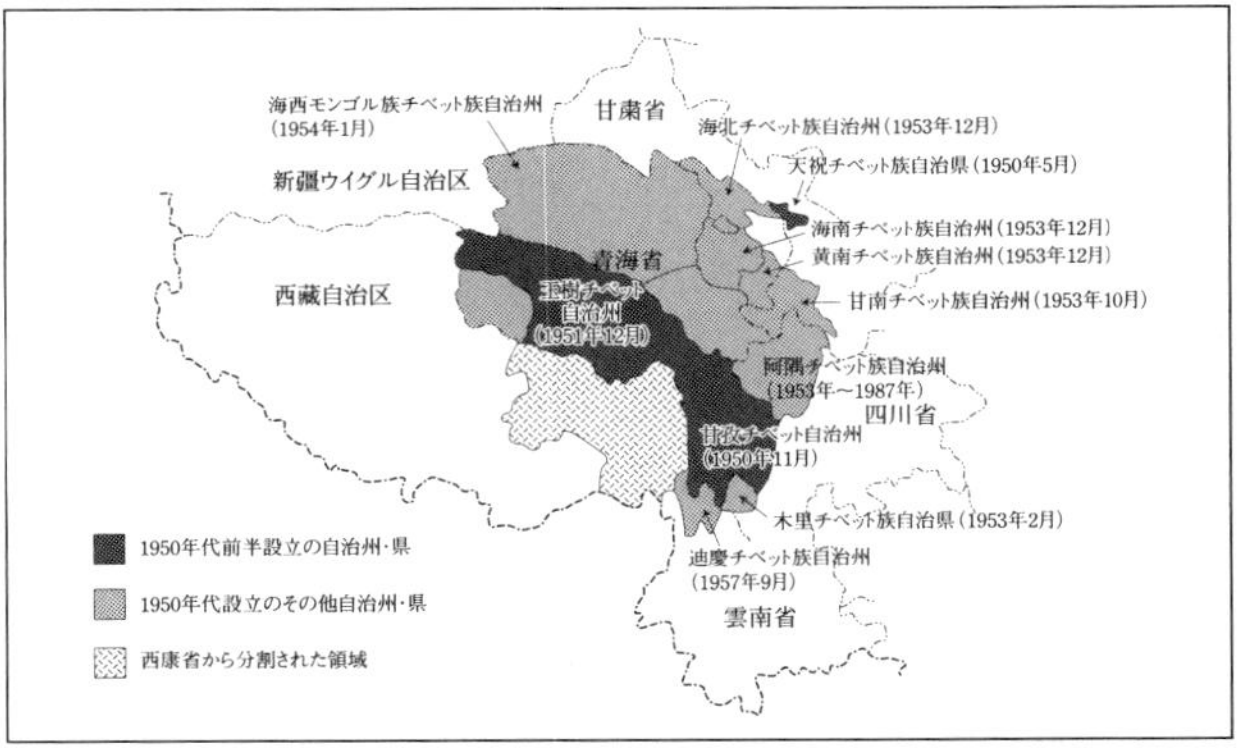

出典：松村嘉久『中国・民族の政治地理』（晃洋書房、2000年）55頁

図1-8 青海省の民族自治州

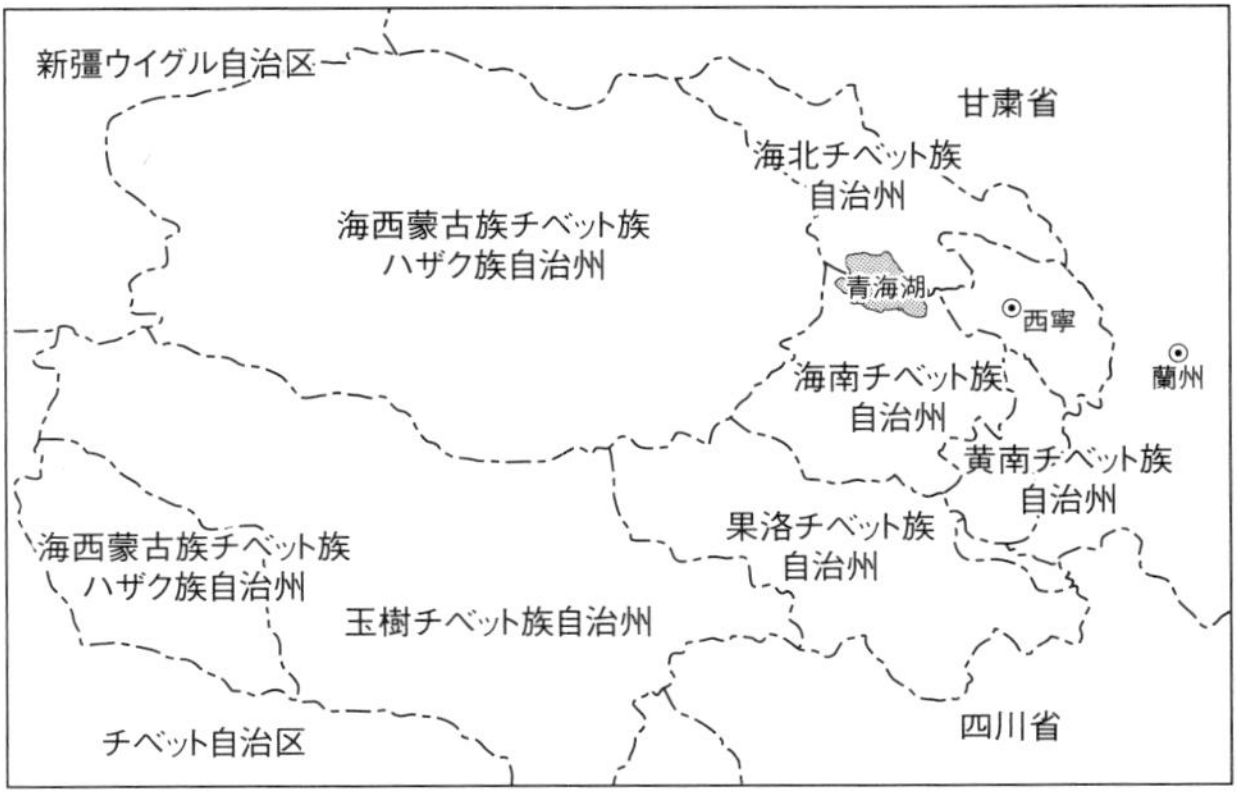

図1-9　内蒙古自治区の自治領域の画定過程

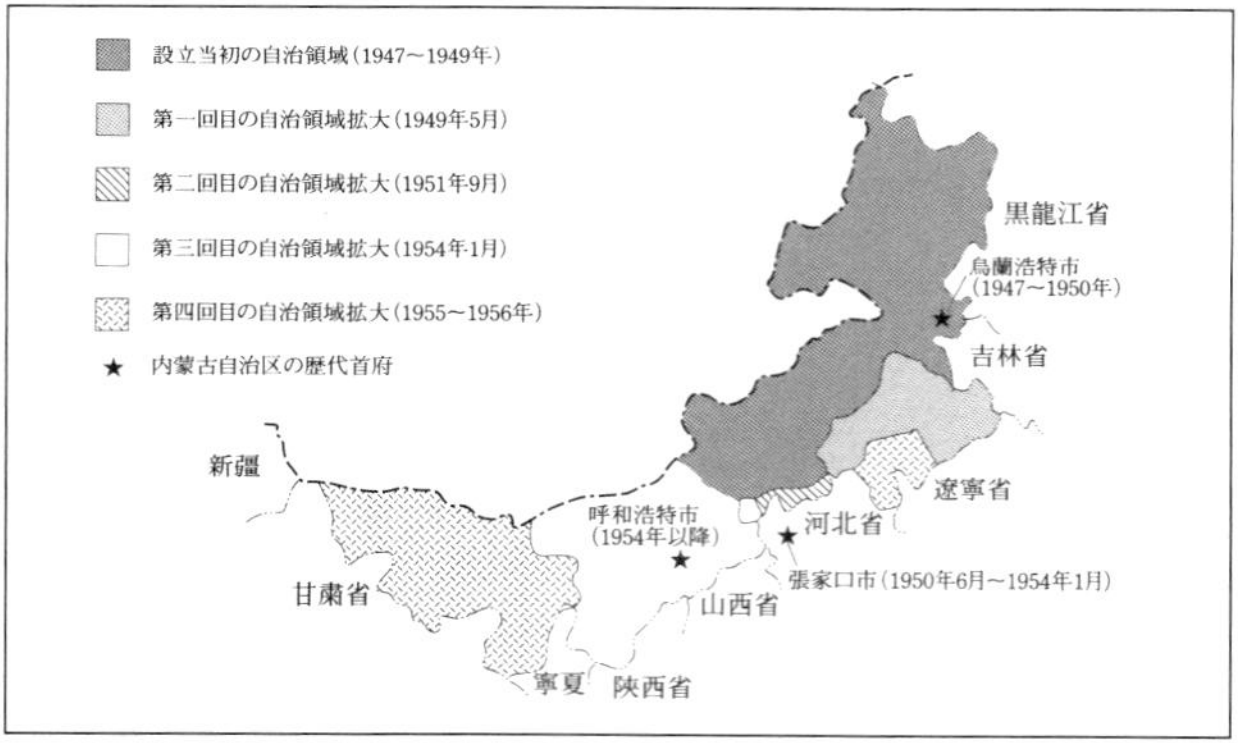

出典：松村嘉久『中国・民族の政治地理』（晃洋書房、2000年）43頁

古自治区の人口のうち蒙古民族の数は二割程度に過ぎず、彼らは内蒙古自治区といいながら「少数民族」である。その理由として漢民族の移住もあるが、最大の理由は、建国後数回にわたる行政区画再編により、本来漢民族の居住地域が内蒙古自治区に編入されたことにある（図1－9）。

蒙古民族はかつて元王朝という帝国をつくって漢民族を支配した歴史を持っている。だが蒙古民族は一九四五年八月十四日、すなわち日本が降伏した前日にスターリンが蒋介石と締結した条約に基づいて、同年十月に実施された人民投票により外蒙古が独立してモンゴル人民共和国が誕生し、外蒙古と内蒙古に分断された。毛沢東はスターリンに対して、また彼の後継者に対して外蒙古の返還を執拗に要求したが、ソ連は応じなかった。外蒙古と内蒙古が一つになって、独立した国家をつくることを中国政府は恐れている。

非漢民族を分割して統治する例は他にもあるが、例えばイ民族は四川省、雲南省、貴州省の三つに分割されている。他方、毛沢東の民族政策には、民族の名前にも配慮が加えられている。「猫（ミヤオ）族」を「苗族」とした。「獣偏」を取って人間並みにしたのである。ヨーロッパ系の言葉と異なる中国語の特徴があり、面白さがある。

複数の国境にまたがる少数民族が中共政府を脅かす

このように「非漢民族」問題は、中国にとって「内からの敵」でもある。そこで中共政権は建国当初からこれら「非漢民族」の民族自決、すなわち非漢民族が独立して自己の国家を形成することを認めず、その代わりに「民族自治」を認めている。「民族自治」とはどのようなものか。

前述の暫定憲法たる「共同綱領」は「前文」で中国の政治権力に「各少数民族」が参加することを規定しており、第六章に「民族政策」を設け、「中華人民共和国領域内の各民族は一律平等であり」「中華人民共和国が各民族友好合作の大家庭となる」ことを規定している。

具体的には「各少数民族の自治機関を設立する」ことであり、それらの民族が独立した「国家」を形成することを認めていない。この規定に基づいて一九五二年八月九日に制定された「中華人民共和国民族区域自治実施要綱」は、次のような項目を規定している。第二条で、「各民族の自治区はすべて中華人民共和国領土と切り離すことのできない一部分である」と明確に規定し、「各民族の自治区の自治機関はすべて中央政府の統一指導の下にある地方政権であり、かつ上級の人民政府の指導を受ける」とされている。なお民族自治の具体的な内容については、第四章「自治の権利」に次のように規定されている。「各民族の言語と文字を採用し、それによって各民族の文化教育事業を発展させることができる」（第十五条）。「必要かつ適当な方法をとって、各民族の文化、教育、芸術および衛生事業を発展させることができる」（第二十一条）。「自治区内の民族関係」については、次のように規定している。「各民族自治区の自治機関は、自治区内の各民族がすべて民族平等の権利を享有するよう保障し、各民族人民が互いにその言語文字、風俗習慣および宗教信仰を尊重するよう教育し、民族間の差別と圧迫を禁止し、民族紛争を煽動するいかなる行為も禁止しなければならない」（第二十五条）。「自治区内のすべての人民が何民族に属すかを問わず、いずれも共同綱領の規定する思想、言論、出版、集会、結社、通信、人身、居住、移転、宗教信仰および示威行進の自由権を享有し、かつ法によって選挙権および被選挙権を持つ」（第二十六条）。「各種の大民族主義と狭隘な民族主義の傾向を克服するよう教育は援助しなければならない」（第三十五条）。

この立場は一九五四年九月に制定された「中華人民共和国憲法」第三条に採用された。だが、国家の法律の枠内とはいえ、「非漢民族」が自己の民族の言葉・文字で子供に歴史と文化を教えることは、やがて民族意識を生むことになる。「非漢民族」は中国の辺疆地域に居住しているばかりか、同じ民族が国境の向こう側の地域に居住している。これらの辺疆地域はこれまで国境線が曖昧なままに自由に交通・交易が行われ、特に新疆や蒙古の砂漠地帯の遊牧民族は一定の土地に定住することがなく、国境意識は希薄である。これらの地域の民族は、ある日突然外国によって人為的に国境線が引かれ、自分たちが二つに分離され、民族によってはそれ以上に分断されたのである。現実に国境をまたいで両側に居住している非漢民族は朝鮮、蒙古、ウイグル、カザフ（ハザク）、キルギス、タジク、タタール、ウズベクなど三十民族にものぼる。ミャオ民族のように二カ国でなくミャンマー、ラオス、ベトナムと複数の国にまたがる民族もある。

それゆえこれらの民族は国境線の向こう側の同じ民族と、すなわち外部と手をつなぐ危険性を持っている。一九六二年四月～五月頃、新疆ウイグル自治区の住民数万人がソ連のカザフスタンに流れ込んだ事件は、こうした危険性を実証する出来事であった。他方、それよりも五十年も前には、ロシア革命により誕生した共産主義政府を嫌

って ソ連領内の数万人のカザフ民族が中国のイリ地方に移住した反対の歴史があった。一九九一年十二月にソ連が崩壊して中央アジアのイスラム系民族が、カザフスタン、キルギス、タジキスタン、ウズベキスタン、トルクメニスタンの独立国家を形成した。中国新疆地区のイスラム系民族の民族意識はこれまで抑制されてきたが、同じイスラム系民族が隣接地域で独立国家を形成したことは、新疆のイスラム系民族にも影響を与えないとの保障はない。現実にイスラム原理主義による外からの働きかけがあり、新疆ばかりでなく、北京でもイスラム系民族による過激行動が起きている。

それゆえこれらの民族が自分たちの国家をつくる事態は避けなければならない。またこれらの民族はしばしば外国が中国に影響力を及ぼしたり、あるいはこれらの地域を緩衝地帯としたり、さらには切り離して併呑《へいどん》する場合に、利用されてきた歴史がある。かつて大英帝国と帝政ロシアはインドや中央アジアの非漢民族を使って、チベットや新疆への浸透を図って争った。日本は満洲民族を利用して満洲国をつくった。先に論じたように、第二次世界大戦直後にはソ連は蒙古から外蒙古を独立させた。

民族問題と資源問題が交錯する国境地帯

図1－10は一九八九年に「ベルリンの壁」が崩壊し、続いて「米ソ冷戦」体制が崩壊した時、ある雑誌での十年後の世界の国境線はどうなるかを予測した特集記事に、

図1-10　ベルリンの壁崩壊後の世界想定図

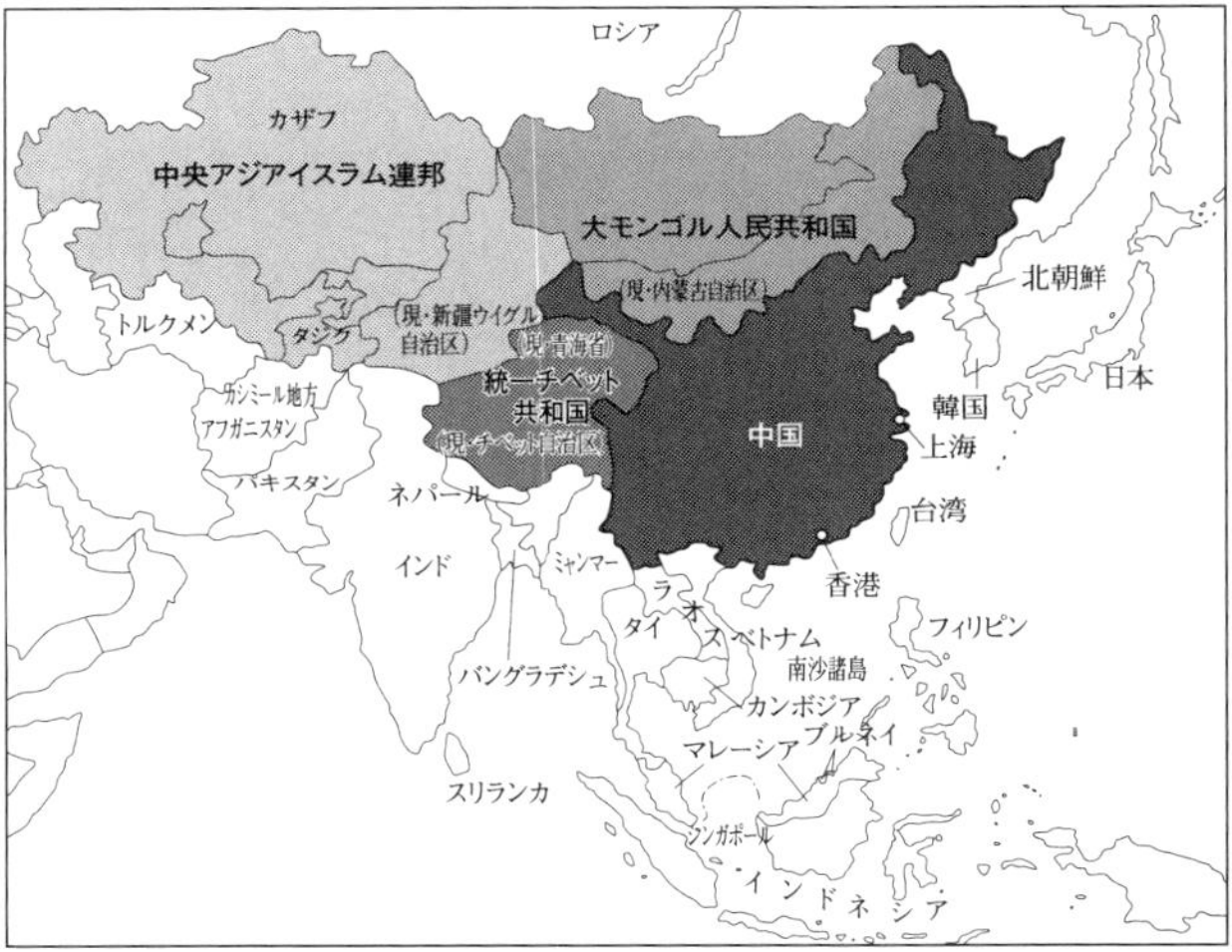

出典：『Marco Polo』（1992年５月号）

著者が、現実には極めてありえない事態ではあるが、中国が混乱状態に陥り、中央政府の力が弱体化した場合には、ありえなくはないとの条件付きで、民族意識が強いチベット民族、イスラム系民族、蒙古民族が独立して自己の国家を形成すると、中国の国土面積は半分になってしまう、と想定した地図である。

辺疆地域は、民族問題だけでなく、鉱物資源が埋蔵されているという点で、国家建設とりわけ国防建設という観点から、無視できない。特に新疆の石油資源は国民党政権時代から、ソ連が錫《すず》や石油などの地下資源の開発権を取得しようと画策した歴史があり、中共政権誕生後においても、ソ連は新疆の石油資源とウラン資源を開発するために中国との合弁企業を設立したが、事実上ソ連の支配下にあった。スターリン死後の五五年一月に中国はようやくその利権を取り戻したが、今もなおあらゆる面で中国にとって火種になる可能性の高い地域であろう。

今後、中国が民主的国家として発展していくか否かについての関心は高いようだが、国土が大きく、あまりに多様で複雑な世界であるという内実を忘れてはならない。そもそも中央政府の政策が、中国の隅々にまで行き渡ることには初めから無理がある。さらに統一的な国防政策・軍隊建設を難しくしている要素は、中国が多数の異なる性格の国家と国境を接していることである。現状では独裁的な、中央集権的な政治が行われざるを得ないであろう。

第2章

中国はいかに領土を拡張してきたか

1 「中原の地」と「化外の地」

古来中国人は、中華文明は黄河流域の「中原《ちゅうげん》の地」に生まれ、それより外の地域を野蛮人の住む「化外《けがい》の地」と考え、山東半島や朝鮮半島を東夷《とうい》、長江以南を南蛮、陝西《せんせい》省から西の寧夏、チベット、新疆を西戎《せいじゅう》、長城以北の満洲や蒙古を北狄《ほくてき》と呼んだ。そしてそれら地域を軍事力と政治力と文化力で同化吸収することによって、かつての古代中国は現在の中国の国境の範囲まで拡大し、さらにそれを越えて周辺の諸国・地域にまで影響力を及ぼして、「中華世界」といわれる小世界を形成した（図2−1）。もともと中国語には、ヨーロッパ的な意味の国境概念はない。中国の同化力の及ぶ範囲が「世界」であり、そこから外は「世界」のなかに入れなかった。「地球という小惑星には中国という一つの大国しか存在しないという考え方」が、東アジアでは数千年にもわたって存在してきたのである。

それゆえ中国の政治体制のいかんにかかわらず、また中国に隣接する国家や民族は好むと好まざるとにかかわらず、中国の従属国となり、あるいはその思想的文化的政治的勢力圏に入ってしまい、つねに中国のこの考え方の影響を受けてきた。こうした考え方は今日の中華人民共和国になっても、基本的に変わっていないようである。

図2-1　中原を中心とした中華世界

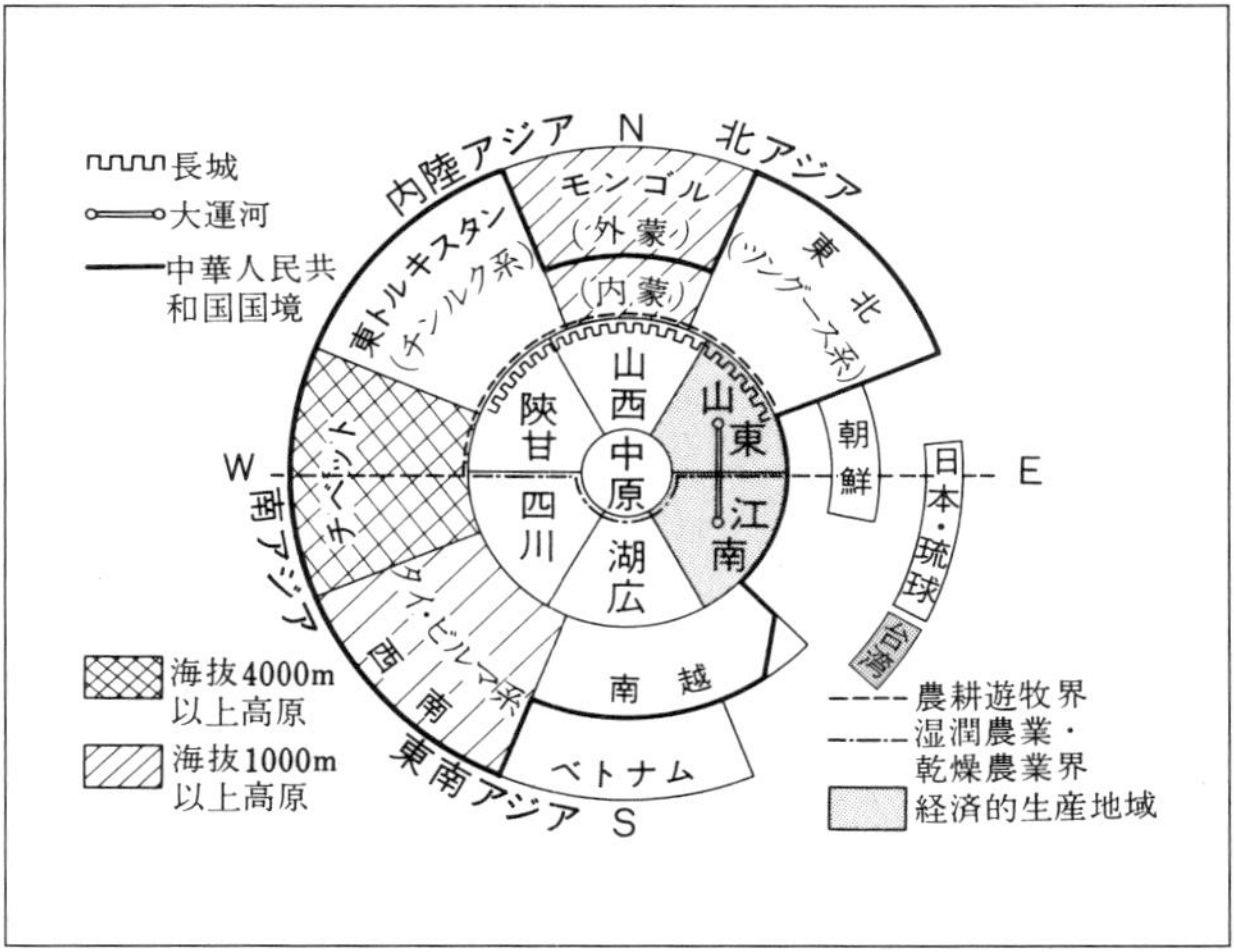

秋山元秀氏作成。台湾は著者が加えた
出典：竹内実『現代中国の展開』（日本放送出版協会、1987年）26頁

　中国の歴史を見るならば、中央の政治権力が強大である時には辺疆の勢力範囲は拡大するが、衰退した時には縮小し、守ることができなくなれば簡単に放棄する。辺疆地域は、人口は希薄、元来漢民族地域ではないから、放棄してもそれほど痛痒《つうよう》を感じなかったといえる。

　本章では、こうした辺疆地域が近代以降どのように中国の領土に組み込まれ、安全保障上どのように位置付けられていったのかを具体的に見ていくことにする。

2　満洲

満洲の地理概要

満洲は、十七世紀中葉から、三百年近く中国を支配し、一九一二年に孫文の辛亥《しんがい》革命により終焉した清国という大帝国をつくった満洲民族の名前に由来する。現在の中華人民共和国では、東北地区と呼ばれ、黒龍江省、吉林省、遼寧省の三省からなる。だが中国の民族問題、戦略上の配慮などから、隣接する内蒙古との間で、これまでに何回かの省域の変更が見られる。従って面積、人口などもその時々により異なっているが、現在の満洲、東北三省の面積は約八〇万平方キロメートルで、わが国陸地面積の約二倍の広さである。人口は約一億一〇〇〇万人、中国総人口の約八パーセントである。

満洲は西は内蒙古自治区、河北省に隣接し、山海関（中国本土と満洲との出入口）を越えれば首都北京である。東から北にかけてはロシア（ソ連）と国境を接し、南は北朝鮮と国境を接している。北に興安山地（大興安嶺、小興安嶺）と南に長白山地という二つの大きな山脈があり、その間に東北平原が広がっている。興安山地は全体として低い山と丘陵を主とする地形で、北側に黒龍江（アムール川）、東にウスリー江が流れており、ロシアとの国境となっている。長白山地も中部に海抜二〇〇〇メートル以上の山があるが、多くの山は比較的低く丘陵形態をなしている。長白山地の東南には鴨緑江《おうりよくこう》と図們江《ともんこう》が流れ、北朝鮮との国境となっている。

緯度が比較的高いため、冬が長く、寒さが厳しく、積雪も深いが、この積雪が「貯水池」の役割を果たし、水が豊富である。夏は温暖で日照時間が長い。こうした気候は食糧生産に適している。東北平原は大部分が肥沃な黒土地帯で、米、小麦、大豆、トウモロコシなどの穀物を豊富に生産でき、農業が発達している。石油、天然ガス、鉄鉱石、石炭、硫化鉄鉱、マグネサイトなど鉱物資源も豊富に埋蔵されている。興安山地と長白山地は中国最大の天然林地帯で、朝鮮松、唐松、長白落葉松などの針葉樹林、白樺、柳、楡《にれ》などの広葉樹林があり、林業が盛んである。熊、虎、貂《てん》など毛皮のとれる野生動物、野生人参など漢方薬用の薬草、金や天然真珠も豊富である。

重工業施設は満洲にしかなかった

こうした天然資源を求めて、満洲には多数の流民が流れ込み、馬賊・匪賊《ひぞく》あるいは軍閥となって、略奪を繰り返してきたが、二十世紀に入ってから日本の経営によって満洲は重工業とインフラを有する土地に変貌した。

当時の中国（長城以南）には、西欧列強がつくった製鉄所（武漢）や造船関係の工場（上海）、飛行機組み立て工場（昆明）などがあったものの、基本的には紡績、食品など軽工業しかなかった。他方、一九四三年の時点での中国大陸全体の工業生産高に占める満洲の割合は、機械類では九五パーセント、鉄鋼で九一パーセント、硫酸アンモニウムが六九パーセント、電力六七パーセント、セメント七六パーセントと、中国大陸の工業生産のほとんどを満洲が占めていた。また鉄道は、満洲全土での総延長は一万一〇〇〇キロ。全満洲の主要都市が鉄道でほぼ結ばれ、大連―奉天（現瀋陽）―新京（現長春）―ハルビンを結ぶ幹線では高速列車が運行されていた。道路は国道六万キロ、地方道五万キロ。鴨緑江に架かる橋二十四を含む約三百の橋梁があった。さらに、第二松花江の豊満ダム、牡丹江の鏡泊湖《きょうはく》ダム、鴨緑江の水豊ダム（現在は北朝鮮）など、この三つだけで総発電量は八〇万キロワットにも達した。

日本が降伏する数カ月前の一九四五年四月の中国共産党第七回大会で、毛沢東は「もし、われわれがすべての根拠地を失っても、東北さえあれば、それで中国革命の基礎を築くことができる」と述べて、満洲に進撃することの意味を明確にしていた。それから三カ月後、日本が降伏する直前の八月八日に、ソ連軍が満洲に侵攻したのに続いて、毛沢東は東北占領を指令し、軍隊を満洲に派遣した。目的は、満洲の戦略的位置と満洲にある資源、さらに日本が建設した重工業施設であった。建国（一九四九年十月）四年後の一九五三年に、中国の第一次五カ年計画が始まるが、重工業基盤のあった満洲ではそれ以前の一九五一年から始まっている。今日においても、東北三省は機械製造工業、化学工業など全国で重要な位置を占めており、鉄鋼の鞍山《あんざん》、石炭の撫順《ぶじゅん》、大慶《だいけい》油田はいずれも満洲にある。満洲は中国の経済発展に必須不可欠である。それは軍事大国を支える上でも不可欠である。

列強「侵略」の教訓

他方、近代において列強が満洲を「侵略」した歴史を振り返れば、安全保障の観点からも満洲という「辺疆」は自力で押さえておく必要があった。

満洲をまず狙ったのは帝政ロシアである。北方に位置し、厳寒・酷寒の大陸国家ロシアは不凍港を求めて地中海進出、インド洋進出を試みたが、ことごとく阻止されたため、進路を転じて東進南下した。清朝時代の一八五八年、愛琿《あいぐん》条約によって満洲の一部であったハバロフスクを獲得。一八六〇年、やはり満洲の一部であった沿海州を北京条約によって奪った。沿海州の南部に建設されたウラジオストックは「東方を征服、支配せよ」を意味するロシア語であるが、シベリア鉄道は文字通り「東方を征服、支配」するために建設された。一八九八年に旅順港、大連港の租借権と東清《とうしん》鉄道（のちの南満洲鉄道＝満鉄）敷設権を獲得したロシアは、一九〇〇年の北清事変を機に満洲全土を軍事占領下に置き、朝鮮半島を支配下に収めようとさらに南下を続けた。

ロシアの南下は日本にとって死活問題であったことから、一九〇四年、日露戦争となり、日本が勝利を収めた。日露講和条約によって日本はロシアから遼東租借権、満鉄などを獲得し、その後満洲経営に乗り出した。他方それに前後して米国が満洲に触手を伸ばしてきた。

米国は一八九八年の米西戦争の結果、グアム、フィリピンを獲得。次いでハワイを併合し、アジア・太平洋の覇権獲得に本格的に乗り出すが、四億という多数の人口を抱える中国については特に、米国製品をさばく最大のマーケットと見ていた。だが、植民地獲得競争では後発の米国が中国を窺《うかが》い始めた時、すでに列国は中国各地に租界をつくるなど勢力を伸張し、介入の余地は少なかった。そこで、目を付けたのが満洲である。米国は満洲を中国市場進出の足掛かりの場として積極的に投資する一方、日露戦争後、鉄道王ハリマンによる満鉄買収工作、ハリマンの女婿《むすめむこ》ストレートによる数次にわたる満鉄平行線敷設工作、国務長官ノックスによる満鉄中立化工作等々、日本が獲得した満洲の権益を無視するかのように、経済進出を図った。また米国はキリスト教会が中心となって医療事業、教育事業を進め、中国民衆の親米感情を獲得することに努めると同時に、教育事業を通して反日気運を高め、日本の排除を進めた。

反日運動の激化に堪え切れなくなった日本は、一九三一年、関東軍が満洲事変を起こし、翌三二年に満洲国という「傀儡《かいらい》国家」を建国した。その後も米ソが背後で糸を引きながら排日運動が激化し、三七年には盧溝橋《ろこうきょう》事件を契機として、日本は中国との戦争に突入した。いわゆる支那事変（日中戦争）である。

戦争は全中国に拡大したが、日本軍が占領した地域は城鎮《じょうちん》（点）と呼ばれる地方都市とそれを結ぶ交通線（線）であり、「点と線」で結ばれた面（農村）を占領することはなかった。他方、毛沢東の「抗日戦争」は農村（面）に依拠して、点と点を結ぶ交通線を遮断して日本軍を襲撃するゲリラ戦を執拗に繰り返して日本軍を悩ませた。蔣介石政権は南京から武漢、さらに重慶へと長江を遡って首都を移したが、日本軍は武漢までが限度で、重慶を落とすことはできず、広大な中国に呑み込まれてしまった。

一九四五年八月八日、日本の降伏直前に、ソ連は対日宣戦を布告して満洲に進撃し、占領した。進撃は日本が降伏した後も続き、九月初めまで続いた。スターリンは「日露戦争の仇をとった」と叫んだといわれるが、満洲に侵攻したソ連軍は日本が築き上げた重工業施設を撤去してシベリアに運ぶとともに、日本軍将兵をはじめとして多数の日本人をシベリアに連行して過酷な労働に投入した。そのため多数の日本人が死去した。

ソ連軍が満洲に侵攻したのに続いて、中共軍も毛沢東の命令に従って満洲に侵攻した。だが、人力に依拠する中共軍が満洲に入った時には、満洲の主要都市、工業施設は機動力のあるソ連軍によって占領され接収されていたため、主として北満洲に拠点を設けて、ゲリラ活動を展開しつつ満洲に浸透していった。

この戦闘でソ連は中共軍に日本軍の兵器を供与したことはあったものの、毛沢東に対して正面からの支援を与えることはなかった。ソ連の指導者スターリンの頭のなかには、帝政ロシアと同じように、満洲を自分の支配下に置くことしかなかった。

ソ連軍が引き揚げるとともに、満洲には米軍の支援を受けた蒋介石軍が派遣されてきたが、やがて毛沢東との戦争（国共内戦）が始まり、蒋介石軍の都市に依拠した正規戦に対して、ゲリラ戦で挑んだ毛沢東が蒋介石軍を撃破して勝利を収め、中国の指導者となった。

毛沢東の勝利が明確となった一九四八年の時点で、スターリンは毛沢東に対して武装解除を命令したが、毛はそれを拒否して蒋介石打倒の決戦を挑んだ。スターリンは毛沢東の軍隊が長江を渡る直前の四九年四月に、今度は下野した蒋介石の後継者李宗仁に対して、長江で中国を二分して、北半分をソ連、南半分を国民党政府が支配すると提案した。だが毛沢東は断固としてこれを拒否し、長江を渡って全国を制覇した。

アヘン戦争以来、広大な「国土」を喪失した歴史を繰り返さないためにも、満洲という辺疆は自力で押さえ、外国勢力に介入の余地を与えない必要があった。毛沢東以来、歴代の政権は、満洲をはじめとする中国の辺疆地帯は、元来、「絶対不可分の固有領土」であるとして、こうした列強の行動はロシア（ソ連）であれ、日本であれ、米国であれ、「帝国主義列強による侵略」と断罪している。特に日本については満洲、蒙古ばかりか長城を越えて中国本土に「侵略」してきたという認識に立って、「日本帝国主義を心より恨む」教育が今日も行われている。

二回にわたる大きな区画改編

建国以前の満洲は、図2－2のように黒龍江、興安、嫩江《のんこう》、合江、松江、吉林、安東、遼北、遼寧の九つの省に区分されていたが、建国後、図2－3のように興安省の全域、嫩江省と遼北省の一部が内蒙古自治区に併合され、それ以外の地域は合併して黒龍江省、吉林省、遼寧省の三省となった。建国から一九六九年までの期間、内蒙古自治区は満洲の興安省全域と嫩江省と遼北省の一部を含んでいた。

一九六九年に図2－4のような大掛かりな重要な変革があった。興安省全域と合江省のかなりの地域が黒龍江省に併合され、遼北省、松江省全域、嫩江省、安東省の一部が吉林省に編入された。また遼北省、熱河省、安東省の一部が遼寧省に編入された。内蒙古の区域は全面的に縮小された。さらに内蒙古は西方地域でも縮小され、それまでの半分となった。

この大掛かりな行政区画改編は一九七九年七月一日に、それ以前の区画に戻った。この二回にわたる区画の大きな変更は、二つの重要な政治的軍事的配慮からなされた。

図2-2　建国以前の行政区画

図2-3　建国後の行政区画

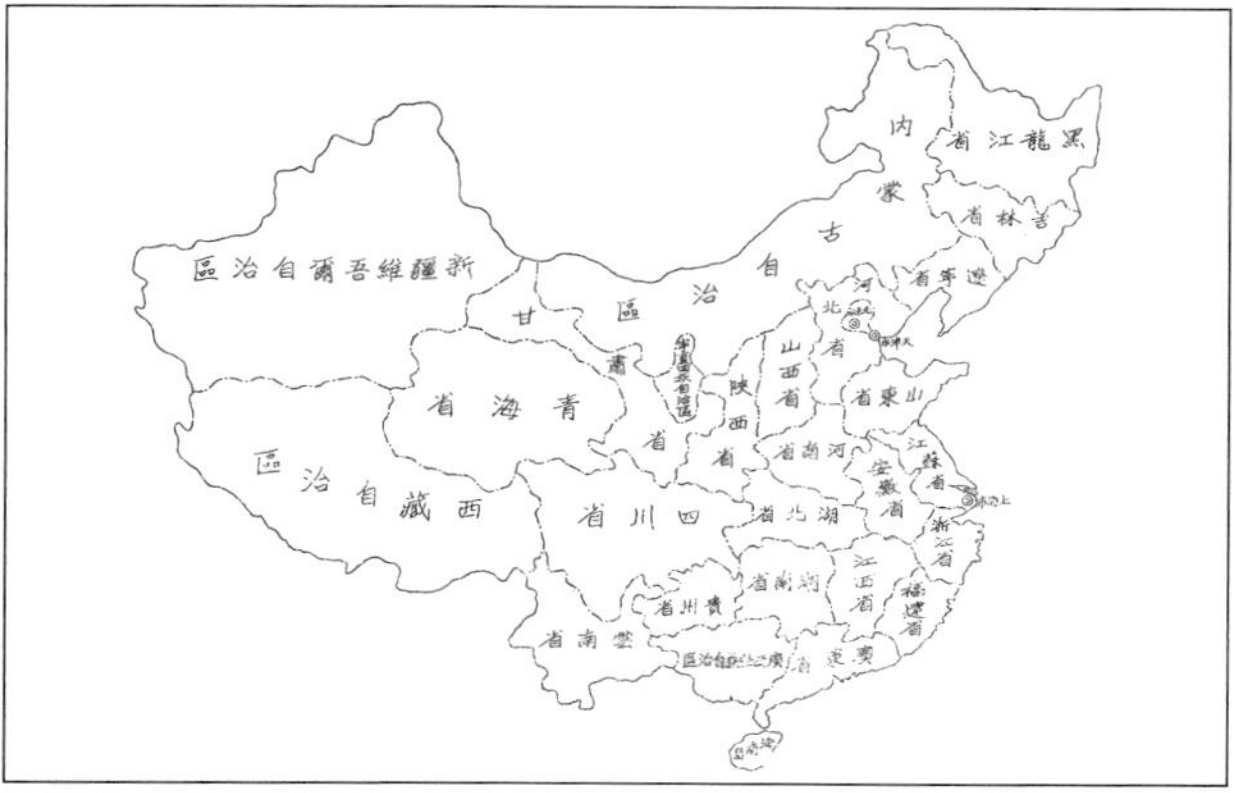

図2-4　1969年に変更された行政区画

出典：「中共内蒙古自治区行政区画的演変与現況」『中共研究』第10巻第８期（台北、1976年）

まず建国時期の行政区画の狙いは、蒙古民族の居住地区を対象に、内蒙古を中心として満洲に居住する蒙古民族を包摂して、その地域に漢民族の居住地区を混ぜることにより、蒙古民族が独立した社会あるいは国家をつくることを阻止することにあった。

　一九六九年における全面的な改編は、同年春に中ソ国境で起きた中国軍とソ連軍の軍事衝突を契機として生まれた「中ソ戦争」の危機（第３章で触れる）に対処することを目的とした全面的な改革であった。すなわちソ連軍が中国に侵攻する場合、その経路は満洲東部の綏芬河《すいふんが》方面と新疆地区を除けば、満洲東北端の満《まん》洲里《しゅうり》から満洲に侵攻してくるソ連軍を黒龍江省で、中央部ではザバイカル方面からモンゴルを経由して北京に直進してくるソ連軍を内蒙古で、あるいは西北地区ではモンゴルから内蒙古を経て蘭州（甘粛省の省都）方面に侵入し、中国の核関連施設を破壊しようとするソ連軍を甘粛省と寧夏回族自治区で迎え撃つという戦略構想に基づいて区画されている。そのことは「中ソ戦争」の危機がなくなった七九年七月に、それ以前の行政区画に戻っていることから裏付けられる。この点については、次の内蒙古を論じる際にも触れるから、あわせて満洲、内蒙古、甘粛省の政治的軍事的重要性について理解する必要がある。

3 蒙古

内蒙古の地理概要

蒙古（モンゴル）は中国大陸の北に位置し、東は満洲から西は新疆地区に至る横長の地域である。その西側の新疆との間に、蒙古と新疆とチベットを分断する形で漢民族の世界である甘粛省がつくられている。

蒙古は南側の内蒙古と北側の外蒙古に分かれる。現在、内蒙古は中華人民共和国の内蒙古自治区、外蒙古は一九四五年十月にソ連がつくった衛星国（モンゴル人民共和国）であったが、一九九一年十二月のソ連の崩壊により独立し、モンゴル国となった。

内蒙古は中国の一部で、建国前に中共により「解放」され、一九四七年「内蒙古自治区」となった。同自治区は中国の政治により区域が何回か変更されているため、自治区の面積はその都度変わっている。現在の面積は約一一八万平方キロメートルで、わが国陸地面積の約三倍の広さである。モンゴル高原の東南部にあり、東部の大興安嶺と大青山《だいせい》脈を除き、ほとんどが海抜一〇〇〇メートル前後の平坦な大草原、もしくは砂漠である。

歴史的に牧畜業が盛んで、区都のフフホトは毛織物工業が盛んである。石炭や鉄鉱石の埋蔵量は中国全土で一、二を争うほどであり、包頭《パオトウ》に鉄鋼コンビナート（後述）がある。天然塩類の生産量は中国一で、イットリウム、ランタンなど希少金属の宝庫でもある。

内蒙古は「万里の長城」の外側に位置し、もともとは漢民族の土地ではない。前述の通り行政区としての内蒙古自治区は政治的な都合により建国後の一九六九年に拡大され、十年後の七九年七月にまた縮小されている。これについては満洲の節で触れた。この節でも後述するが、現在は東北地区の黒龍江省から西北地区の甘粛省まで約三〇〇〇キロメートルにわたり、あたかも漢民族の土地を守る防壁のように位置している。

内蒙古は満洲とともにロシアの南下を防ぐ重要な地域である。

「モンゴルは中国領土」という意識

内蒙古の北方にはゴビ砂漠が広がり、そのまま外蒙古（モンゴル）へと続く。一般に中国人は、モンゴルは中国の領土の一部と見ており、これは中華人民共和国と中華民国とを問わず共通の立場である。

モンゴルは中国とロシア（ソ連）との東部国境と西部国境の間に位置し、中国の内蒙古自治区と境界を接する。中国とモンゴルとの国境線は約三〇〇〇キロメートルあり、モンゴルがソ連の「衛星国」であったソ連時代の中ソ国境は、モンゴルとの国境線を含めると、約七五〇〇キロメートルとなり、中国の陸地国境線の約半分に当たった。

一九四五年二月のヤルタ会談で対日戦争の早期終結を望んだ米国はソ連の対日参戦を促し、ソ連は参戦の代償として、千島列島・樺太の獲得、満洲における旧満鉄の共同管理、旅順海軍基地の租借、大連港の国際化とソ連の優越的使用などの権益を確保するとともに、外蒙古の独立を求め実現した。

日本降伏直前の一九四五年八月八日、ソ連は対日宣戦を布告、翌九日ザバイカル軍管区のソ連軍がモンゴルを経由して満洲に入ってきた。五四年十月、毛沢東は中国を訪問したフルシチョフにモンゴルの中国への返還を要求したが、フルシチョフは拒否したといわれている。一九六〇年代に中ソ関係が悪化するなかで、ソ連はモンゴルを含む中国との国境に「百万人」といわれる大規模な軍事力を展開した。中国にとってモンゴルは極東におけるソ連軍の軍事行動を考える上で、つねに第一義的な地理的位置にある。

国防の観点から国土の形を論じるならば、円形であり、しかもそれがある程度の大きさを持っていることが望ましい。さらに円心に首都があれば理想的である。「中原の地」の都、西安はほぼ理想的な位置にあった。モンゴルが中国の領土を形成していた清朝時代の中国の国土の形態はほぼ円形に近く、かなり望ましい形に近かったといえた。そのモンゴルの独立＝事実上のソ連の衛星国化によって、中国の領土はその北部で大きく食い込まれたばかりか、ソ連の影響下に置かれることになった。さらに渤海湾が中国の東部で国土に食い込んでいるため、モンゴルと渤海湾を結ぶ距離は短く、この部分で大きくくびれている。

もしモンゴル駐屯のソ連軍とザバイカル軍管区のソ連軍が、モンゴルから内蒙古を経て渤海湾に臨む山海関を直撃するならば、短時日のうちに中国は二分され、東北地区（満洲）は長城以南のいわゆる「関内」から切り離される。そればかりでなく、モンゴルからは北京を数日で攻撃することが可能でもあるし、東北地区に侵攻することもできる。西に向かえば蘭州周辺の軍事施設・軍事工業施設を破壊することができる。何よりも蘭州には、核爆弾の原材料である濃縮ウラン工場がある。このようにその目的がどこにあれ、また現在その意図と能力を持っているかどうかという問題は別として、中国に戦争をしかけるとすれば、特に限定戦争を遂行するとすれば、モンゴルは最も重要な拠点として選ばれる地域である。

これを中国側から見るならば、最大の脅威はモンゴル駐屯のソ連軍であり、モンゴルを経由してくるソ連軍であった。一九八一年夏、約二〇万人が参加し、二カ月近くにもわたって実施された「華北軍事演習」は、中国軍がモンゴルから侵攻してくるソ連軍を、内蒙古の張家口地区に堅固な防御陣地を構築して破砕するという構想を持っていたことを示した。

それゆえ一九八〇年代に入ってソ連との関係改善を進めるに当たって、中国がソ連に求めた条件の第一に、モンゴルを含むソ連国境からのソ連軍の撤退をあげた背景には、このような歴史がある。九一年十二月のソ連解体後、モンゴルはソ連の衛星国ではなくなり、完全な独立国家となった。これにより「北からの脅威」はなくなった。

露骨な行政区画

中国政府は内蒙古に対して露骨な行政区画を行っている。蒙古民族はかつて元という帝国をつくって漢民族を支配した歴史を持っている。現在蒙古民族が内外蒙古を統一して、かつてのような大蒙古帝国をつくることはないが、内外の蒙古民族が蒙古民族の国家をつくることはありえないことではない。

中国政府が最も恐れている事態は、内蒙古の蒙古民族が独立した国家をつくることである。そのため建国以来数回にわたって、行政区画上露骨な措置をとっている。現在、内蒙古自治区の人口は漢民族が圧倒的に多く、蒙古民族の数は二割程度で、内蒙古自治区といいながら、「少数民族」である。その理由として漢民族の移住もあげられるが、最大の理由は、建国後数回にわたる行政区画再編により、中華民国時代には独立した省であった綏遠省、熱河省など本来漢民族の居住地域が内蒙古自治区に編入されたことにある。

蒙古民族は満洲から万里の長城に沿ったその北側の地域、さらにチベットの青海省地区にまで、広大な地域に居住している。

建国当時内蒙古（民族自治区）は、東は満洲から甘粛省に至る広大な地域にまたがっていた。中国政府は蒙古民族が「独立国家」を形成しないように、漢民族が多数居住する地区（省）をそのなかに織り交ぜて形成した。ソ連の脅威よりも国内の民族問題を重視したといえる。

ところが、一九五〇年代末にいわゆる「中ソ対立」が生起し、一九六九年三月に至って中ソ国境のウスリー江にある珍宝島という小さな島の領有権をめぐって、中国とソ連の間で紛争が起きた。これを契機として両国関係は決定的に悪化し、「敵対関係」に変化した。それに伴って、内蒙古自治区の行政区画が全面的に変更され、周辺の黒龍江省、吉林省、遼寧省、甘粛省、寧夏回族自治区に組み込まれた。寧夏回族自治区は拡大されたばかりか、モンゴルと直接接するようになった。

これにより内蒙古の約三分の一の地域が内蒙古自治区として残されたが、これはソ連との戦争時に戦闘指揮をしやすくするためであった。具体的に述べれば、部隊の指揮・運用が直接的になった。すなわちこの変更は、民族居住地域による行政区画決定の観点から、鉄道、道路、通信などを考慮しての軍事指揮に重点を移したことを示している。すなわちソ連の侵攻を東の満洲方面、内蒙古正面、西の蘭州（甘粛省）方面に分散させることを意図している。三つの方面のうち最も重要な地域は真ん中の内蒙古地区であるが、その意味は地図を見れば明らかなように、この地域から首都北京は約六〇〇キロメートルの至近距離にある。

この体制が採択されたのは、珍宝島での武力衝突により「中ソ戦争」の危険が生まれた一九六九年の七月を契機として始まり、一九七九年七月に「六九年七月以前の状態」に戻したことから裏付けられる。この時期の中ソ関係は極めて深刻であり、中国はソ連軍の首都攻撃を真剣に考慮していたことが窺われる。

以上のことから、次のことが明確に指摘できる。すなわち建国から「中ソ戦争の危機」が生まれるまでの期間、中国とソ連の間にはいろいろな意見の違い、対立・軋轢《あつれき》があったにしても、「戦争の危険」はなかったが、六九年に「中ソ戦争の危険」が現実に生じ、少なくとも中国側は「戦備態勢」をとったことである。

一九七九年七月に「六九年七月以前の状態」に戻して以後、ソ連・ロシアとの関係は基本的に「友好的」である。内蒙古自治区の存在理由は、「ソ連・ロシアの脅威」ではなく、蒙古民族の「分離」「独立」の危険性にあるといえそうである。

4 新疆

新疆の地理概要

新疆ウイグル自治区は、中国西北部の国境地帯、チベット自治区の北側、甘粛省、青海省の西側に位置する。面積は約一六六万平方キロメートル、中国の国土面積の六分の一を占め、行政区のなかでは最も大きい。わが国陸地面積（約三八万平方キロメートル）の約四・四倍、英国、スペイン、フランス、ドイツの四カ国を合わせた面積とほぼ同等の広大な地域である。三方を多くの外国と接しており、東北にモンゴル、北にロシア、北西にカザフスタン、西にはキルギス、タジキスタン、アフガニスタンの三カ国、南西にパキスタン、南にインドと、国境を接する国は八カ国、国境線は五六〇〇キロメートルに及ぶ。

北部にアルタイ山脈、中央に天山山脈、南部に崑崙山脈が走り、その間にタクラマカン砂漠、タリム盆地、ジュンガル盆地がある。タクラマカン砂漠は中国最大の砂漠で、約三二万平方キロメートルとわが国陸地面積とほぼ同等の広さであり、この砂漠にあるロプノールで核実験が行われてきた。

新疆はこのように広大な地域であるが、人口は一九四九年の建国時点で四三三万三四〇〇人、建国後五十年の九九年でも一七四七万人で、中国全人口の一・三九パーセントに過ぎない。人口密度は一平方キロメートル当たり八・一人と小さい。域内総生産（GRP）は一一一六億六七〇〇万元で、一・四三パーセントと小さい。このように新疆は人口が少なく、経済水準が低いが、中国において非常に重要な位置を占めている。それは、新疆の地理的位置と豊富な地下資源および民族問題にある。

半独立状態だった新疆

新疆は、ユーラシア大陸の中心に位置しており、歴史上、政治的軍事的に重要な地域として、世界の大国が勢力を伸張して衝突を繰り返してきた安全保障上の要衝である。近代においては、大英帝国、帝政ロシア、清国が勢力圏を争い、二十世紀に入ってからは地理的優位性によってソ連が浸透してきた。

特に西部国境のイリ地方は、東側が天山山脈で遮られているところから、ロシアとの通行が簡単便利であるが、中国から接近するのは困難である。そこでロシアは十九世紀末清朝の衰退に乗じて起きたヤクブ・ベグの反乱を利用して新疆に進出し、一八八一年のイリ条約で新疆省（当時）の一部を獲得した。しかし、近代百数十年の中国の歴史において、新疆全体を支配した政権は中国共産党政権のみであり、それ以前においては辺疆の地として中央政府と切り離されて、半独立状態を保ってきた。その好例は、後述する盛世才《せいせいさい》の新疆省政府である。

地下資源を狙ったソ連との相克

新疆の重要性は戦略的な位置とともに豊富な地下資源にある。石油、天然ガス、木材の存在量は中国一である。アルタイ山系の銅、ニッケル、錫、鉛、亜鉛、アルミニウム、モリブデンなどの有色金属資源、天山山系の石炭、鉄鉱石。ジュンガル盆地、タリム盆地、ハミル盆地の石油天然ガスの他、金、銀、白金、パラジウム、ルテニウム、イリジウムなどの希少金属、さらに岩塩など、経済建設はむろん、とりわけ軍事力建設に不可欠な鉱物資源が埋蔵されている。

なかでも錫は各種合金として、かつては航空機機材、現代では原子炉制御棒など兵器やハイテク製品に欠くことのできない鉱物資源である。これに関心を持ったのが地理的に新疆に最も近いソ連（ロシア）だった。ソ連は一九四〇年に「錫鉱租借条約」を新疆省政府（盛世才）と締結した。この条約は、錫その他の鉱物資源の試掘ならびに新疆全域にある鉱山の調査および管理権を獲得する期限五十年の協定であった。ソ連はさらに新疆にラジオ放送局の建設と電信・電話網の設置およびそれに必要な一切の資材の輸入税の免除、ならびにソ連の技術者・労働者の入国の自由、錫及びその製品の輸出権と免税を認めさせた。

それは、表向きは経済協定であるが、実際には新疆をソ連の植民地と認めるに等しいものであった。このような条約を盛世才が締結したのは彼がソ連共産党の秘密党員であったことによるが、国民党政府はこれを認めなかったところから、彼は一九四二年にソ連共産党を脱党し、ソ連の軍事顧問団と技術者の引き揚げを要求し、協定を破棄した。一方、ソ連は第二次世界大戦に忙殺されており、新疆から撤退した。

それより先の日中戦争初期の一九三七年八月、ソ連は蔣介石の国民党政府と中ソ不可侵条約を締結したが、それに基づいて、大量の兵器と義勇軍を中国に送った。興味ある事実は、八十八機の戦闘機と爆撃機が供与され、七一二人のパイロット・整備員が派遣されたことである。爆撃機は航続距離が長いのでそのまま飛来したが、戦闘機は解体されて新疆のハミまで二万頭のラクダで運ばれ、そこで組み立てられ配備された。工場は農業機械工場としてカムフラージュされた。

他方、新疆のウルムチには、一九三四年〜三五年にかけて蔣介石の共産党掃討作戦を逃れて西北（延安）へ逃避行（長征）中の毛沢東の部隊との意見の違いから、別行動をとった共産主義者（張国燾《ちょうこくとう》）の生き残りがいた。「新兵営」と呼ばれ、中心指導者は建国後、毛沢東政権で五カ年計画の中心の一人となった李先念《りせんねん》である。彼らはソ連の援助で軍事訓練・政治学習の傍ら砲術、医療などを習得する一方、モスクワの航空学校で航空技術を学んだ。

それより先の初期中国共産党の時期（一九二四年〜二七年）に、その指導者たちはモスクワに航空技術を学ぶために王弼《おうひつ》、常乾坤《じょうけんこん》らの人材を派遣していた。彼らは今述べた新疆での航空関連事業に関わった中心的な人材である。

詳しいことは省くが、日中戦争中の新疆では、レベルは低いものの、中国共産党の最初の航空部隊が生まれていた。いわば新疆は中国空軍発祥の地であり、この経験が建国後の中国空軍の発展につながっていくことになる。

国共内戦と新疆

中国大陸の支配をめぐって蔣介石と戦っていた毛沢東は、このように蔣介石の勢力はもとより、ソ連を利用しつつその支配を阻止し排除して新疆を支配することに全力を投入した。国共内戦で勝利を収めた毛沢東は、一九四九年八月に中共軍の新疆進出に呼応させるため、民族主義勢力に対する政治工作を始めている。新疆の大勢力であるイスラム系民族のなかには、中共政権によって「民族自治権」が認められると毛沢東に大きな期待をつないだ勢力がいた。

一九四五年四月、毛沢東は、「国内の各民族は一律平等である」「各民族の自決権を認める」という孫文が中国国民党結成の際に謳《うた》った言葉を引用して、日本敗退後の中国に生まれる「連合政府」に参加する政治勢力のなかに少数民族をあげ、中共は「孫文先生のこの政策に完全に同意する」「各少数民族がこの政策を実現することを助ける」と書いた。新疆のイスラム教徒らはこの言葉を信じたのである。

これはスターリンにとって予想しなかった事態であった。そこでスターリンは、新疆に対しモンゴルのように人民共和国として独立させることを提案し、中共軍の進出を阻止しようとしたが、その企図は失敗した。スターリンは一九五〇年二月に毛沢東との間で調印した「中ソ友好同盟相互援助条約」に続いて、ソ連が新疆における中国の主権を承認し、新疆の内政に干渉しないことを約束した。だが、その代償として、石油、天然ガス、非鉄金属、ウラニウムの共同開発、利用に関する二つの合弁会社の設立を中国に受け入れさせた。これは平等を明記していたものの、三十年の有効期間を設定するなど、ソ連に有利なものであり、毛沢東にとって不満の残る協定であった。スターリンは共産主義中国が出現しても、新疆への野心を決して捨てなかったのであり、帝国主義的な政策を飽くことなく追求した。

そのようななかで、毛沢東の命令により、辺疆を防衛し開墾を目的として一九五四年に「新疆生産建設兵団」が創設された。新疆に進出して、軍政を敷いた部隊が直面した最大の問題は、総勢二〇万人の食糧確保であった。毛沢東は「生産自給、自力更生」の号令を発した。これは抗日戦争時代に八路軍司令部のあった延安に近い南泥湾で、王震《おうしん》が毛沢東の命令により、自己の部隊を指揮して荒地を開墾しながら戦いを続けた経験を踏まえたものであった。

毛沢東は軍隊の任務として、戦闘とともに、政治活動と農業生産をあげ、軍隊の「三大任務」と規定した。毛沢東の軍隊は、単に敵と戦うだけでなく、さまざまな政治活動を実施して大衆の支持を獲得して政治的基盤を固め、あるいは生産活動によって部隊あるいは地域住民の経済困難を解決することにより、勢力を伸張させてきた。これは「毛沢東軍事思想」の精髄であり、中国人民解放軍の中心軸となる思想・行動である。それは新疆だけでなく、後述するチベットの軍事基地化においても実施された。「生産自給、自力更生」を実施した新疆生産建設兵団は、天山山脈の南北に沿って、組織された一〇個の農業師団である。

こうして一九四九年十二月十七日の新疆人民政府の誕生から五二年までの期間に、新疆に進出した約二〇万の部隊は、二十七カ所の軍隊開墾農場を建設し、播種《はしゅ》面積は一九二万畝、食糧一億キロ、綿花三三四万五〇〇〇キロ、油料作物五〇〇〇余トンを生産し、家畜四九万頭を飼育して、食糧、油料作物、野菜を自給し、綿花は国内に移出した。同時に開墾、農業生産および日常生活に必要な鉄工、木工、紡織、製紙などの六十一カ所の鉱工業企業を建設した。

ここでは詳しく触れないが、そうした成果は、のちの人民公社のモデルになったと考えられる。人民公社は成功しなかったが、中国内陸部における核ミサイルその他の軍事基地、また中国の海洋進出における南シナ海の西沙《せいさ》諸島、南沙《なんさ》諸島を軍事基地化する過程でも、この方針と成果が強い影響力を与えている。

新疆は戦略的に極めて重要な土地ではあるが、放置しておけば砂漠と原野が広がるだけの不毛の地である。毛沢東はそこに辺疆防衛と開墾を目的として、新疆解放以来中国軍が実施した農業生産を集約化して、一九五四年に新疆生産建設兵団を創設させ、以来五十年以上にわたって営々と開発を実行させた。そして現在、新疆は中国の将来における発展の重要な基軸になりつつある。中国が南西アジアから中東、アフリカに出ていく上で、新疆とチベットは決定的に重要な位置にある。これについては第4章で論じる。

5 チベット

世界に例を見ない過酷な自然条件

チベットは中国南西部の国境地帯、青海高原・チベット高原の南西部に位置する。北は新疆ウイグル自治区、青海省、東は四川省、南東は雲南省と接している。面積は約一二二万平方キロメートルで、中国の陸地面積の八分の一を占め、わが国陸地面積の三倍以上である。南から西にかけてミャンマー、インド、ブータン、ネパールの四カ国と国境と接し、国境線はおよそ四〇〇〇キロメートルに及ぶ。

自然条件は極めて厳しい。標高は低いところでも三〇〇〇メートル、全区域面積の八五パーセント以上が四〇〇〇メートルを超える高地である。この広大な高地は、西はカラコルム山脈から南はヒマラヤ山脈へと弧状に大きく包まれ、北は崑崙山脈、東は金沙江《きんさ》（長江上流）、瀾滄江《らんそう》（メコン河上流）、怒江《ど》（サルウィン河上流）をはじめとする数本の河川が南北にV字形の深い大渓谷地帯を形成して、チベットと周辺地域を隔てている。その厳しい自然環境からチベットはインドとの交流を除いて、周辺諸国と隔絶していた。

「チベット解放」という名目の「チベット侵略」

第二次世界大戦後の一九四九年九月、国共内戦で蔣介石の敗北が濃厚になった時、ダライ・ラマ十四世は国民党政府の駐在代表を追放して、チベット独立の動きを示し、欧米諸国の支持に期待した。これに対して中国共産党は直ちに「外国が中国の領土であるチベットを侵略することを断じて許さない」との強硬な声明を発し、「チベット地方の権力の地位にある者が」と名指しはしなかったが、ダライ・ラマが「英米帝国主義およびその追随者であるインドのネルー政府の支持を得て」、チベットを中国から分離させようと画策していると激しく非難した。

一九五〇年十月、国境に集結していた中国軍は六カ所で同時にチベットに侵攻した。これに対して、チベット国民会議は「共産主義中国による侵略」を国連に提訴したが、国連は中国とチベットが平和裏に統一されることを望むと表明した。孤立無援のチベットは侵攻した中国軍の前に、翌五一年五月二十三日、北京で「チベット協定」締結を受け入れざるを得なかった。チベットは中華人民共和国の一部となり、チベット政府と軍隊は解体され、ラサに中華人民共和国チベット軍政委員会と中国人民解放軍チベット軍区司令部が設置されて、中国のチベット支配体制ができあがった。これが中国がいうチベットの「平和解放」である。

チベットへ侵攻した同じ時期に、中国は朝鮮戦争に参戦している。建国したばかりの多事多難な時期に、二正面作戦を実行することは極めて困難を伴ったであろうが、中国はそこまでしてもチベットを押さえなければならなかった。

建国以前の一九四九年三月十五日と九月二日、中共は新華社通信を通じてそれぞれ「必ず台湾を解放する」「外国がチベットを侵略することを断じて許さない」との立場を表明し、建国後は台湾統一のための軍事行動を着々と準備していた。だが、五〇年六月、朝鮮戦争が勃発し、米国は「台湾海峡の中立化」を宣言し、第七艦隊空母機動部隊を台湾海峡に派遣したことにより、台湾の軍事統一は米軍の介入がある限り実現できなくなった。一方、中国の西方では、インド独立で英国がインドから後退するとともに、歴史的にインドとつながりの深いチベットからも英国が後退しつつあった。それに代わって浸透してきたのが米国である。

中国の南側の台湾が事実上米軍に押さえられ、東側の朝鮮半島にも米軍が上陸し、その上、西側のチベットにインドや米国のＣＩＡが入ってくることは悪夢以外の何物でもなかった。そこで毛沢東は国境に軍を集結させ、一九五〇年十月、六カ所で同時にチベットに侵攻し、チベットを押さえたのである。

南西アジアをにらむ拠点

その後、中国は多大な資金と資源と労働力を投入してチベットを開発した。まず内地とチベットを結ぶ三本の自動車道路が建設され、続いて一九六〇年代には航空路が開設された。七〇年代には自動車道路沿いに石油パイプラインが敷設され、九〇年代にはこの道路沿いに光ファイバー・ケーブルが建設された。ちなみに、この広州－昆明－成都を結ぶ光ファイバー・ケーブルの敷設は、わが国のODA援助により実現された。そして二〇〇一年六月よりゴルムドからラサへ通じる鉄道が建設され、〇六年七月に開通した。海抜四〇〇〇～五〇〇〇メートル、永久凍土の過酷な自然条件のなか、常識と経済性では考えられない建設を続けるのは、チベットがインドを中心とする南アジアへの影響力を拡大する場合に重要な位置にあるからであり、さらにパキスタンからアフガニスタン、イランなど西アジアに影響力を及ぼす上でチベットの果たす役割が新疆とともに重要だからである。

第二次大戦直後、毛沢東が何を措《お》いてもまず満洲を確保した事実、国共内戦の最後の段階で毛沢東が軍隊を派遣して新疆全域を押さえた事実、さらに建国直後の多事多難でしかも朝鮮戦争に参戦した時期に、軍隊を派遣してチベットを支配下に収めた事実。こうした領域確保の上に、今日の中国の発展があるといえよう。そのことを振り返ってみたとき、満洲、蒙古、新疆、チベットという辺疆の戦略的重要性を毛沢東が十分に認識していたこと、さらに米ソの脅威にさらされながらもこれら辺疆を維持し営々と建設を続けたことの意味が分かる。

かつて大学院のゼミで中国の辺疆経営を題材にあげた際、学生たちから「毛沢東は狂人なのか偉人なのか分からなくなりました。こんなふうに『国家百年の大計』を考えていたとは……」との感想が出されたことがあるが、毛沢東の戦略眼に改めて恐ろしいものを感じる。

6　併合できなかった地域

蛇足だが、中国の領土に組み込まれずとも、「属国」という形で「中華世界」の一翼を担ってきた国々がある。これらの国々は地理的な宿命から、歴史的にも現在に至っても、中国の強い影響を受け続けている。朝鮮半島、ベトナム、台湾がその代表例だが、ここでは朝鮮について簡単に触れておく（ベトナムは第4章、台湾は第5章で論じる）。

中国周辺諸国のなかで朝鮮は中国の最も強い影響力を受け、中国の属国となった長い歴史を持つ。モンゴルの節で書いたように、国防上、国土の形態は円形が理想であるが、朝鮮半島が中国の「領土」となれば、ほぼ円形の理想形となり、黄海は中国の内海となって、中国大陸の東南沿海地域は安泰となる。朝鮮半島の動向は中国にとって極めて重大であったことから、一九五〇年に朝鮮戦争が勃発すると、中国はほどなく参戦した。

だが、核兵器を開発し宇宙と海洋へと発展する現在の中国にとって、朝鮮半島は重要ではあるが、第一義的意義を持つ地域ではなくなっている。現在、朝鮮半島は国際的影響力の下にあるにしても、黄海と東シナ海を押さえれば朝鮮半島は自ずから中国の強い影響下に入る。現実にその方向に進展しているから、ある程度放置しておいてもいずれ中国の支配下に入るとの認識であろう。

また「台湾統一」という国家目標を実現する上で、朝鮮半島に煩わされるのはできるだけ避けたい。従って北朝鮮が崩壊して米国が朝鮮半島全域に進駐してこないよう、主にその現状維持に注意を払っている。

現在、韓国・北朝鮮、ベトナム、台湾は独立国家であり、いかに中国との歴史的関係があっても、独立国家であろうとする以上何らかの軋轢が生じないわけがない。だが、中国から見れば、これらの国々はやはり「中国の辺疆」である。さまざま軋轢を抱えながらも、いずれは文字通りの「辺疆」として押さえようと意図している。さらに、中国の東シナ海への積極的な海洋進出を見ていると、中国はわが国の沖縄もまた「中国の辺疆」として見ていることが分かる。

第3章

知らぬ間に築かれた軍事大国の礎

1　二度と侵略されない国へ

変化する国境の軍事的意味

中国は西から北にかけて高い山岳地帯と砂漠地帯が延々と連なり、東から南にかけて海に囲まれている。中国の険峻な自然条件は古来、「自然の障壁」を形成し、中国を一つの「世界」として発展させてきた。

歴史的にいって、中国にとっての脅威は「北からの脅威」であり、近代になるまで「海からの脅威」はなかった。黄海から東シナ海、南シナ海へと広がる「中国の海」により、中国大陸は海から安全に守られ、「海からの脅威」にさらされることはなかった。「中国の海」もまた「自然の障壁」であった。ところが、一八四〇年代のアヘン戦争以後「帝国主義列強による侵略」により、中国は全方位から国防上の危機に直面することになった。特に初めて「海からの脅威」にさらされた。

こうした「脅威」の重要な変化をもたらした要素は、兵器、とりわけ運搬手段の発達である。特に第二次大戦後における航空機や火器の発達により、国境を離れた遠い距離からの攻撃が可能となるにつれて、国境の持つ軍事的意味は著しく変化してきた。例えば、中国は朝鮮戦争、インドシナ戦争、台湾海峡における蔣介石軍との戦闘を通じて、米国から核兵器や空母機動部隊による威嚇・恫喝を何回も経験した。

近代以降そうした「脅威」の変質に伴い、米国の存在が中国にとって、国境を接していないが、国境を接しているソ連・ロシアとは異なる性格の圧力や脅威を感じさせる国となってきた。

従って、建国後間もない中国では、とりわけ米ソ両大国の脅威をいかに防ぐかという観点に絞った国家建設が行われた。

以下詳述するが、「三線建設」「人民公社」「大躍進」など、広大な国土を利用した軍民一体の国防体制が敷かれていった。また建設途上の軍事力だけで国家の安全保障を確保するのは困難なため、「平和五原則」「中間地帯論」など独特の外交論や兵器移転などを組み合わせた対外政策を展開し、インドやパキスタンなど米ソ以外の周辺国にたくみに働きかけて影響力を浸透させていった。

今日、国力の向上とともに中国は世界のあらゆる所に進出し、その影響力を誇示するようになったと認識されている。同時に、それ以前の中国は混乱と停滞を繰り返すだけの「遅れた貧乏国」としか認識されていない。だが、中国はわれわれの知らないところで、地道に、着々と、内部を固め足下を固めてきた。その上に「世界の大国」となった今日の中国がある。

主敵の変化によって変わる「三線建設」とは

建国当時中国は、米国とソ連の二つの強大国の「脅威」に直面していた。「前門の虎、後門の狼」である。

米国は帝国主義列強のなかで遅れて中国に進出したことから、植民地の獲得、各種利権の獲得などのあからさまな植民地主義支配や活動をすることは少なく、「機会均等・平等互恵」のスローガンを掲げた。抗日戦争中は蔣介石政権を全面支援し、大規模な経済・軍事援助を与えた。日本降伏後まもなく勃発した国共内戦でも引き続き蔣介石の国民党政権を支援したが、蔣介石軍が敗北して台湾に首都を移す直前に、米国は「大陸の喪失」を宣言し、その責任を蔣介石政権の腐敗堕落に帰して大陸から引き揚げた。他方、占領政策により崩壊させた日本を復興させて、東アジアの中心勢力として位置付け、中共政権成立後の東アジア支配を意図した。

一方、ソ連（帝政ロシア）は、十九世紀後半、弱体化していた清朝からハバロフスク州、沿海州を得て自国領とし、新疆ではパミール高原の一角を占拠し、イリ地区の非鉄金属の鉱山権を獲得した。先の大戦で日本が降伏する直前に、日本に宣戦布告し満洲に進撃して占領した。そして、蔣介石の中華民国との間に「中ソ友好同盟条約」を締結し、外蒙古の独立、南満洲鉄道の共同管理、旅順の海軍基地としての租借、大連港の国際化とソ連の優越的使用などの権益を獲得した。さらに日本降伏後の国共内戦期には、毛沢東の共産党勢力を支持しなかったばかりか、その武装勢力の解体を命令し、さらに蔣介石政権に迫って外蒙古を中国から切り離して独立させ、「衛星国」とした。これに対して、毛沢東はスターリンの命令に従わず、蔣介石軍を破って自己の政治権力を樹立した。「中華人民共和国」である。

毛沢東は、一九四九年十月一日の建国に際して、「中国人民は起ち上がった」と題する演説を行って次のように述べた。「中国人民は二度と侮辱されることはない」「いかなる帝国主義国家に対しても、二度とわれわれの国土を侵略することを許さない」。

では、「二度と侮辱されない」ためには何が必要か。毛沢東は強大な陸海空軍力を保有することが必要だと述べたが、それには強固な経済力、とりわけ軍事力の基盤となる重工業建設を優先的に進める国家建設が不可欠だった。

建国以来中国は、大陸を沿海地区、平原地区、内陸地区の三地区に分け、東北（満洲）から黄海・東シナ海・南シナ海に沿った沿海地区を「第一線」、包頭（内蒙古）、蘭州（甘粛省）を中心とする西北地区、重慶（四川省）、昆明（雲南省）などの西南地区を「第三線」、その間の西安（陝西省）、武漢（湖北省）、長沙（湖南省）を中心とした平原地区を「第二線」として、重工業基地の建設を目標とした。広大な中国大陸に、重点的に重工業基盤を建設する遠大な国家目標から生まれているが、他方、敵の攻撃による壊滅を防ぐ防衛の観点もあった。

特筆すべきことは、「三線建設」は時々の主敵により重点が変わることである。すなわち米国が「主敵」の時には第一線である沿海地区が前線地区となり、第三線は戦略的後方地区となる。ソ連が「主敵」となる時にはその反対となり、内蒙古から蘭州、新疆にかけての西北地区を中心とした第三線が最前線となり、同じ第三線でも西南地区や、さらに黄海、東シナ海に沿った沿海地区の第一線は戦略的後方となる。

一般に「三線建設」といえば、四川省、貴州省、雲南省などの西南地区で一九六〇年代後半から七〇年代初頭に遂行されたものを指すが、建国当初からあった考え方である。それはつねに国家の安全保障という観点に立って、中国の広大な国土・空間を活用して計画され、進められた。

米国による中国の封じ込め

共産主義中国が誕生しても、中国に対するスターリンのソ連の「帝国主義」「植民地主義」的政策は変わらなかった。しかし一方、「米ソ冷戦」の厳しい現実のなかで、ソ連は中国との同盟・友好関係を打ち出した。新中国はそれを受け入れ、一九四九年十二月、毛沢東がモスクワを訪問して二カ月に及ぶ厳しい会談を行った。その結果、五〇年二月、ソ連が中国で確保している権益を認め、中国の安全保障の立場から、米国と日本を共通の敵とする中ソ友好同盟相互援助条約に調印するとともに、近代国家を建設する上で必要な経済・技術・文化などの領域での援助・協力を約束した協定を締結した。

それから半年も経たない一九五〇年六月、朝鮮戦争が勃発した。米国は直ちに第七艦隊の空母機動部隊を台湾海峡に派遣して、中国の台湾軍事侵攻を阻止するとともに、一度見限った蔣介石政権を支援した。次いで同年十月、中国が参戦した。

こうしたなかで、米国は日本を「反共防波堤」とする目的から、一九五一年九月、サンフランシスコ講和条約の締結とともに日米安全保障条約を締結した。それに前後して警察予備隊（現在の自衛隊）が組織された。朝鮮戦争は五三年七月ようやく停戦となった。

朝鮮戦争で三年以上にわたって戦火を交え、建国後間もない中国の侮りがたい戦争遂行能力を感じた米国は、戦争中から戦後にかけての時期に、中国の周辺地域の国家と同盟条約を締結した。日本、韓国、台湾、フィリピンとは個別の軍事同盟条約、フィリピン、タイ、パキスタンとは東南アジア集団安全保障条約機構（SEATO）が形成され、中国の周辺地域から中国を封じ込める体制がつくられた。

米国の封じ込めに直面した中国は、米国が朝鮮半島、台湾、ベトナムの三つの方面から中国侵略を意図しているとの前提に立って、長期国家建設計画の重点を米国の攻撃から遠く離れた内蒙古から蘭州を中心として、さらに新疆に至る西北地域、すなわち「第三線」に置いた。当時はミサイル戦争の時代ではなく、これらの地域は、黄海、東シナ海、南シナ海を越えて米軍の爆撃機が飛来することのできない地域であった。さらにこの地域はソ連に隣接した地域であった。ソ連とは同盟相互援助条約を締結していて安全であり、同条約に基づくソ連からの経済技術や軍事援助を受けるのに便利という利点もあった。

その後の発展の基盤となった鉄道建設

第一次五カ年計画（一九五三年～五七年）が始まる以前から、東北地区（満洲）では、ソ連の援助を受けて、長期国家建設が始まっていた。それは日本が建設した鞍山の鉄鋼総合企業、撫順・阜新《ふしん》・鶴崗《かくこう》などの炭鉱・火力発電所、瀋陽・長春・ハルビンその他の機械・電気・自動車など五十項目の近代的大企業の改造あるいは新規の建設などであった。

それらの企業のほとんどが旧満洲に所在したことは、当時中国には近代的な工業基盤が東北地区にしかなかったことを示しているが、同時にスターリンが満洲をソ連の「勢力圏」と見て、長城以南の中国の土地には投資しなかったことを示している。

ソ連への大幅な譲歩と交換に、ソ連の大規模な援助を受けて、中国の長期国家建設は進むことになった。ところが第一次五カ年計画が正式に開始された一九五三年三月、スターリンが死去した。スターリンの後継者に関してソ連では権力闘争が生まれ、フルシチョフがマレンコフを追い落として後継者となったが、フルシチョフはスターリンの死後、社会主義陣営におけるソ連の地位・権威が低下し、中国の地位・権威が向上していくなかで、毛沢東の権威を利用していく。他方、毛沢東はスターリン死後に高まった社会主義陣営における自己の権威を利用してその地位を固め、スターリンが供与しなかった大規模な援助を獲得したばかりか、スターリンが手離さなかった旧南満洲鉄道、大連港、旅順港、新疆におけるウラン鉱、希少金属、石油資源の鉱山権を取り戻した。だが、外蒙古の分離独立を原状に戻すことはできなかった。

経済援助では九十五項目の大規模で近代的な企業建設が追加されたが、これらの企業は満洲に限定されることなく、その多くは長城以南、すなわち関内の漢民族の住む土地に建設されることになった。黄海、東シナ海、南シナ海の沿岸に沿った地域である「第一線」は、米軍の攻撃、侵略を受けやすいとの理由から、国家建設計画の対象から外され、中国大陸中央部の武漢（湖北省）に総合鉄鋼企業が建設された。武漢には、清朝時代に建設された漢陽の製鉄所などの重工業施設があったが、ソ連の援助により近代的な鉄鋼コンビナートが建設され、これを中核として湖北省・陝西省を中心とする「第二線」に、重工業基地が生まれ、兵器関連企業が建設された。

だが前にも触れたが、重点は「第三線」にあった。朝鮮戦争以後、中国にとってはっきりとした「主敵」となった米国から遠く離れ、「味方」のソ連に隣接する内蒙古、蘭州（甘粛省）から新疆へと連なる西北地区である。その最重点は内蒙古の包頭で、総合鉄鋼企業が建設され、満洲の鞍山鉄鋼企業に次ぐ大型鉄鋼コンビナートが建設される計画であった。

この包頭総合鉄鋼企業の建設は、非漢民族の蒙古民族の居住地に建設されるところに画期的な意味があったが、ここから西北地区の蘭州にウラン濃縮工場が建設され、ここで生産された濃縮ウランは青海省青海湖畔に運ばれて核弾頭となり、新疆のロプノールで爆発実験が実施された。青海湖畔に西北核研究製作基地他の核兵器関連施設が多数建設された。新疆のクラマイ、青海のチャイダムでは石油資源開発が行われ、甘粛省の酒泉地区にある玉門で精製されるなど、第三線地区に最先端の軍需産業が建設された。ちなみに包頭総合鉄鋼企業の建設は、その後の「中ソ対立」（後述）によりソ連の援助が打ち切られたことに加えて、「対ソ戦線」の最前線となったこともあり、中断してしまった。

注目したい点は、蘭州を中心として西北の工業地区を連絡する鉄道網が建設されたことである。まず蘭州から北東に向かって包頭との間に蘭包線が建設され、包頭で京包線に接続されて北京へ、さらに内蒙古の集寧《しゅうねい》で新しく建設される集二線で外蒙古を経てシベリア鉄道に連絡される。次に西北に向かって甘粛省の玉門、新疆のウルムチを経てシベリア鉄道に至る蘭新線が建設される。南方に向かっては、四川省の成都に至る宝成線が建設され、成都で成楡線、成昆線で重慶、昆明に接続して西北と西南を結ぶばかりでなく、北ベトナムとも直結される。

このように中国の鉄道建設は、内陸工業建設の方針を反映して、それまでの沿海偏重の輸送体系から、内陸開発を目的とする輸送体系へと大きく変わることになり、中国のその後の発展に重要な役割を果たした。

2　地理的要素に配慮した中国の国防体制

敵を国土に引き入れてから「包囲殲滅する」戦法

こうして軍事力の基盤となる重工業建設が進められる一方、国防体制も整備されていった。

先に述べたように、朝鮮戦争を契機として米国は中国周辺諸国、韓国、日本、台湾、フィリピンとの間には二国間の軍事条約、フィリピン、タイ、パキスタンなどとは多国間のＳＥＡＴＯ条約を締結して、中国を海上から包囲する体制を整えていた。他方、朝鮮戦争で米国の圧倒的に強大な近代化された軍事力を経験した中国は、停戦後本格的に着手した長期国家建設を遂行する上で、米国の脅威・侵略に対処するための防衛構想に基づいた措置がとられた。

具体的には、「積極防御」の方針が採用された。それは近代的な軍事力では圧倒的に劣勢な中国軍が米軍に対処するには、敵と国境で戦うのではなく、国土に引き入れた後、包囲して戦機を捉えて反撃する以外に戦う方法がないとの考え方に基づく方針である。いい換えれば、中国の広大な国土空間を利用して時間を稼ぎ、軍事力を集中して敵の軍事力を孤立させ分断して大量に消耗させ殲滅《せんめつ》する戦略で、毛沢東が建国以前の抗日戦争、国共内戦で、日本軍や蔣介石軍との戦争で採用した戦略である。毛沢東は、敵と国境線で戦う戦法を「消極防御」として批判し、「単純防御」「専守防衛」といって排撃した。

しかしながら、「積極防御」は政治権力の獲得を目的としていた革命戦争では有効であったにしても、中国を支配する立場に立った中共政権が引き続き採用する戦略としては問題があった。なぜならば、敵を国境で迎え撃つのではなく、敵を国土に引き入れてから「包囲殲滅する」戦法は、国家の主権・領土を外国の軍隊によって侵害されることであり、さらに国土を焦土と化し、人民の生命を犠牲にし、財産を破壊してまで戦う戦略は近代国家のとるべき戦略ではない。

図3-1　沿海軍区の縦深部署区画図

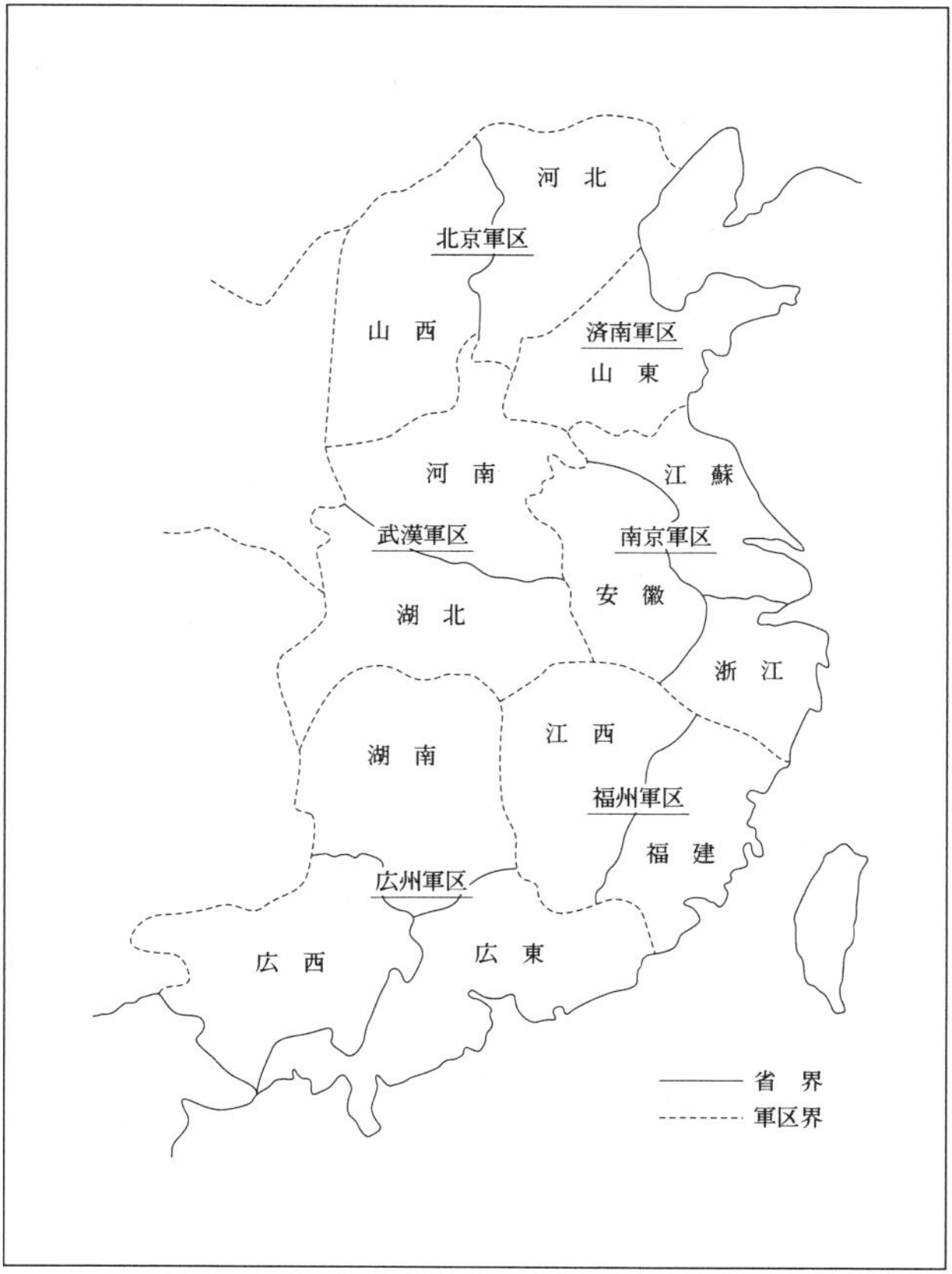

出典：平松茂雄『中国　核大国への道』（勁草書房、1986年）

図3-2　軍区の戦略的任務分担図

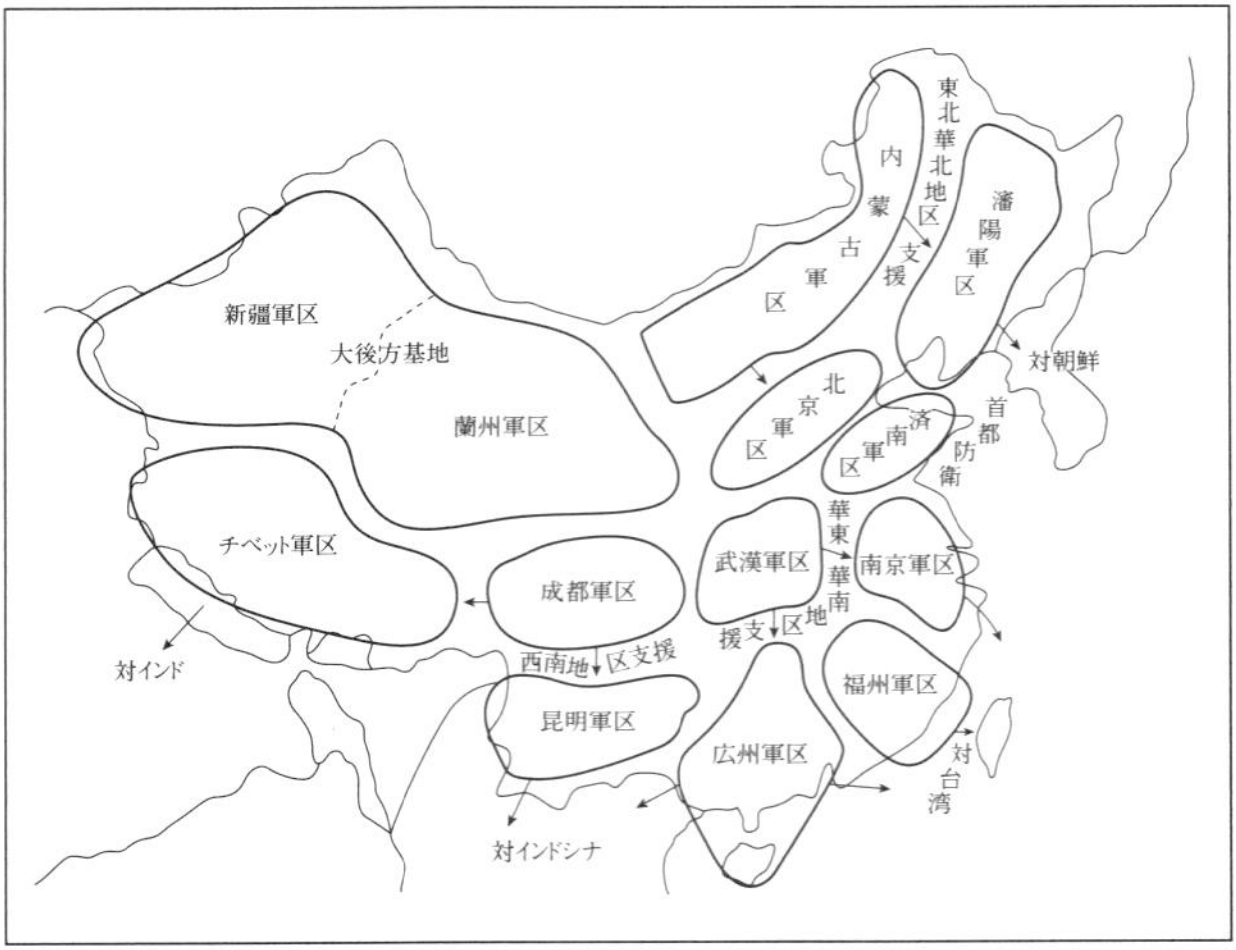

出典：平松茂雄『中国　核大国への道』（勁草書房、1986年）

しかし、建国後、米国の圧倒的に優勢な軍事力の圧力を受けていた中国は、これに対処するために、建国後においても、「積極防御」を国防政策の基本として引き続き採用した。朝鮮戦争の指揮官として米国の近代戦争を経験した後、国防部長に任命された彭徳懐《ほうとくかい》は「帝国主義がわが国に侵略戦争を発動する時には、わが軍はあらかじめ設定してある地区で敵の侵攻を阻止し、全国が平時から戦時に転換するのを助け、敵の戦略的主導権を徐々に奪ってわが軍が次第に戦略的防御から戦略的進攻に転換する必要がある」と論じていた。

図3－1と図3－2は、「積極防御」の戦略・国防方針の下で、大軍区が攻守兼備の戦略部署に基づいて区画されていることを示している。

図3－1は、国境防衛、海岸線防衛の任務に当たる各軍区が縦深（最前線から後方までの深さ）を深くして、国境防衛、海岸線防衛作戦を十分に展開できるようにつくられていることを示している。「敵を沿海地区で殲滅する」ことが、海岸線防衛の任務に当たる各大軍区の任務である。例えば、南京軍区では、江蘇省軍区、浙江省軍区に上陸した敵を安徽省軍区が後方から支援する。福州軍区では福建省軍区に上陸した敵を江西省軍区が支援する形で、省軍区が海岸線から奥行きを持って配置されている。

図3－2は以下のことを示している。中国大陸の中心部に設置されている武漢と成都の両大軍区には、国境防衛・海岸線防衛の任務に当たる大軍区を支援する任務が課せられており、必要な時にはそれらの大軍区に対して機動的な支援を行う。内蒙古軍区も同じように、瀋陽と北京の二つの大軍区を支援する任務が与えられている。これらの軍区はそれ自体それぞれの独立作戦能力を備えており、防衛作戦の際には「第二線」を構成する。

これよりさらに奥深く蘭州と新疆の二つの軍区がある。この二つの軍区は、「第三線」すなわち大後方補給基地であり、この地区に建設される工業基地に加えて、先に述べたソ連のシベリアおよび中央アジアと連絡される。ソ連に近いばかりでなく、海岸線から最も遠い所に位置しているから、国防上安全である。

このように大軍区は、その戦略任務とその地理的位置に応じて、それぞれ独立作戦を遂行できるように形成されているとともに、他方で「第一線」から「第三線」に至る縦深の極めて深い持久防御体制がとられていた。中国の広大な領土、深い縦深性、いい換えれば、距離ないし空間の持つ軍事的価値を一つの重要な要素として考慮された戦略・国防構想である。まさに「空間を利用して時間を稼ぎ、敵の兵力を大量に消耗させ、殲滅する」戦略構想である。

愚策と笑われた大躍進・人民公社の国防上の役割

建国当初、毛沢東は強大な陸海空軍を構築することを意図していたが、その後の数年間に中国が関与した朝鮮戦争、インドシナ戦争、台湾海峡における蔣介石軍との戦闘で、米国から核兵器による威嚇を何回も経験したところから、毛沢東は米国に対抗するには中国も自国の核兵器を保有する以外の方法はないと考え、一九五五年~五六年の時期に核兵器の保有を決断した。だが、軍隊の近代化と核兵器開発を同時に進めるには、中国の財政・資源に限界があった。そこで毛沢東は軍隊の近代化を後回しにして、国家の総力をあげて核兵器開発に投入する決断を下した。

第一章で見たように、中国の国土は大変に広く、黄河、長江をはじめとする大河川もあれば、世界最高峰の山岳地帯や広大な砂漠もあり、国境線は長い。渤海、黄海、東シナ海、南シナ海というそれぞれ特徴のある四つの海にも囲まれている。さらにいくつもの民族問題を抱え、前面には米国、後背にはソ連という強国が控えている。こうした地勢・情勢に置かれた国を通常戦力で守るのは容易ではないし、当時の限られた財源で通常戦力を強化しても大した軍事力は構築できなかったであろう。その意味でも、毛沢東が核兵器開発を決断したのは賢明であった。

特にこの目的を達成するために採用されたのが、「大躍進」と「人民公社」であった。「大躍進」「人民公社」と聞くと、多くの読者は、過大な生産目標を掲げ、大勢の農民が鋤《すき》・鍬《くわ》で土を掘ったり、モッコを担いでの水利工事とか、農家の庭先での鉄作りなどを思い浮かべて、毛沢東の愚劣な政策と考えるであろうが、それはとんでもない認識不足である。それは核兵器を開発するためにとられた戦略である。すなわち核兵器を保有するまでの期間の安全保障を「人民戦争」で代替したのである。

「大躍進」とは、一九五七年末から六〇年にかけて中国で実施された大増産活動である。それまでのソ連の重工業優先主義をモデルとした国家建設路線から、工業と農業、重工業と軽工業、都市と農村、近代生産と前近代的生産（土法）、大型企業生産と中・小型企業生産などの一連の「同時発展」の生産方式により生産を向上させる政策が採用された。具体的には、大量の人力を投入しての大規模な水利建設、鋤・鍬などの農具、鍋《なべ》・釜などの生活用具を生産自給するための全国的規模の製鉄運動など、あらゆる領域で、前近代的な小規模生産（土法生産）が実施された。だが、「大躍進」が展開されると、現実を無視して人為的に生産目標を高く設定し、虚偽の生産報告が行われ、経済秩序は混乱した。生産は低下する結果となり、「大躍進」は失敗に終わった。

しかしながら、大躍進の目的は、核兵器開発を頂点とする軍事力とそれをつくり出す重工業部門の迅速な構築に国家の総力を集中し、それにより切り捨てられる人民大衆の生活を、人民大衆自身の力を結集して実現するところにあった。「大躍進」は失敗に終わったが、核兵器開発という国家の大目標はいささかも揺らぐことなく達成された。

他方、「大躍進」が展開されると、各部門・各地で労働力の不足が深刻となった。特に国家の投資に依存しないで実施された農村各地での水利建設には、モッコ担ぎなど大量の労働力を組織的に投入する必要が生まれ、それまでの農業生産組織であった農業生産合作社（ソ連のコルホーズに該当する組織）よりも大きな「人民公社」が組織された。だが、生産力を伴わない組織の大型化はかえって生産を阻害した。

しかしながら、毛沢東の目的は別のところにあった。毛沢東は、もし米国の核攻撃を受けた場合、広大な農村地域で生き延びることを意図していた。それが人民公社である。それは単なる農業生産のための組織ではなく、米国の核攻撃を生き延びる目的から、農（業）・工（業）・商（業）・学（校）・（民）兵の五つの要素からなる一種の「小国家」を、全国の農村に組織することを目指したものであった。

抑止力としての「人民戦争」

毛沢東はソ連のフルシチョフに対して、「中国には六億の人口があるから、核攻撃で半分死んでも、三億が生き残り、しばらく経てばまた六億に戻る」とこともなげに述べたといわれているが、この言葉の背後には、「人民公社」で生き延びる意図がある。北京や上海などの都市が核攻撃で全滅したとしても、広大な中国の農村に「星をちりばめたように散在する」人民公社で生き延び、たとえ半分の農村が壊滅しても、再び甦《よみがえ》ることができる。

人民公社では、民兵が組織され、土法・前近代的な小規模工業で生産された小銃・手榴弾などの小火器で、侵略した敵を「人民の大海に埋葬する」構想が具体化された。これは毛沢東の革命が農村から生まれ、農村で次第に成長し、蔣介石軍や日本軍との戦争で鍛えられ、やがて「農村から都市を包囲する」形で遂行された歴史を念頭に置いていた。現在の中国は、毛沢東という無名の若者が農民運動を指導し組織し、農民ゲリラ戦争をあきもせずに繰り返して成長し、生まれた国である。「大躍進」とか「人民公社」といえば、「人民戦争」とともに、毛沢東の政治の愚劣さを示す代名詞となっているが、それは核兵器を開発する上でとられた戦略であった。近年のイラク戦争や北朝鮮の核疑惑が示すように、米ソの核大国は核ミサイル兵器が拡散することを望んでいない。疑惑があるだけで核施設を破壊し、その国を葬り去ろうとする。今から五十年余り前に、核ミサイル兵器の開発を決断した中国は、初めは米国から、次いでソ連から核施設を破壊される危険にたびたび直面した。

現実に米国は一方で核実験停止条約、核拡散防止条約の締結をソ連に呼びかけて、中国の核開発を国際法上拘束するとともに、他方で中国の核兵器開発が進展していた一九六〇年代中葉に、中国の核開発施設を破壊するいくつものシナリオを用意していた。またソ連軍は七〇年代前半に中国との長大な国境線に「百万人の大軍」といわれた大軍事力を展開して、中国に軍事威圧を加えた。当時の中国は軍事力でまともに米ソに立ち向かうことなどできなかった。しかし、国家である以上、自国の生存と安全は確保しなければならない。弱者が強者をはね除《の》けるには、どうすればよいのか。人民戦争で対処し、侵攻してくる敵を「人民の大海に埋葬する」というのが、毛沢東の答えであった。

この時期はいまだ軍事衛星で敵を監視し、長距離ミサイルで攻撃する時代ではなかった。核施設を破壊するには、米国もソ連も中国大陸に地上部隊を送り込まなければならなかった。その場合、米ソは毛沢東の「人民戦争」に巻き込まれることを覚悟しなければならなかった。日本軍が中国大陸で泥沼に引きずり込まれた過ちを十分に知っていた米ソは、それを繰り返すことを恐れた。また米国は朝鮮戦争の泥沼を繰り返すことを避けた。振り返ってみるならば、「人民戦争」は抑止力としての役割を十分に果たしたといえる。先端の核兵器開発と最も時代遅れの人民戦争の「二本足軍事路線」が、中国の核兵器開発という目的を達成したのである。

3　米ソの間隙をつく第三国へのたくみな進出

最初は利害が一致していた中国とインド

重工業建設と核兵器を頂点とする国防体制を構築する一方、中国は対外政策を駆使して周辺諸国への影響力を浸透させ、「世界の大国」へと発展する礎を築いていった。

一九五〇年代に、米国が朝鮮半島から東シナ海、南シナ海を経てインド洋に至る中国周辺地域の国々と軍事同盟条約を結び、それらの国に米軍基地を設置して、中国を「封じ込め」たことは前に述べたが、この「封じ込め」に参加しなかった国があった。

インドとビルマ（ミャンマー）とインドネシアであり、インドシナ半島は「民族解放闘争」のさなかにあった。

インドはビルマに次いで中国を承認したアジアの非共産主義国であり、朝鮮戦争で国連の軍事介入に賛成したが、国連軍が三八度線を越えて進撃することは中国を参戦に導くとの理由で西側に警告を発し、中国が参戦してからは中国を侵略国とした国連決議の採択に反対した。台湾に対する中国の領有権を支持し、中国の国連加盟には一九五〇年以来一貫して支持してきた。米国の進める対日講和条約に中国が参加しないことを厳しく批判した。

一九五四年四月、チベットに関する中印協定を契機に、中国とインドとの間に、「平和五原則」を基礎とした友好関係時代が生まれた。「平和五原則」とは、①領土・主権の相互尊重、②相互不可侵、③相互内政不干渉、④互恵平等、⑤平和共存を指す。これらの原則はどれも至極当然の原則であり、誰も反対しないであろう。だが中国が「平和五原則」として外交政策に適用する時、そこには、「中国を中心とする平和地域」を形成し拡大していく中国独自の目的・性格が付与されている。

それは、米国が中国の周辺諸国との間に進めていた中国封じ込めの「中国包囲網」に対して向けられていた。「平和五原則」は現状維持政策ではなく、米国を周辺諸国から排斥することを目指した。

具体的には中国周辺諸国が米国との軍事同盟条約を締結しないことであり、従って米軍基地を設置しないことであり、結んでいる場合には、廃棄させ、基地を撤去させることである。

それは中国が日本で行われた「日米安保反対」「米軍基地反対」の運動を支援し、韓国では米軍の撤退、台湾からの米軍の撤退などを執拗に主張したことに明瞭に表れている。

中国の進める「平和五原則」とか「平和共存」は、いわゆる「平和政策」「現状維持」政策とは何の関係もない。

それどころか、米国を中心とする中国包囲網を対象とした「現状打破」政策であると認識する必要がある。

SEATOに参加したアジアの国は、フィリピン、タイ、パキスタンの三カ国に過ぎなかった。一九五四年七月のインドシナ戦争の終結により、インドシナ半島の中心であるベトナムは二つの国に分断され、北半分は共産主義国家となり、南ベトナムは自由主義国家となった。ラオスは「中立国」となり、カンボジアは「非同盟主義国」となり、のちに「平和五原則」を受け入れて中国の友好国となった。

インドと同じ時に、ビルマとの間にも「平和五原則」を基礎とした友好関係が生まれた。

図3-3　米ソ冷戦時の封じ込め図

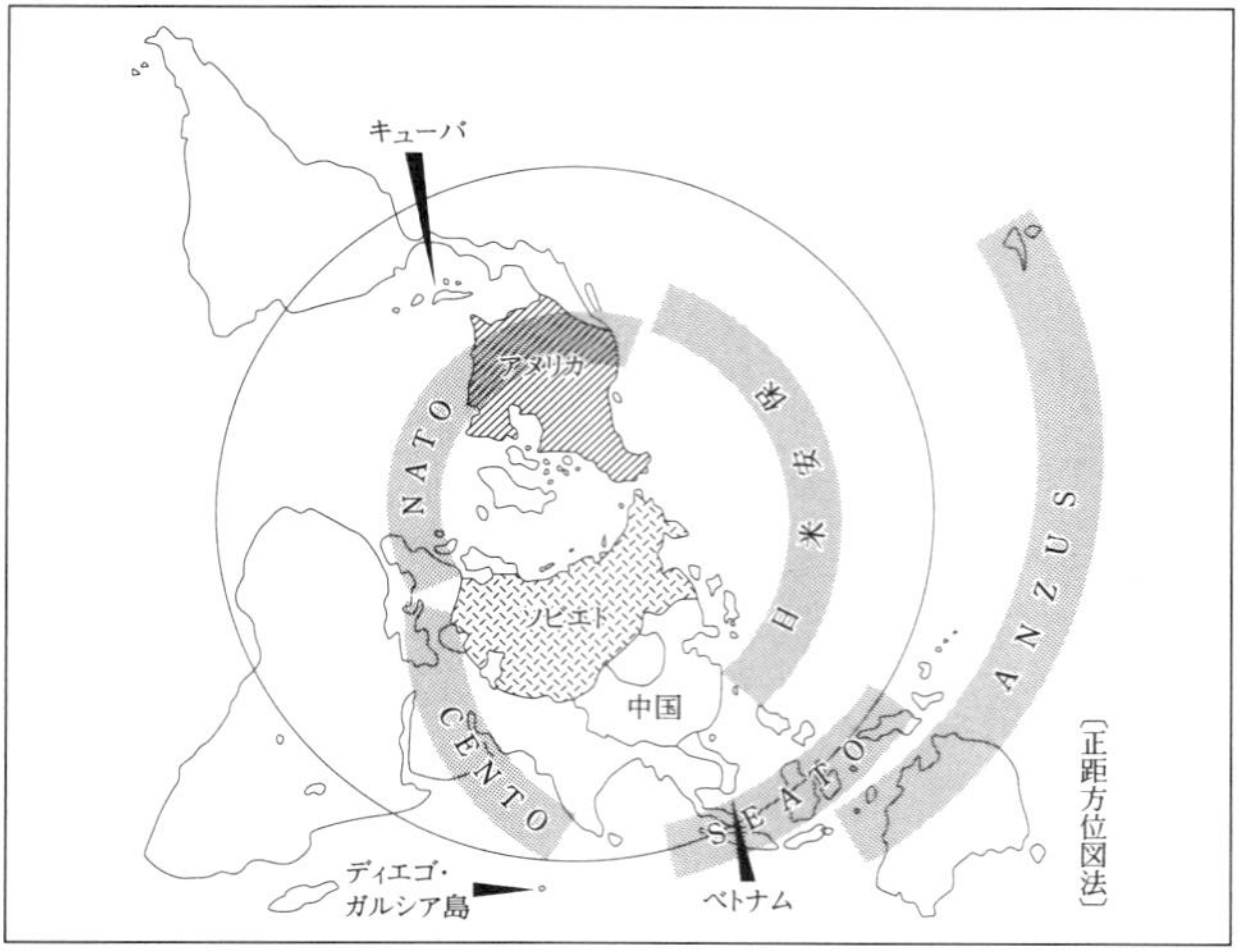

出典：高野孟『世界地図の読み方』（日本実業出版社、1985年）31頁

　ビルマはアジアの非共産主義国で中国を承認した最初の国である。「平和五原則」は一九五五年四月にインドネシアのバンドンで開催されたアジア・アフリカ会議、いわゆるバンドン会議の時に、中国とインドネシアとの間で確認されたばかりか、同会議決議に盛り込まれた「平和十原則」のなかに取り入れられ、アジア・アフリカ、さらにラテン・アメリカの「第三世界諸国」との連帯の絆として発展していった。

「平和五原則」はさらに一九五六年二月と十一月にカンボジアとの間に調印された共同声明の

なかで、さらに同年九月のネパール、五七年二月にセイロン（現スリランカ）との間に調印された共同声明のなかでも、それぞれ確認された。

図3－3は、米ソ冷戦時代に米国がソ連および中国の封じ込めを図って構築した集団安保体制を示した地図であるが、中国は米国の「中国封じ込め」をインドシナ半島、ビルマとインドのところで断ち切ったことが分かる。

さらに注目したい点は、インドシナ半島からインドネシアへと南下するラインである。これは単に米国の「中国封じ込め」を突破したことにとどまるものでなく、太平洋とインド洋を断ち切り、さらにこのラインを南下すればオセアニアや南太平洋に浮かぶ島嶼《とうしょ》諸国に達する。中国は一九七〇年代以降、特に八〇年代以降、海洋に積極的に進出し、南太平洋にまで進出しているが、その方向は五〇年代中葉に示されていた。建国後数年でこのような大胆な戦略を展開した毛沢東の戦略眼に驚く。

国境紛争からインドとの関係が急速に悪化

一九五九年の「チベット動乱」とダライ・ラマのインド亡命に端を発し、六〇年代に入ると、中国とインドとの間に国境問題が発生し、六二年十月に国境紛争が起きた（詳細は、第4章で論じる）。中国とインドの友好関係は急速に悪化した。どこの国でも、領土・国境問題は国民感情・民族感情を刺激するが、領土・国境問題はそれだけでは脅威や紛争とはならないし、双方の国家関係を阻害するものではない。領土・国境問題は、双方が友好関係を第一義とする場合には第二義的となり、双方の国家関係が悪くなった場合には、この問題が意図的に政治目的に使われることがある。

そして中国がチベット問題や国境問題でインドと対立すると、それまでの「友好関係」や「平和共存」は弊履《へいり》のごとく捨て去られ、敵対関係に変わった。中国はあらゆる手段を用いて、「インドは中立・非同盟の看板を掲げて、帝国主義のために反民族解放闘争、植民地主義の政策を進めている」と決め付け、アジア・アフリカの中立主義集団の間でインドを孤立させようとした。

他方、これを契機に、中国と対立を深めつつあったソ連はインドに接近し、インドもソ連との関係を緊密化していくことになる。

あからさまなインド包囲網の形成とパキスタンへの急接近

その間の一九六〇年代初頭、中国は引き続き「平和五原則」に依拠して、インドを除くアジアの周辺諸国との関係を緊密化し、インドを「包囲・孤立」させる対外政策が展開された。六〇年一月と三月、ビルマとネパールとの間に相互友好、相互不可侵条約と国境協定、六一年にインドネシアと友好条約・文化協定が締結され、さらに六二年末モンゴル、六三年三月にはパキスタン、六三年十一月にはアフガニスタンと国境協定が締結された。同時に友好相互不可侵条約が締結され、中国周辺地域に「平和地域」が形成された。

中国とインドとの間には、ネパール、ブータン、シッキム（現在はインドに併合）のヒマラヤ三国があり、これらの地域・国家を味方に引き入れることは、対インド政策ばかりか、中国の安全保障に利することはいうまでもない。

何よりも注目すべきことは、パキスタンとの友好関係である。パキスタンは米国と同盟条約を締結している国であるが、中国は国境問題および人種・宗教問題でインドと対立しているパキスタンに接近した。イデオロギーとか同盟関係からだけで国際関係を見ることが危険であることを示す良い事例である。中国のパキスタン接近は、すでに進展していたインドとソ連の関係をさらに緊密化させることになり、一九七一年にインドとソ連はソ印条約を締結することになる。

インドとの関係が悪化して以後のアジアでは、インドネシアのスカルノ大統領が中心となって、「北京・ジャカルタ枢軸」といわれる関係ができあがり、さらにアフリカ諸国への働きかけが功を奏して、国連に加盟できなかった中国がアジア、アラブ、アフリカ、ラテン・アメリカの反米諸国を糾合して、「第二国連」をつくるといわれるほどに成長した。

第1章の冒頭で触れた「中国は国連みたいな国だから、国連に入らなくてもよい」

という毛沢東の発言が行われたのはこの時期である。

この時期に中国は「中間地帯論」（後述）を展開して、反米勢力の結集を図り、中国の生存と発展を意図した。

だが一九六五年九月、インドネシアで突然「九・三〇」事件が起こり、スカルノ政権が崩壊したことにより、「北京・ジャカルタ枢軸」は崩壊してしまった。他方、この時期にインドシナ半島ではベトナム戦争が激化していた。

4　敵と味方は利害で変わる

「敵の敵は味方」

ちょうど南ベトナムでベトコン（解放民族戦線）の民族解放闘争が激化し、翌年ベトナム戦争へと拡大していった時期で、一九六〇年四月のレーニン生誕九十周年記念の機会に、中国は「中ソ論争」を開始してソ連を「修正主義」と批判し、六三年から六四年にかけて系統的全面的なソ連批判を展開して、ソ連を「エセ共産主義」と断罪した。当時中国内部では、ベトナム戦争にどのように対応するかという問題が真剣に論議されていた。米国を闘争の対象としてソ連との統一行動を主張する総参謀長羅瑞《らずい》卿《けい》と、ソ連との統一行動を拒否して第三世界各地の民族解放闘争との連帯を呼びかけた国防部長林彪《りんぴょう》との論争はその代表的なものである。

しかし、その背後で論争を仕掛けていたのは、ソ連を「エセ共産主義」と断罪した毛沢東であった。この時から五年後の一九七〇年四月に発表されたレーニン生誕百周年記念論文「マルクス主義か、社会帝国主義か」によると、六四年当時「現代のヒットラーは誰か、米国かソ連か」の論争があり、六五年に毛沢東は「ヒットラーは米国ではなくソ連」と断定した事実が明らかにされた。

当時中国は、「中ソ対立」により、モンゴルを含む長大な国境線を挟んでソ連の軍事的脅威に直面することになり、太平洋からは米国の脅威を受けていた。二つの正面から、米国とソ連という世界最強の「軍事大国」の脅威に直面することになったが、すでに同じ一九六五年に毛沢東は米国のジャーナリスト、エドガー・スノーに、ベトナム戦争に介入しないことを伝えていた。毛沢東はソ連を「主敵」とし、米国に接近する戦略に転換し始めていたのである。

こうした「中ソ対立」とともに、中ソ国境では小競り合いが生まれるようになったが、ついに一九六九年三月、中国の東北地区とソ連の沿海州との国境に位置する珍宝島において中ソの武力衝突は戦争へと発展した。この武力衝突は、中国の主敵が米国からソ連へと転換する重要な契機として、中国（毛沢東）の意図で遂行されたと考えられる。それを契機に中国は対外戦略の全面的な転換を断行した。その後は双方とも紛争の拡大については慎重であったが、ソ連の新聞は第二次大戦末の対日作戦を回想する記事・論文を掲載して、中国に暗黙の脅しをかけた。火遊びすると、満洲を取ってしまうぞという脅しである。

利害が一致した米中の急接近

ソ連の脅しのなかで中国にとって最も深刻な問題は、中国の核施設を破壊するとの脅しであった。後にニクソン大統領のある補佐官は、当時ソ連から米国に対して中国の核施設に対する共同奇襲攻撃を打診してきたと回想している。米国自身も実際に一九六四年、中国の核爆発実験が近いことを察知した際、中国の核ミサイル施設攻撃を意図したことがあり、以後何回も同様の構想を検討したにもかかわらず、ソ連からの打診にも応じなかった。そればかりか、中国との「友好関係」を選択した。

その背景には泥沼化したベトナム戦争があった。ちょうど一九六〇年代末に米国は「ベトナムからの撤退」を検討し始めており、それにはベトナムの背後にある中国との政治交渉を不可欠とする政治的な判断があった。また米国がベトナム戦争の泥沼に巻き込まれている間に、ソ連が、特に核戦力では米国に追い付くところまで成長してきたことに脅威を感じ、「敵の敵は味方」との立場に立って、中国と米国の利害が一致し、「米中接近」が実現したのである。

核恫喝に六億の人民で対処

一九六九年三月の珍宝島での軍事衝突で一挙に高まった中国の反ソ批判は、八月、新疆ウイグル自治区での軍事衝突で、新しい局面へと展開した。二週間後の八月二十八日、八項目からなる命令を発し、ソ連との戦争に備えて「祖国防衛戦争」の準備を全国軍民に訴えた。「ソ連の脅威」を深刻に受け止めたことを示していた。ソ連が核恫喝を加えるなかで、航空優勢の下、戦車・装甲車・ヘリコプターなどによる機動攻撃で一挙に国境線を突破してくるソ連軍に対して、軍隊だけでなく、六億の人民を六億の兵（民兵）として総動員して、ソ連の攻撃に対処する決意を打ち出した。

毛沢東は「警戒を高め、祖国を防衛し、戦争準備を整える」との呼びかけを発して、「敵情観念を樹立し、麻痺状態および敵を軽視する思想を克服し、侵略戦争に対する準備をしっかり行い、軍民連合防衛を強化し、侵略する敵を全滅させる準備を強化する。辺境防衛部隊はいっさいの準備を整え、敵の動向を厳密に注視し、ひとたび命令が下されれば、直ちに出動する」ことを要請した。

この命令の前後から、中国国内では食糧備蓄、地方経済の自給化、動員と疎開、都市の地下壕建設など各種の戦争準備措置がとられた。それは「大躍進」「人民公社」

の具体化であった。何よりも注目された動向は、地方での「自給化」を目指す動きである。「炭鉱、鉄鉱、鉛鉱、硫黄鉱、発電所、製鉄工場、総合精錬工場、機械工場、農業機械工場、耐火材料工場、セメント工場、化学工場、陶磁器工場、メリヤス工場、製紙工場など、従業員一千人の炭鉱を除いて、他は数十人から数百人規模」で、「小型だが、完備した地方工業体系を確立している」と報じられた。中共理論誌『紅旗』一九六九年十月号に掲載された「中国社会主義工業化への道」という論文は、「もしも米帝国主義、ソ連社会帝国主義が戦争をわが国民に押し付けるならば、その時われわれは多くの頼りになる大小さまざまな工業基地を有し、一層広大な行動の余地を持つことになり、各地区が独自に戦い、難攻不落となり、敵を殲滅し、勝利を収めることができるであろう」と論じている。まさに「大躍進」「人民公社」の構想そのものである。

こうした中国の異常な戦争準備に対して、日本を含めて世界の多くは、ソ連軍の戦力を知らないバカバカしい措置であると揶揄《やゆ》したが、結局、ソ連軍は中国に侵攻することなく、その間に中国と米国との友好関係の進展を許してしまった。毛沢東の「人民戦争」は、対ソ戦の抑止力として十分機能したと同時に、米国との友好関係の進展に大きく寄与することになったといえる。

中国が一九七二年のニクソン訪中を受け入れた重要な要因の一つは、ソ連の軍事脅威であることを中国は隠していないが、それは単に現実的脅威としてばかりでなく、核と人民戦争の「二本足路線」を定着させる上で重要な役割を果たしたばかりか、対米関係の改善を説明する重要な要素として最大限に利用された。それまで最大の敵であった米国との友好関係が進展することになった。これを契機にソ連は、百万の兵力を中国との国境に配備して中国に威圧を加えた。

他方、中国は「三つの世界・第三世界論」を展開し、米ソの世界支配に対して、第三世界の力を結集し、欧米・日本を利用して、中国の立場を強化していくことになる。

5　毛沢東の異常なまでの防衛観

主敵の転換によって内陸重視の時代へ

こうして一九六〇年代に入って始まった「中ソ対立」とともに、「主敵」が米国からソ連へと転換するにあたり、ソ連に近い「第三線」の建設は安全保障上の観点から見直され、事実上ソ連の衛星国モンゴルに隣接する包頭（内蒙古）地区の建設は中断され、四川省、貴州省、雲南省を主体とする西南地区の第三線建設が着手された。一般に「三線建設」といわれるものはこれを指している。折から米国の北ベトナム爆撃、いわゆる「北爆」が始まったこともあり、「三線建設」は「北爆」と関連付けて論じられているが、特に毛沢東がこの時期に「主敵」を米国からソ連に転換していることから考えると、「三線建設」は米国ではなく、ソ連の脅威を念頭に進められたと考えるのが妥当のように見える。以上概略したところを、もう少し詳しく見てみよう。

戦略部門への配慮を欠いた「劉少奇路線」

一九六四年末、六六年から第三次五カ年計画（一九六五〜六九年）が開始されることが明らかにされた。それ以前の数年間、中国では、「大躍進・人民公社」による経済混乱から第二次五カ年計画は中断され、劉少奇《りゅうしょうき》が中心となって「経済調整」が実施されていた。ところが、第三次五カ年計画をどのように進めるかの方針に関して、政策論争が生まれ、ちょうどその頃生起したフルシチョフの解任（六四年十月）、ベトナム戦争の拡大＝米国の北爆開始（六五年二月）が絡んで、中国の「脅威」は何か、「主敵」は米国かソ連かという最も重要な問題について党内で激論が闘わされた。

第三次五カ年計画は文化大革命が勃発したため実施されなかったが、一九六四年五月の中共中央工作会議に提出された同計画の初歩的構想によれば、①農業を発展させ、人民の衣食住の問題を解決する、②国防建設を適切に強化し、先端技術の突破に努力する、③基礎産業を強化する——というものであり、比較的現実に即した妥当な計画であった。いわゆる「劉少奇路線」であり、ここにはいわゆる「三線建設」は出てこない。

しかし、この構想を知った毛沢東は、「断固として後方建設を進める」「必ず縦深地区の建設を進めなければならない」と指摘し、さらに中央工作会議で、「原子爆弾の時代には、後方がなければダメだ」「帝国主義が存在する限り、戦争は避けられない。われわれは帝国主義国の参謀長でないから、いつ戦争が起きるか分からないが、戦争の勝利の最後を決定するのは原爆でなく通常兵器だ」と述べて、劉少奇の提出した計画案を「衣食住重視の計画」として批判し、退けた。

その代わりに、全国の工業配置の下に不均衡を是正する目的から、「三線建設」を強化して敵の侵入を防御する方針を提起した。西北地区と西南地区の第三線に建設される「大三線」建設ばかりでなく、第一線と第二線を構成する各省にも、それぞれ「小三線」と呼ばれる後方建設を進める方針である。

同年十二月、毛沢東の同意を得て作成された実施計画は、劉少奇路線の初歩的構想が内陸建設と戦略部門への配慮を欠いていたので、六五年の計画を作成するに当たり改定されたことが明らかにされた。

それによると、第三次五カ年計画で重点とされた基本建設とは、西北地区の酒泉（甘粛省）、西南地区の攀枝花《はんしか》（四川省）と重慶（四川省）を中心とする建設（大三線)、西南地区に三本の鉄道幹線の増設、各省・自治区・中央直轄都市の後方建設(小三線)などであり、総投資額は一二〇〇億元であった。一九六五年の国家財政支出が四六六億三〇〇〇万元であったから、いかに膨大な投資を西北地区、特に西南地区の内陸建設に注ぎ込もうとしたかが分かる。

西北地区は荒涼とした高原地帯、西南地区は険峻な山岳地帯であるが、鉄鉱石、石炭、銅、アルミ、希少金属など重工業、国防産業に不可欠な原材料資源に恵まれている。しかも米国、ソ連の「脅威」からも遠く離れていて安全であると考えられた。

「敵がどこからやってこようとも……」

長期経済計画を大きく変革させたのは毛沢東の指示であったが、次いで一九六五年六月の中共中央書記処会議でも毛沢東は「帝国主義が侵略戦争を発動する可能性に対して準備しなければならない」と次のように提案した。

現在、工場は大都市と沿海地区に集中しており、戦争準備に不利である。工場は「一を分けて二」となし、速やかに内陸に移転すべきである。各省もみな移転し、自身の戦略的後方を建設すべきである。工業・交通部門だけでなく、大学・研究機関・関連施設もみな移転すべきである。成都—昆明、重慶—貴陽、昆明—貴陽の三本の鉄道は緊急に建設しなければならず、レールがなければ他の鉄道のレールをもってきてもよい。

この毛沢東の提案に基づいて、会議は西南地区の内陸建設に力を集中し、人力、物力、財力の面で保証を与え、新しい項目はいずれも西南地区に建設し、沿海から運べるものは輸送することを決定した。国家戦略および対外戦略に連動して、国内政策も自在に、大胆に転換された。それは毛沢東の次のような一念からであった。「敵がどこからやってこようとも、十分に準備ができていなければならず、そうすればわが国は滅びることはない」。

こうして西南地区に重工業基地が建設され、それを基盤にして、核兵器、弾道ミサイル、航空機、陸戦兵器、船舶、電子工業など二十五の軍事生産基地が新設された。全国の半分以上を占める国防・先端軍事技術と通常兵器の開発、生産能力を形成することが決定され遂行されることを意味した。

核兵器開発施設に囲まれた四川省

現在においても四川省には、省都の成都を中心として、核兵器・原子力関連施設が多数ある。軍事用核施設として、中国工程物理研究院（綿陽）、ウラン濃縮（ガス拡散法）施設（和平）、ウラン濃縮（遠心分離法）施設（漢中）、プルトニウム生産用原子炉再処理施設（広元）、再処理（プルトニウム生産）施設（宜賓《ぎひん》）、民用施設として

図3-4　四川省の核兵器・原子力関連施設

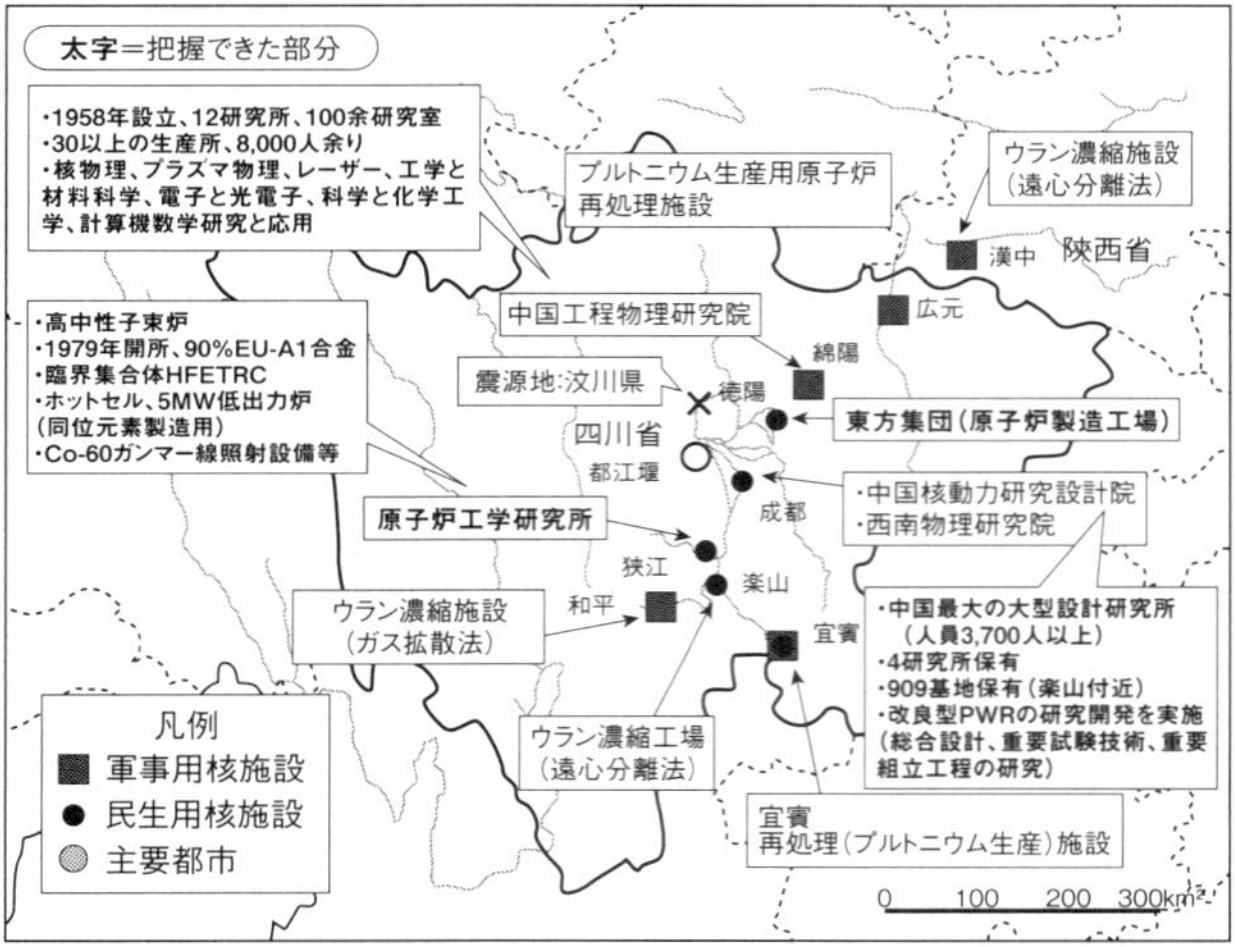

中国核動力研究設計院と西南物理研究院（成都）、原子炉製造工場の東方集団（徳陽）、原子炉工学研究所（狭江）、ウラン濃縮（遠心分離法）工場（楽山）などが分かっている（図3－4）。

ちなみに、二〇〇八年五月、四川省の成都に近い汶川《ぶんせん》で、マグニチュード八の大地震が起こり、多数の死傷者が出たばかりか、多くの建造物が倒壊した。そのなかに、峨《が》々《が》たる山岳地帯に奥深く建設された核兵器関連施設が多数含まれていた。

同じ四川の重慶（現在の行政区分では中央直轄市）では、国民党政府時代に建設された陸戦兵器、

図3-5　四川省を中心とした各主要都市

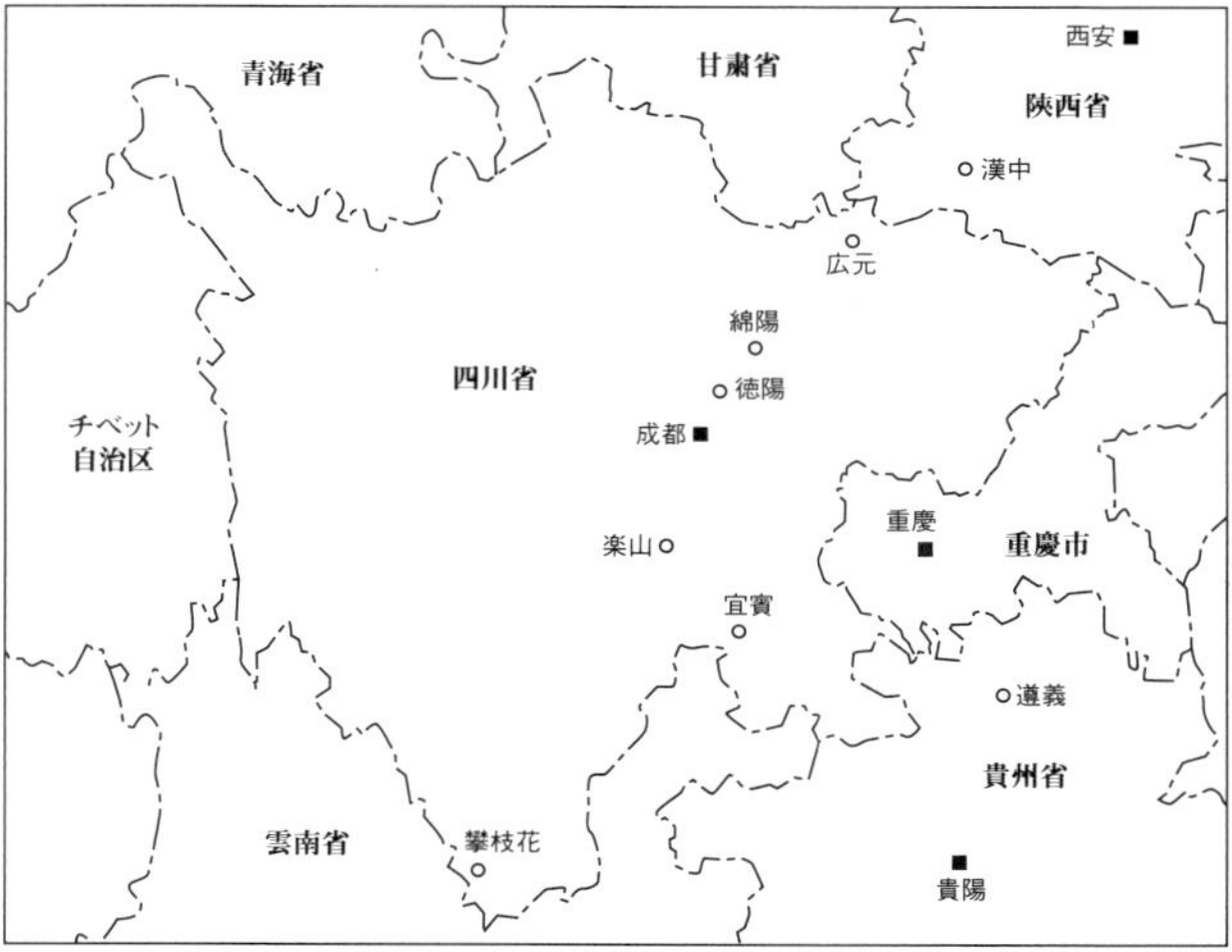

主として大砲・機関銃・小銃と砲弾・銃弾を生産する工場が拡張・改造された。長江に沿って水上艦艇、潜水艦などを建造する造船所、船舶用エンジン、部品、計器などを製作する工場などが建設された。これらの企業に関連して、重慶鉄鋼公司、重慶特殊鋼公司が拡張され、関連企業が新しく建設され、既存の企業が拡張・改造された。

　重慶は海岸から遠く離れている。そんな所で造船、しかも軍艦や潜水艦を建造していると知って、読者は目を疑うかもしれないが、長江は河口から重慶まで数千トンの船舶が遡航《そこう》できる。ちなみに長江には毛沢東政権ができるまで橋が架かっておらず、一九五六年にソ連の援助で武漢に橋が架かり、次いで文化大革命の最中の六八年に南京に橋が架けられ、「毛沢東思想の産物」「文化大革命勝利の産物」と称揚《しょうよう》された。その後南京と武漢の間の九江に橋が架けられた。これらの橋は船舶の航行を考慮して橋桁《はしげた》が高くつくられており、三峡ダムも船舶が航行できるように配慮されている。現在、長江河口近くで橋梁工事が進んでいる。

また、四川省の成都、貴州省の遵義《じゅんぎ》では、航空機、ロケット、ミサイル、電子関係の企業、それに関連して貴州省の省都・貴陽にアルミ関連工場が建設されている。貴州省と雲南省との省境に近い四川省南部の山中で長江上流金沙江に面した攀枝花に、突然鉄鋼生産基地が生まれた。その北には西昌衛星打ち上げセンターがある。

このように四川省を中心として各種国防関連施設・企業が所在しているところから、西南地区には、大規模な水力発電所が多数建設されている。以前、著者は必要があって中国の電力について調査したことがある。長江をはじめ多くの大河の上流地区とはいえ、西南地区に水力発電施設の数が多いことに驚いたことがある。その理由はここからきている。

第4章 アジアの大国から世界帝国への豹変

1 「現代版中華世界」の再興

清朝最盛期の版図を超え、宇宙と海洋へ

一九八八年十二月、当時中国を指導していた鄧小平は、中国共産党中央政治局拡大会議で、「平和共存」を基礎にした「国際政治経済新秩序」の形成を提起した。それは翌八九年十二月、地中海のマルタで開催された米ソ首脳会談で、第二次世界大戦後約四十年にわたって国際関係を規定してきた「米ソ冷戦」が崩壊し、新しい多様化の「競争的共存」の時代が始まろうとする直前であった。

「米ソ冷戦」の前半約二十年間、中国はソ連とともに米国の敵対国であったが、後半の約二十年間は米国の対ソ戦略の一員として扱われた。一方、冷戦以後においては、政治、経済、軍事の領域で「大国」として成長し始めた中国を、米国の新しい世界戦略のなかにどのように組み入れるかが世界の重要な課題となっていった。鄧小平の「国際政治経済新秩序」の提起は、中国がそのような変化を先取りして、新しい「国際政治経済新秩序」の形成に積極的に参加する意思表示であった。

鄧小平はこの「国際政治経済新秩序」について具体的に何も説明していないが、「中国を中心とする世界」であり、「中華世界の再興」であることは間違いない。現在

の中国が誕生した時、世界には「米ソ冷戦体制」が形成されており、中国は好むと好まざるとにかかわらず、「米ソ冷戦体制」に組み込まれてきた。毛沢東が核兵器を国家の総力をあげて開発した目的は、核兵器を持つ米国とソ連の指揮に従うことを拒絶すること、「米ソ冷戦体制」の打破にあった。そして一九九一年にソ連が崩壊し、中国の「敵」は、米国一国となった。鄧小平の提起は、米国の軍事力と近代国際法によって維持されてきた国際秩序に対する挑戦である。

だが、鄧小平が「国際政治経済新秩序」を提起できたのは、一九五〇年代中葉から営々として構築してきた戦略核ミサイル戦力がひとまず完成したからであった。これ以後、中国はより水準の高い戦略核ミサイル戦力を構築しつつ、それまでの「人民戦争」戦略を放棄して、後回しにされてきた「通常戦力の近代化」に重点を置く軍事戦略、軍事力建設に転換し、「宇宙」と「海洋」へと進出し、発展していく。

現実に、毛沢東の遺嘱《いしょく》を継いだ鄧小平、それを受け継いだ江沢民、さらに胡錦濤と続く中国の指導者たちは既存の国際秩序に挑戦し、「中国を中心とする世界」の実現に向けて突き進んでいる。それはもはや建国時点に毛沢東の頭にあった清朝最盛期の「中華世界の再興」にとどまるものではなく、それを超えて宇宙と海洋への広がりをも持つ「現代版中華世界」である。

戦略核ミサイル戦力の構築と通常戦力の現代化

中国の戦略核ミサイル戦力は、建国後の最初の十年間の一九五〇年代に開発の決断が下され、六〇年代に核弾頭とその運搬手段である弾道ミサイルが開発された。六四年十月、最初の核実験が実施され、六〇年代後半に核弾頭がつくられた。七〇年五月に人工衛星が打ち上げられ、米国には到達しないが、中国周辺の米国の軍事同盟国とそこにある米軍基地を核攻撃できる射程二〇〇〇〜三〇〇〇キロメートルの中距離弾道ミサイルができあがったことが明らかとなった。

この時米国を含めて世界は、中国を国際社会の一員として受け入れざるをえない立場に追い込まれた。一九六〇年代後半の文化大革命による政権の崩壊と国内の大混乱、および「文革外交」と非難された破壊的な対外政策にもかかわらず、翌七一年十月の国連総会で、中華人民共和国は中国を代表する国家として国連に加盟した。七〇年代以降、中国は国連安保理常任理事国の一員として国際社会で積極的に活動するようになるが、それを可能にした重要な要因の一つは、こうした核ミサイル開発の進展であった。もう一つはブラック・アフリカの票であるが、これについては後述する。

ちなみに、中国が戦略核ミサイル開発に専念していた一九六〇年代、わが国は、経済成長の真只中で、六四年十月に東京オリンピックが開催され、新幹線と首都高速が建設された。七〇年には大阪万国博覧会が開催され、東名高速と名神高速がドッキングして、東京と関西が高速道路でつながれ、日本が本格的に自動車時代に入った時期である。まさに日本が高度経済成長を謳歌していた時期と重なる。その間、中国はひたすら戦略核ミサイル開発に専念していたのである。八〇年代を通して、中国では核弾頭の小型化・軽量化、弾道ミサイルの射程の延伸が図られ、今ではワシントンやニューヨークに到達する大陸間弾道ミサイルが完成している。

宇宙での制空権掌握を目指す「天軍」の時代へ

中国は通常戦力の近代化を後回しにして、核弾頭とそれを搭載する各種弾道ミサイルを最重点的に開発してきた。弾道ミサイル開発の延長線上に宇宙開発が実施され、これまで各種の衛星を打ち上げ、前世紀末から宇宙船の打ち上げを実施してきた。要は同じロケットに衛星を搭載して宇宙に打ち上げれば宇宙衛星となり、弾頭を搭載して発射すれば弾道ミサイルとなる。

中国による宇宙船打ち上げは、核弾頭を搭載した大陸間弾道ミサイルで米国の主要都市を攻撃できる能力を持つことを意味し、米国に対する強い威嚇となる。しかも、中国は命中精度を上げるために「北斗衛星航法測位システム」という独自のGPSを開発・運用し始めた。米国はそのような事態を想定して、ミサイル防衛システム（M

D）を構築することを意図している。それに対して、中国はMDを無力化するために、宇宙ステーションの建設を計画している。宇宙船の推進システムは軌道を自由に変更できるから、米国のMDを突破することができる。

中国は二〇一四年までに、南シナ海の海南島に、大型の宇宙船を打ち上げるための新しい宇宙衛星打ち上げ基地を建設する計画を進めている。遠からず中国は宇宙兵器を装備し、それに関連した技術を有する軍人・専門家からなる宇宙軍（中国語では「天軍」あるいは「航天軍」）を編成し、宇宙軍事基地を建設して宇宙での制空権を掌握することを目指すであろう。

核弾頭の開発にしても、弾道ミサイルの開発にしても、中国は国家の総力をあげて取り組んできた。振り返ってみると、それらの開発は計画的に一歩一歩着実にこなされてきた。宇宙の軍事利用についても、それは当てはまる。今述べた程度の宇宙の軍事利用はそれほど遠い将来のことではないと考えておいた方がよい。

＊文庫版注記　二〇一五年、海南島に「文昌衛星発射センター」がほぼ完成し、二〇一六年には二種類の新型ロケットが打ち上げられた。

大規模な兵員削減と軍隊の全面的な改革

一方、戦略核ミサイル戦力の開発が進行していた一九八五年から八七年にかけて、鄧小平の下で「百万人の兵員削減」を中心とする「軍事改革」が断行された。核ミサイルの開発を優先するために、後回しにされてきた通常戦力の近代化にいよいよ着手された。百万人の兵員削減は単純な兵員削減ではなく、それまでの「人民戦争体制」から中国軍を現代的な軍隊に全面的に改革することを目的としていた。

ここでもう一度次の点を確認しておきたい。「人民戦争体制」は、時代遅れの、バカバカしい戦略ではなく、それまでの二十年余りの期間、中国が戦略核ミサイルの開発に国家の総力を集中した結果、通常戦力の近代化に資金・資源を投入できなかったところから生じる安全保障上の必要から、何よりも開発中の核ミサイル施設に対する米ソの攻撃から「生き残る」ために、採用された手段である。現実に米国とソ連は、一方で「部分核実験停止条約」(一九六二年八月)を締結し、他方で中国の核開発施設を攻撃して破壊することを意図したが、日本軍の過ちを繰り返して、中国の「人民の大海」に呑み込まれることを望まなかった。「人民戦争」は抑止力としての役割を十分に果たした。

中国の戦略核ミサイル開発は、複数弾頭の開発を目指す一基のミサイルによる三個の衛星打ち上げ(一九八一年)、在来型潜水艦による短距離弾道ミサイルの水中発射

図4-1　七大軍区と中国軍部隊の配置

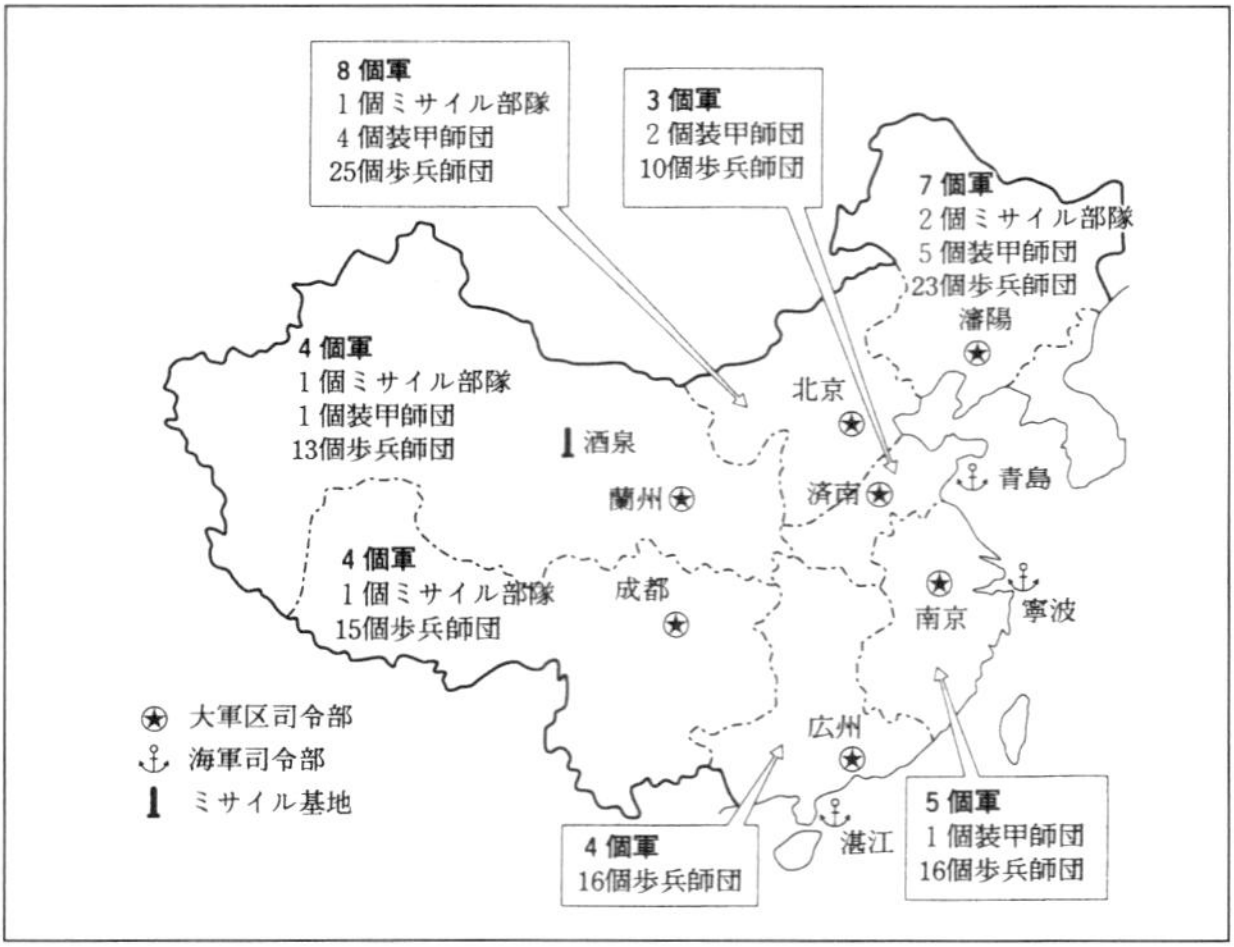

出典：国際戦略研究所編『ミリタリー・バランス1986-1987』を基に作成

実験（八二年）、通信衛星の打ち上げ（八三年）、原子力潜水艦の就航（八八年）と、八〇年代末までにひとまず完成し、「最小限核抑止力」ができあった。ここで中国は「人民戦争体制」を清算して、限定的な、だが水準の高い通常戦力を構築し、戦略核ミサイルを後ろ盾として、政治目的あるいは軍事目的を達成する「限定戦争」戦略へと方向転換した。

　一九八五年から八七年にかけて断行された百万人削減はその第一段階であり、後述するがその後九七年に江沢民主席が五〇万人削減を断行し、続いて二〇〇五年にさらに二〇万人が削減された。これらの削減により、百万人削減前には約四二〇万人であった中国軍は約二三〇万人になった。これらの大規模な兵員削減により、一部とはいえ、それまでの中国軍とは全く異質の、世界の先進水準を目指す中国軍が構築されていった。

こうして、それまでの陸軍中心、歩兵主体の中国軍に、数は限られているが、機械化歩兵・戦車・砲兵・対空ミサイル兵、その他各種の術兵種からなる合成集団軍と緊急展開部隊、ヘリコプター部隊、空挺部隊などの緊急即応部隊が編成された。合成集団軍の編成に先立って装甲兵、砲兵、工兵、防化学兵の各兵種の司令部が廃止されて、総参謀部の統一指揮の下に入り、陸軍部隊の統合化の重要な前提が整えられた。また部隊の作戦行動範囲が広くなったところから、大軍区の規模が大きくなり、数が十一から七に統合された(図4-1)。

合成集団軍は二十四個編成されたが、その多くは名前だけの部隊で、実体を伴った集団軍は北京と瀋陽の大軍区が各二個、他の大軍区では一個程度と推定された。

こうした改革の眼目は、それまでの中国軍が地域の防衛を主体として大軍区に配備されたのに対して、地域防衛(大軍区)を超えて、即応部隊を投入して国境で会戦し、それに続いて緊急展開部隊を展開し、必要な縦深防御を構築して迅速に国外へ駆逐する戦略体制に変わったことを示している。削減は一九八七年までに達成され、階級制度が復活した。「軍事改革」の第一段階、「制度の改革」は終了したが、その過程で鄧小平が次期中央軍事委員会主席に就任させようとしていた胡耀邦《こようほう》党総書記が失脚した。

地域防衛軍から統合軍へ

「制度の改革」に続いて「軍事改革」は第二段階、「軍事力の質的建設」の時代に入ったが、一九八九年六月に「天安門事件」が起きた。鄧小平が次期中央軍事委員会主席に就任させようとしていた趙紫陽《ちようしよう》党総書記が失脚し、無名の江沢民が党総書記に、次いで中央軍事委員会主席に抜擢された。それによって「軍事力の質的建設」は江沢民により遂行された。

「軍事力の質的建設」では統合作戦を目指す軍事訓練改革、それと並行して戦法研究、訓練大綱をはじめとする各種軍事関連の条例・規則・規範等の制定・改正などが行われた。同時にそれらを検証するための各種軍事演習が各大軍区で頻繁に実施され、なかでも台湾侵攻を想定していると推定される大規模な戦役級の軍事演習が実施された。戦役級の軍事演習は大軍区の枠を超えて実施された。特に一九九五年の李登輝《りとうき》台湾総統の訪米に対する報復措置として、次いで翌九六年の台湾総統選挙妨害を目的として実施された台湾海峡での大規模な軍事演習は、その総括であった。

この台湾侵攻軍事演習に関する中国の報道のなかに、「戦区」という言葉が初めて使われた。それまでの大軍区を超えて、複数の大軍区あるいは空軍と海軍の実働部隊を統合した「戦区」の創設は、軍事戦略の転換に即していた。作戦に応じて大軍区の陸軍部隊、海軍、空軍、第二砲兵（戦略ミサイル部隊）などから編成され、これまでのように中央軍事委員会と大軍区の二重指揮ではなく、中央軍事委員会が直接指揮する体制へと中国軍が重要な変質を遂げていること、それはすなわち中国軍が一部とはいえ統合化の方向に転換していることを示唆する重要な動きであった。

こうした一連の軍事改革、「軍事力の質的建設」が進行するなかで、それを財政的に裏付けるために国防費が前年比一〇パーセント以上の増加を続けた。一九九〇年代の総額は八〇年代の三倍近い数字に達しているが、こうした国防費の増加を、単純に「軍拡」と捉えては意味がない。

機械化軍隊からハイテク軍隊への転換

一九九六年一月に「新時期の軍事戦略方針」が提示され、それまでの鄧小平時代の「現代条件下の局部戦争」から「ハイテク条件下の局部戦争」への転換、「三打三防」による通常戦力＝機械化軍隊の構築から「新三打三防」能力を備えた機械化された「情報軍隊」への転換が提起された。「三打三防」とは、戦車、航空機、空挺部隊に打撃を与えること、および核兵器、生物兵器、化学兵器を防御することを指し、「新三打三防」とは、ステルス攻撃機、巡航ミサイル、武装ヘリコプターに打撃を与え、電子妨害・精確攻撃・偵察監視を防御することを指す。

「三打三防」は一九六九年に中ソ国境で数回起きた軍事衝突に対処するためにとられた戦略であり、砂漠地帯でのソ連軍の機甲化部隊との作戦を想定している。それに対して「新三打三防」は米国との「ハイテク戦争」を想定している。これは湾岸戦争で衝撃を受けた中国軍の戦略転換というのが一般の見方であるが、それ以前の一九八〇年代において、中国軍は主要な作戦対象をもはやソ連軍ではなく米軍と想定し、米軍との戦争を「ハイテク戦争」と見て、それへの備えを進めていた。

そして一九九七年に江沢民によって五〇万人の兵員削減が断行された。陸軍部隊、後方支援部隊の全面的な削減による兵員・部隊の縮小を重ねて、「ハイテク軍隊」の構築が進展した。さらに二〇〇二年に江沢民が断行した二〇万人の兵員削減により、陸軍部隊のさらなる大幅な削減、非戦闘部隊、すなわち後方部隊・組織の全面的な廃止が断行されたが、注目された措置は海空軍基地の廃止であった。文字通り基地がなくなったわけではなく、司令部機能が廃止され、海軍と空軍の実働部隊は中央軍事委員会の直接指揮下に入ることになった。これにより統合作戦が円滑に遂行されることになる。前に触れたが、陸軍ではすでに「戦区」が設けられて、陸軍部隊は大軍区の指揮を離れて、中央軍事委員会の直接指揮下に入っていたから、これにより陸海空三軍による統合作戦を遂行する体制が整えられたことになる。

主席が誰であろうとすでに盤石な中国軍

二〇〇四年九月、江沢民は中央軍事委員会主席を辞任し、胡錦濤が主席に就任した。江沢民は十五年にわたって中央軍事委員会主席として、鄧小平の遺嘱を継いで中国軍の近代化建設＝「機械化建設」を推進し、さらに「ハイテク時代の軍事力」構築に取り組んできた。十五年といえば、現代中国の歴史の約四分の一に近い。これだけ長い期間にわたって務めた指導者は毛沢東の他にはいない（ちなみに、鄧小平は一九八二年九月から八九年十一月までの七年余りである）。だが、江沢民は「ハイテク時代の軍事力構築」の発案者ではないし、実践者でもない。これは鄧小平の指導の下で中国軍の先進的な指導者たちが集団で推進してきた成果である。江沢民はそれら軍事指導者に支持されていたにせよ、中国軍を代表する単なる「顔」に過ぎない。

江沢民時代が終わり、胡錦濤時代になったが、それでは江沢民時代と胡錦濤時代はどう違うのかというと、本質的な違いはあるはずもない。なぜなら中国軍が目指している方向は「ハイテク時代の軍事力」であり、中国軍はその入口に入ったばかりである。確かに最近の軍事文献には、「ハイテク条件下の局部戦争」に代わって「情報化戦争下の防衛戦争」という言葉が使われるようになり、江沢民時代の「機械化された情報軍隊の建設」に代わって「情報化軍隊の建設」という言葉が使われている。これらは江沢民時代と胡錦濤時代を区別することを目的として意図的に使われている重要な言葉であるが、現実には中国軍はいまだ「機械化軍隊」がようやく一部でできあがり、「情報化軍隊」はこれからである。その意味で、いろいろな言葉で粉飾されているにしても、「胡錦濤主席の重要軍事指示」の内容は、江沢民時代と実質的にはほとんど差異はないと著者は見ている。

胡錦濤は中央軍事委員会主席ではあるが、内実は単に軍隊を代表する「顔」に過ぎないようである。もはや誰が中央軍事委員会主席に就任しようと、それとは関係なく中国軍は活動できるところにまで成長し、固まってきていると推定される。

現実の領土を大きく超えた中国軍の最新戦略地図

この数年来、上述した部隊の大編成に対応して、全面的な軍区の再編成が断行されている。大軍区は廃止され、四つの戦略方向を示す戦略区（戦区）とそれを指揮命令する中央地区に統廃合されたと見られる。これまでの軍区が現実に支配している領土を区分していたのに対して、戦略区は現実の領土を超えて、本書で論じてきた「中華世界」に基づいて区画されている（図４－２）。以下、香港の雑誌『鏡報』二〇〇九年八月号に掲載された「中国軍事、世紀の大改革」に基づいて紹介する。

北部戦略区　瀋陽大軍区と内蒙古軍区で北部戦略区が形成され、隣国のモンゴル（外蒙古）まで包摂している。①米国、朝鮮半島と日本が主要対象であり、ロシアは同盟国ではないが、敵国ではない。単なる友好国ではなく、準同盟国か。②米国から北極圏あるいは北太平洋を経て飛来する弾道ミサイルを迎撃し、北京、天津など中心部を防衛する第一線防空網を構成する。中国がロシアの早期警戒レーダーを利用できれば、米国から北極海を経由して飛来する弾道ミサイルに対処する能力は向上する。③これとは反対に、中国から米国に対して、核兵器で攻撃すると威嚇できる。④朝鮮半島有事に際し、遼寧省を第一線とし、吉林省を後方支援とし、黒龍江省と内蒙古を大規模な後方支援基地とする。⑤対日作戦は東部戦略区との協同任務であろう。

東部戦略区　南京軍区に東海艦隊、空軍、第二砲兵、武装警察部隊が加わっている。現在の中国東部防衛ライン（陸地と海面を含む）、空中防衛ラインおよび宇宙防衛ラインを、海岸線から、わが国の南西諸島を越えて一〇〇〇キロメートルの琉球海溝（南西諸島海溝）まで延伸し、中国東部の重要経済地域と東シナ海全域ばかりか、わが国の南西諸島を完全に包摂している。尖閣諸島はわが国の領土であり十分に重視しなければならないが、著者は尖閣諸島ばかりにこだわっていると、東シナ海を失い、南西諸島を失うことになると警告してきた。東部戦略区の対象区域を見ていると、著者の警告が正鵠《せいこく》を射ていたと戦慄する。むろん、この戦略区の最も重要な対象は台湾

北部戦略区
日本海
北京
中部地区
東部戦略区
琉球海溝
(南西諸島海溝)
台湾
南部戦略区
太平洋
フィリピン
南シナ海
ベトナム

＊文庫版注記　二〇一五年十一月、中央軍事委員会改革工作会議において「戦区」を設置する方針が発表された。二〇一六年二月には、これまでの七つの「大軍区」が廃止され、東部、西部、南部、北部、中部の五つの「戦区」が設置された。機構改革は、統合作戦能力を向上させる方向へ、今後も発展するであろう。

図4-2　現実の領土を超えた戦略図

である。台湾軍事作戦は南部戦略区との共同行動となるであろう。

南部戦略区　最も広大で、現在、そして当分の期間、最も重要な戦略使命を帯びた戦略区である。広州軍区と成都軍区の雲南省・貴州省、南海艦隊、空軍、第二砲兵、武装警察部隊を含むばかりか、陸上ではインドシナ半島からタイ、マレー半島を含み、さらにミャンマーまでを含んでいる。海上では南シナ海全域とその沿岸、マラッカ海峡・インド洋航路まで包摂している。中国は南シナ海を最近「核心的利益」と意義付けているが、南部戦略区は東に西太平洋、西にインド洋に進出する中国の今後の発展方向を考える上で最も重要な位置にある。西太平洋進出の場合には、台湾の帰趨《きすう》が決定的となる。今後の中国の発展の中核をなす戦略区である。

西部戦略区　成都軍区（雲南省と貴州省を除く）と蘭州軍区を合併して編成した戦略区である。国内では新疆とチベットの二つの重要な非漢民族地区の広大な地域を含んでいる。広大ないくつもの砂漠地域と世界で最も高い山岳や山脈からなっている。対外的にはインドと中央アジアが対象である。交通の不便な地域であるので、鉄道敷設計画が立てられ、四川省からチベットに直路で達する鉄道路線だけでなく、同時に二本の鉄道路線が計画されている。すなわち北ルートは青海省ゴルムドを経由し、南路は雲南省シァンガリラ（香格里拉）からチベットに至る経路である。さらに新疆に至る鉄道路線が計画されている。すなわち一本は蘭州から、もう一本は西寧からの路線である。西部戦略区は中国のなかで最も機動性を備えた戦略区であり、その潜在力は無限であるとされている。

中部地区　これまでの北京軍区と済南軍区を主体とする首都圏防衛地区である。北長く北京軍であった内蒙古軍区が北部戦略区に移管され、広州軍区の湖北省および北海艦隊が編入されている。この地区に駐屯する第三十八集団軍、第五十四集団軍、第十六空挺軍は、中央軍事委員会が直接指揮する中央の戦略予備部隊で、有事には、これらの戦略予備部隊が直ちにその戦略区に投入される。北京に防衛司令部が設置され、北京、天津などの重要地域の防衛を担当する。航空機防空、ミサイル防衛、核兵器防衛、化学兵器防衛などが含まれるだけでなく、通信情報管制権および電磁波管制権を掌握する。同時に宇宙部隊の重要な地上管制センターである。この司令部は陸地防空を統括する他に、北部海域の防空を担当している。将来、北海艦隊の主要な任務は海上ミサイルの防衛である。その防衛線は朝鮮半島の海岸線一帯にまで推進される。制海権の確保は海軍の職権である。現在、中国軍は空母の建設に着手しているが、将来、空母機動部隊が編成された場合には管轄する。

小軍事委員会の設置と職務権限

四つの大きな戦略区に所在する陸・海・空軍および第二砲兵部隊は、一つの連合司令部が指揮する。その目的は軍種間の垣根を取り除き、陸海空を統一指揮することである。将来の陸海空軍には指揮権はなくなり、行政上の単位が存在するだけとなる。今後各戦略区には、戦略区連合司令部、戦略区内の各省書記で構成される「小委員会」が組織される。小軍事委員会の書記は中央から派遣され、戦略区内の軍事、国防動員、周辺国との国境事案を統一指導する。小軍事委員会には、すべて応急対処権限が付与される。地方には、一定の外交処理権を与えるが、中央には外交活動の余地を引き続き残す。

さらなる海洋進出を助長する上海協力機構

上述した戦略区の構想は、いわゆる「上海協力機構」により、「北からの脅威」は存在しないことを前提としている。上海協力機構とは、中国、ロシア、および旧ソ連のカザフスタン、キルギス、タジキスタン、ウズベキスタンの四カ国を加えて、計六カ国から構成される多国間協力組織である。

この組織は一九九六年四月に「国境紛争に関する信頼協定」の締結を機会に生まれ、二〇〇一年六月に「上海協力機構」として発足した。ソ連の崩壊後ロシアに誕生した独立国家共同体（CIS）が不安定であることに加えて、中央アジアの国境地帯に出現した上述四つの民族国家が政治的に不安定であったこともあって、ロシアおよび四

図4-3　上海協力機構

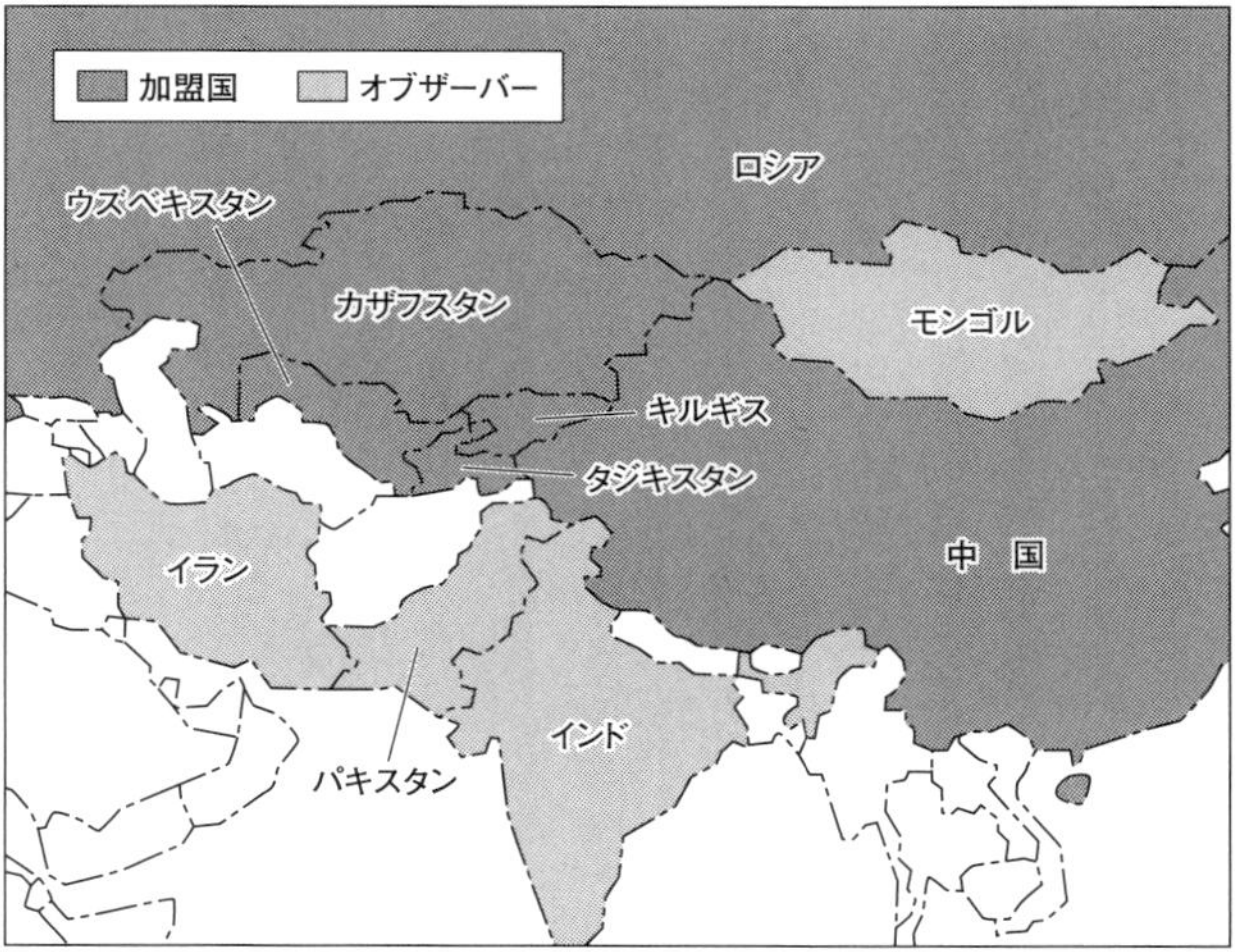

つの独立国家との長大な国境を共同で管理する目的で生まれた。何よりも、かつて中国とソ連との間に存在した「中ソ友好同盟相互援助条約」が、ソ連優位の条約であったのに対して、この組織では、中国とロシアとが対等の立場に立って自国の安全保障を保持している。

しかも、時間が経過するとともに、単に国境を協同で管理する組織から、それを超えて、テロ組織や分離独立運動を抑制する組織へと発展していき、協同軍事演習を実施する組織へと発展した。二〇〇五年にロシアが中国と協同で軍事演習を実施したのに続いて、二〇〇七年八月、「平和の使命2007」と呼ばれる六カ国による協同軍事演習が実施された。この演習には、ロシア陸軍二〇〇〇人、中国陸軍一六〇〇人を中核として、カザフスタン、キルギス、タジキスタンが特殊部隊や空挺部隊、ウズベキスタンが将校団を派遣した。以来この演習は定期的に実施されている。また同月、テロ組織や分離独立運動など、加盟国への脅威に対して協力して対抗する「長期善隣友好協力条約」が調印された。

このように、この組織は同盟条約機構ではないが、この組織の存在により、中国は「後背地からの脅威」「北の脅威」を懸念することなく、海の方向に向かって発展していくことができる。すなわち南部戦略区を中核として西太平洋とインド洋に向かって発展していくことを可能にする。それは将来における「米国との対決」を前提にしている。なお、中国はこれらの中央アジア諸国から石油・天然ガスなどを輸入している。

＊文庫版注記　中露海軍の協同軍事演習は、本書単行本刊行後の二〇一二年以降毎年実施されている。上海協力機構のオブザーバーであったインドとパキスタンは、二〇一七年六月、加盟国となった。

2　南シナ海は核心的戦略区

南シナ海の概要

先に論じた中国軍の最も新しい戦略区の構想によると、南シナ海とインドシナ半島、タイ、マレー半島から、さらにミャンマーも含んだ地域を、中国軍は「南部戦略区」と設定している。地図から見ると明確なように、これからの中国の戦略的発展を考える時に、四つの戦略区のなかで突出している最も重要な戦略区である。この戦略区を挟んで、東が西太平洋、西がインド洋である。中国は南部戦略区を「核心的利益」として、これから西太平洋とインド洋に向けて影響力を広げていくことを意図している。

その「南部戦略区」の核心が南シナ海である。鄧小平が「国際政治経済新秩序」すなわち「中国を中心とする世界」の形成を提起したのは、中国が南シナ海の南沙諸島を押さえた一九八八年のことであった。これは「中国を中心とする世界」を実現する上で、南シナ海が中心になることを示していると著者は説明してきた。そして二〇一〇年になって、中国は台湾、チベット、ウイグルと同様に、南シナ海を「核心的利益」と呼ぶようになった。南シナ海を中国が海洋進出、さらに世界への発展の足掛かりとして最重要視していることを改めて示した。

南シナ海は中国大陸の南東部にあり、東部、南部、西部の三方をフィリピン、ベトナム、マレーシア、ブルネイ、シンガポール、インドネシアの六カ国の東南アジア国家、東北部をそれらの国とは異質な台湾という島国によって囲まれている。南北の長さは約三〇〇〇キロメートル、東西の幅は約一六〇〇キロメートル、面積は約三五〇万平方キロメートルの広大な海域である。またベトナムとマレーシアの間の海域西部にはタイ湾があり、カンボジア、タイもタイ湾に接している。

南シナ海はバシー海峡とマラッカ海峡、香港とシンガポールを結ぶ海上ルートを通して太平洋とインド洋を結ぶ海上交通・軍事戦略上の要衝であり、アジア大陸と東南アジアの島国を結ぶ海上交通の要衝でもある。世界の大国がこの海域および沿岸地域に政治・経済・軍事上の権益を獲得し、影響力を行使してきた。特に第二次大戦後、共産主義を封じ込める目的から、米国は台湾、フィリピン、タイと軍事同盟条約を締結し、軍事基地を設置してきた。他方、一九七〇年代末期にソ連がこの海域に進出してきて、ベトナムのカムラン湾に軍事基地を設けた。

南シナ海には、東沙諸島、西沙諸島、中沙諸島、南沙諸島の四つの群島がある。これらの島嶼は時代により、また場所により、それぞれの帰属が異なっているが、先の大戦で敗北するまでの二十余年間、日本が当時は新南群島と称した南沙諸島の領有権を持っていた。そして敗戦後の一九五一年九月八日、サンフランシスコ講和条約で、

図4-4　南シナ海要図

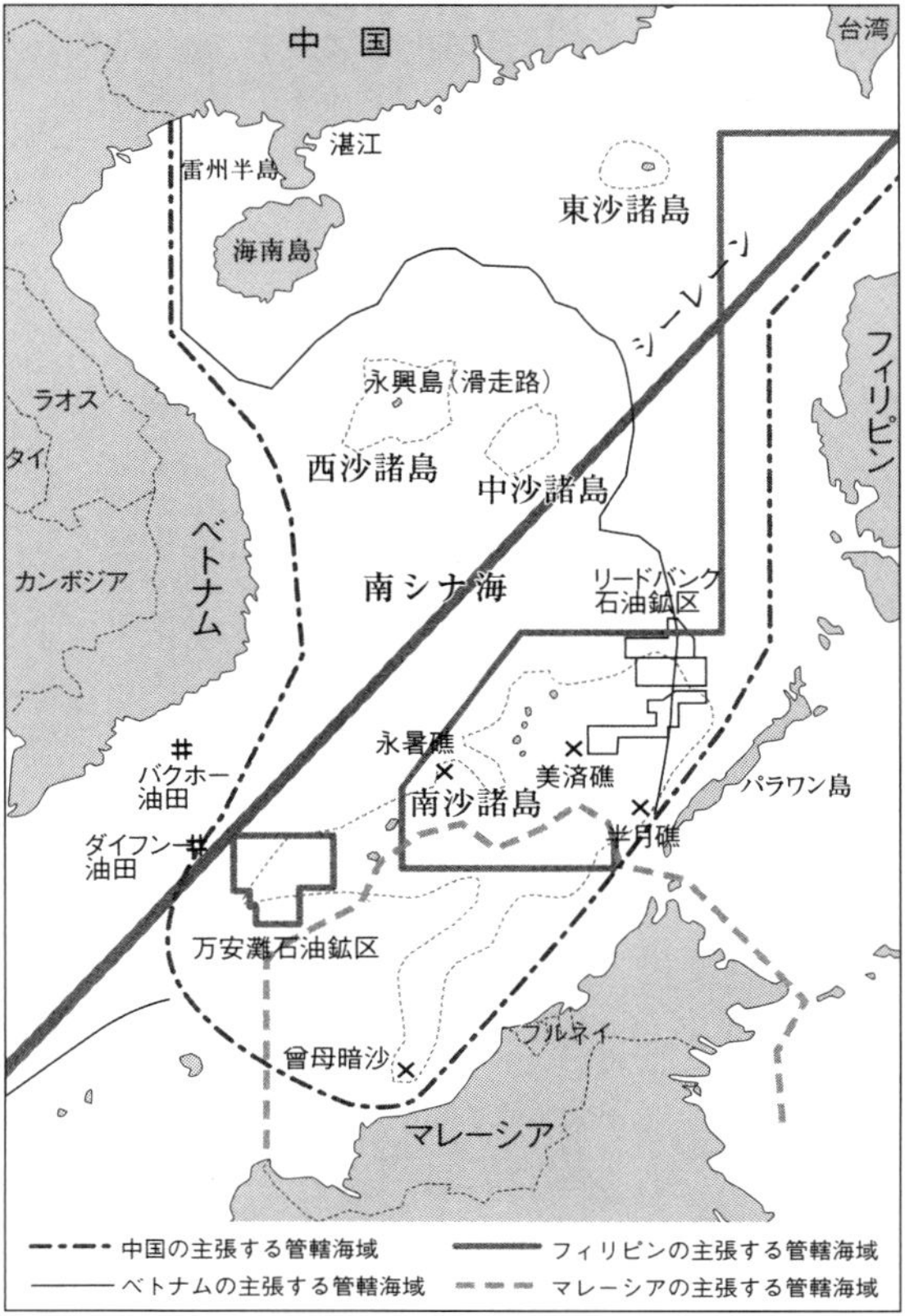

管轄海域、岩礁、石油鉱区、油井などの位置は正確ではない。概念図と理解されたい。

出典：平松茂雄『続中国の海洋戦略』（勁草書房、1997年）

日本は「新南群島および西沙群島に対するすべての権利、権限および請求権を放棄」したが、帰属先が明記されなかったところから、南シナ海沿岸諸国が領有権を主張することになった。日本は西沙諸島の領有権を主張したことはなかったが、英仏の主張により条約では上記の規定となった。なお、東沙諸島は蔣介石の中華民国が領有し、中沙諸島は海中に没しているので、この時点ではどこの国も関心がなかった。

一九五〇年代から六〇年代にかけての時期には、米国の影響力が強く、沿岸諸国が強い関心を持つようになったのは、海洋資源とりわけ海底石油資源の埋蔵に関心が向けられるようになり、それとの関連で、国連海洋法条約が具体化して、世界が「海洋の時代」に入った七〇年代以後である。豊富な鉱物資源と水産資源、特に海底石油資源の埋蔵に関心が向けられ、沿岸諸国はそれぞれいくつかの島嶼を占領して、排他的経済水域を設定し、大陸棚であることを宣言して石油鉱区を設け、外国の石油企業による海底探査や試掘に着手した。

中国は一九五一年九月に対日講和条約草案が公表された時から、南シナ海の四つの諸島に対する領有権を主張してきたが、海軍力を持っていなかったところから、領有する行動をとったことはなく、実際の進出は海洋の時代に入った七〇年代になってからである。

図4-5　西沙諸島要図

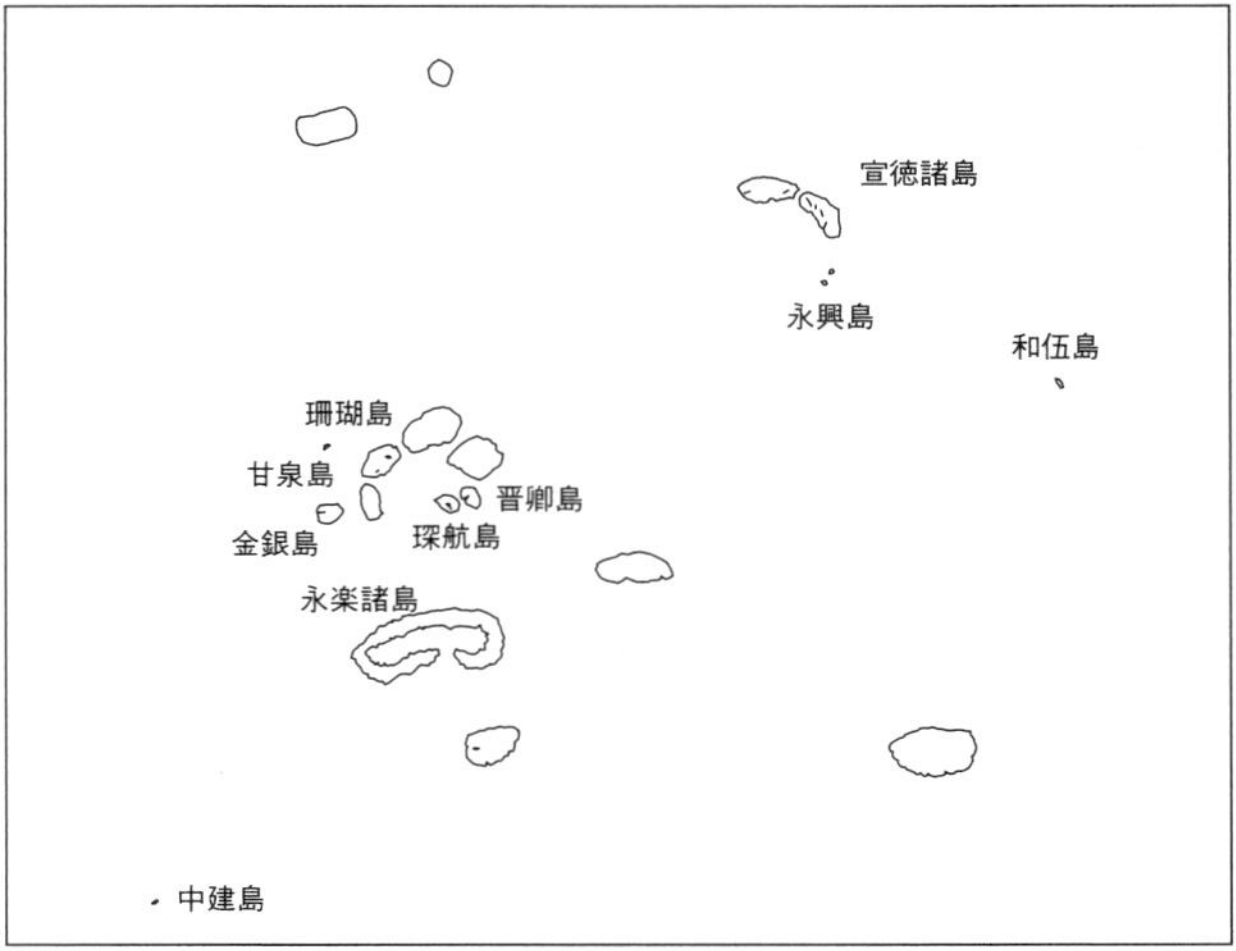

出典：平松茂雄『中国の海洋戦略』（勁草書房、1993年）

一九七〇年代に西沙諸島進出

　中国が最初に進出したのは西沙諸島であった。西沙諸島は永楽諸島と宣徳諸島の二つの群島からなっている。西沙諸島はフランスの植民地であったが、先の大戦の間は日本が占領した。日本の敗戦後、インドシナ半島に近い永楽諸島はフランスの支配に戻ったが、インドシナ半島から遠い宣徳諸島は蔣介石の中華民国の領有下に入った。その後一九四九年に蔣介石との戦争に勝利した毛沢東の中国が宣徳諸島の領有権を引き継いだ。

　それから数年後の一九五四年

西沙諸島、永興島の遠望。島の右側に立派な滑走路が延びている。滑走路の上端左手の海上に見える小さな島にレーダーサイトがある。島の左端は2000〜3000トンの船舶が停泊できる埠頭、その右手の岸壁には4000〜5000トンの船舶が接岸できるようになっている。（北京の中国革命軍事博物館の展示より）

七月、インドシナ戦争でフランスが敗退してインドシナ半島から引き揚げ、ベトナム、ラオス、カンボジアが誕生したが、ベトナムでは南北の対立が激しく、二つのベトナムに分裂した。フランスが支配していた西沙諸島は南ベトナムの支配下に入った。

それから二十年後の一九七四年一月に、中国は軍事力で南ベトナムが支配する西沙諸島を占領した。その背景には、毛沢東の戦略眼があった。前年の七三年一月にパリでベトナムの休戦交渉がまとまり、同年三月米軍はベトナムから引き揚げた。ここで軍事力を行使しても、米軍は出てこない。やるなら今だ。そう踏んだのだ。

この島を拠点に南ベトナムが領有する永楽諸島の攻略が一九七四年一月に実施され、西沙諸島の全域が中国の支配下に入った。その後中国は西沙諸島の軍事基地化を進め、八八年頃、永興島に二六〇〇メートルの滑走路を建設した。この滑走路は著者が東海大学情報技術センターの坂田俊文教授のご協力を得て、同センター撮影の衛星写真から明らかにした。その後別のルートで得た同滑走路の航空写真から、この滑走路は誘導路まで備えた本格的な滑走路で、四つの格納庫があり、数十機の航空機が常駐できることが推定された。もっとも、この事実を公表したところ、航空自衛隊のある幹部から、そんな飛行場は海水の影響を受けて使い物にならないと笑われた。しかし、現実にこの飛行場は機能しているようである。

永興島のすぐ東北に東島と呼ばれる小さな島があり、この島との間に自動車が通れる人工の通路がつくられている。島には通信情報傍受用の各種アンテナおよび施設が設置されており、南シナ海全域の電波の受信、方位測定が可能である。西沙諸島の南には南シナ海が扇状に広がっていて、そこにはこれから論じる多数の島嶼からなる南沙諸島が展開している。西沙諸島はその「扇の要」の位置にある。西沙諸島を支配下に収めた中国の次の目標は南沙諸島であった。

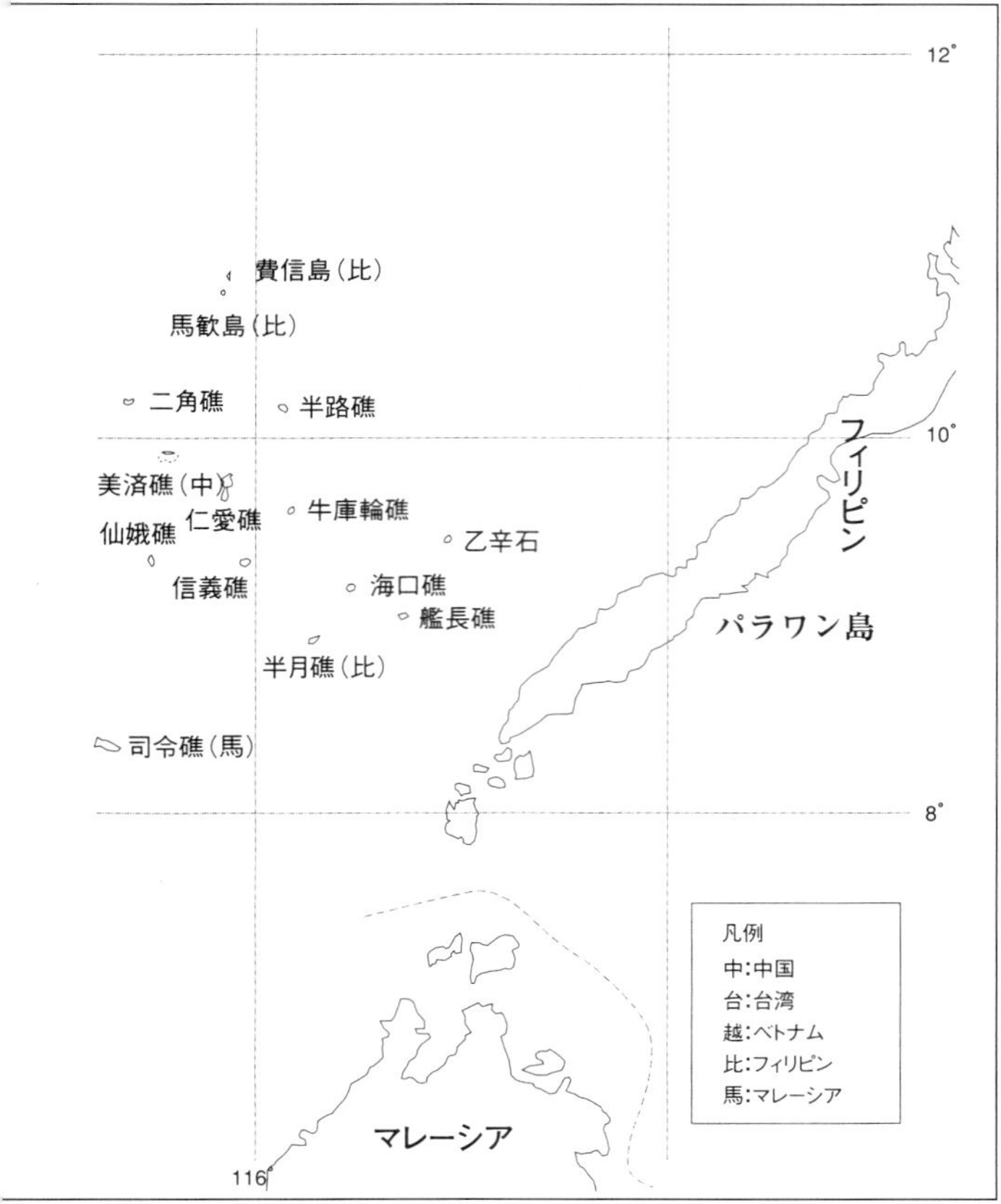
12°
費信島(比)
馬歓島(比)
二角礁
半路礁
10°
フィリピン
美済礁(中)
牛庫輪礁
仁愛礁
仙娥礁
乙辛石
海口礁
信義礁
艦長礁
パラワン島
半月礁(比)
司令礁(馬)
8°
凡例
中:中国
台:台湾
越:ベトナム
比:フィリピン
馬:マレーシア
マレーシア
116°

図4-6　南沙諸島・赤瓜礁海域要図

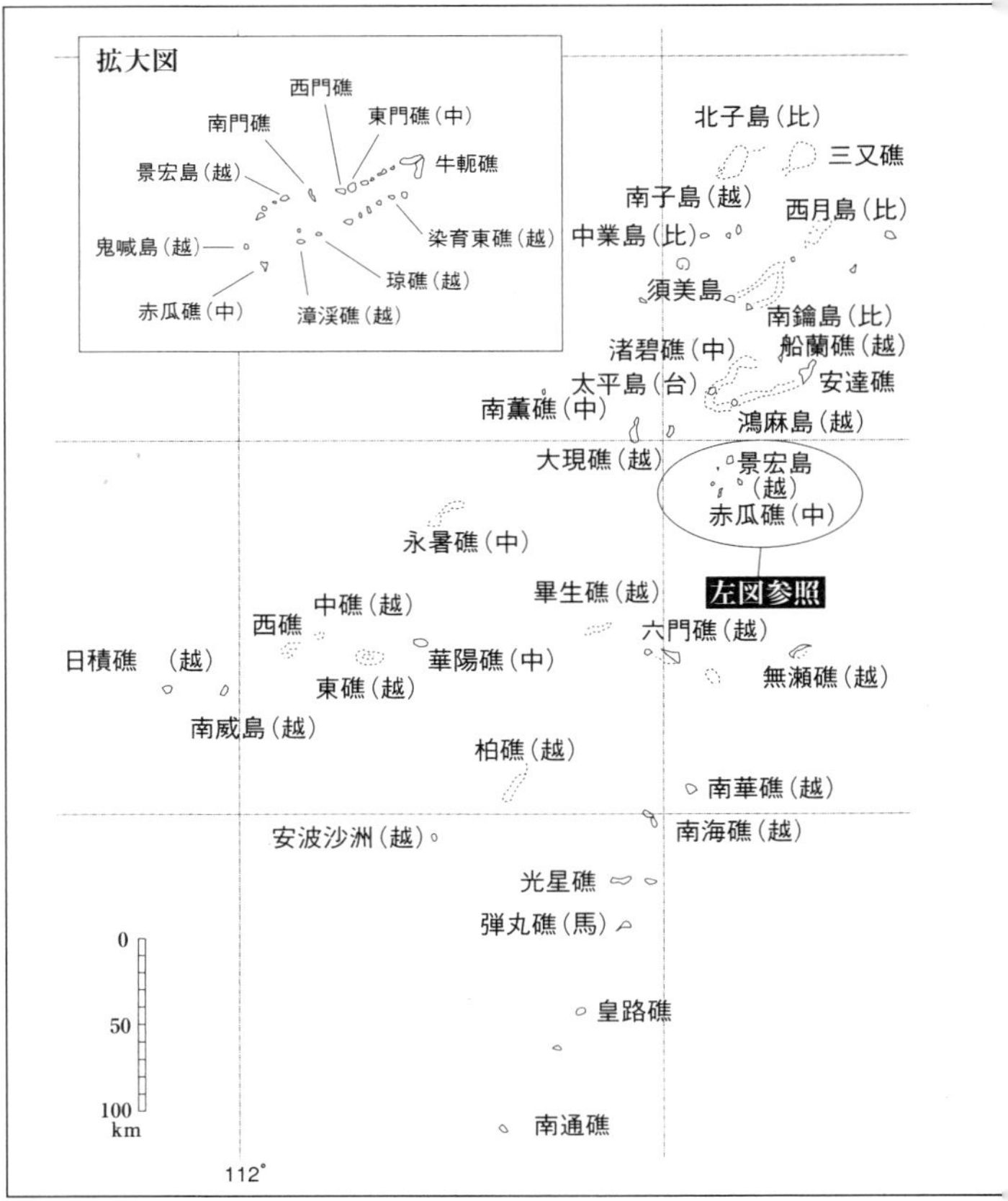

出典：平松茂雄『中国の海洋戦略』（勁草書房、1993年）

一九八〇年代に南沙諸島進出

西沙諸島と比べると、南沙諸島は広い海域に点在していて、島嶼の数も多い（図4－6）。二三〇余の小さな島、砂州《さす》、暗礁、環礁などからなり、東西約七四〇キロメートル、南北約九二〇キロメートル、総面積は約四五万三二〇〇平方キロメートルである。西沙諸島の南に位置し、西はベトナム、東はフィリピン領パラワン島、南はマレーシア、ブルネイに接している。航路は多数あるが、ベトナムと南沙諸島の間に太平洋とインド洋を結ぶシーレーンが通っている。

中国が海軍力を展開して南シナ海の南沙諸島の島嶼を占領して、南沙諸島を実効支配したのは一九八八年である。西沙諸島を押さえてから、十五年もの時間を要している。これから述べるように、中国は八〇年に南太平洋のフィジー島近海まで進出しているから、南沙諸島の島嶼を占領する軍事力がなかったというよりは、占領しても島を維持する能力が十分備わっていなかったのであろう。南沙諸島はそれだけ当時の中国にとって遠かったのである。

一九八〇年代に入ると、中国の海洋調査船が南シナ海で海洋調査を開始し、それを遠巻きで中国海軍の艦艇が護衛していること、また艦隊の軍事演習あるいは海域を遊《ゆう》弋《よく》していることが中国の新聞でしばしば報じられた。それまで中国海軍は台湾政府の

「大陸反攻」に備え、大陸沿岸のいくつかの島嶼に部隊を配置していた。大陳《だいちん》島、金門島、馬祖《まそ》島などである。毛沢東は台湾攻略の前哨戦として、それらの島を奪取する必要があると考えていたため、そのための海軍力は整備されていたが、それは沿岸海軍であり、外洋に出る海軍ではなかった。

ところが一九八〇年代に南シナ海に出現した中国海軍は、先進国の水準から見ればレベルは低いとはいえ、紛れもない外洋海軍であった。それより先の八〇年四月、中国は最初の大陸間弾道ミサイルの発射実験を実施した。ミサイルは中国の甘粛省酒泉の北にある弾道ミサイル基地から発射され、太平洋の上を飛んで、南太平洋のフィジー島近海に着弾した。ミサイルを誘導・管制するために、北太平洋と着弾海域の二カ所に、中国は「遠望」と命名された新造の海洋観測艦を配備したが、これを支援する洋上補給艦、サルベージ艦、海洋調査艦など五隻の支援艦艇の計六隻からなる観測船団を二組編成し、さらに観測船団を護衛するためにそれぞれ三隻のミサイル駆逐艦が随行した。六隻のミサイル駆逐艦は「旅大」級と呼ばれる新造の駆逐艦であった。中国は七〇年代を通して、外洋に進出する海軍力の建設に専念していたのである。蛇足ながら、著者は前年の七九年五月、上海・黄浦江のドックに係留されている「遠望」と建造中のミサイル駆逐艦を見る機会を得た。これらの艦艇は七〇年代を通して建造された。

当時著者は防衛庁防衛研究所で中国の軍事研究をしていた。中国がこんなに早く弾道ミサイルの開発を進め、海軍力が成長していることに衝撃を受けたが、防衛庁・自衛隊の関係者から、あんなものは取るに足りない、心配することはないと笑われた。それより十年前の一九七〇年の人工衛星打ち上げの時も同じだった。人工衛星の打ち上げは中距離弾道ミサイルができたことを意味し、日本をはじめ中国周辺の米国の同盟国とそこにある米軍基地を人質に取ることができるにもかかわらず、「あんなもの、恐れることはない。日米安保があれば大丈夫」と笑い飛ばされた。

しかも、この時弾道ミサイルの発射実験に随行したミサイル駆逐艦が、一九八〇年代に入ると南シナ海に展開するようになった。近年、中国海軍の艦艇が日本近海に出没するようになって、初めて防衛庁（省）・自衛隊、あるいはマスコミ、有識者、軍事評論家などが、中国海軍の海洋進出に注目するようになり、中国海軍は沿岸海軍から近海海軍に成長し、遠からず遠洋海軍、オーシャン・ネイビーに発展するとのもっともらしい説明がなされているが、八〇年代初頭において、中国海軍は先進国から見れば水準は低かったにしても、沿岸海軍から近海海軍の段階を飛び越えて、外洋海軍へと成長しつつあった。その発展の仕方は、中国の軍事力が人民戦争の段階から通常戦力の近代化という段階を飛び越えて、一足飛びに核弾頭を搭載した弾道ミサイル開発へと飛躍した過程と同じである。

一九八七年末から九〇年初めにかけて、中国はベトナム南部に近い南沙諸島海域の六カ所のサンゴ礁のなかにかろうじて露出する小さな岩礁に、領土標識を立て、「高脚屋」と呼ばれる建物をつくった。竹とアンペラ（カヤツリグサ科の多年草）を材料とした高床式の掘っ立て小屋で、強い風が吹けば吹っ飛ぶような印象を受ける。一七八ページの写真では海面にかろうじて頭を出しているように見えるが、ベトナムの主張するところでは、岩礁は満潮時には海中に没してしまうという。だが、中国は南シナ海は「歴史的水域」であるとして、「古来、中国の海である」と主張している。一方、国連海洋法条約は「島とは、自然に形成された陸地であって、水に囲まれ、高潮時においても水面上にあるものをいう」（第一二一条一項）と規定し、「人間の居住又は独自の経済的生活を維持することのできない岩は、排他的経済水域又は大陸棚を有しない」（同条三項）と規定している。条約を素直に読めば、この岩礁は「島」として認められない。いわんや排他的経済水域と大陸棚を主張することはできない。それにもかかわらず、中国は条約の規定を援用して、意図的に人間が住む施設をつくり、領海どころか排他的経済水域と大陸棚を保有する条件を整えたとして、南沙諸島の領有権を主張した。

すでに論じたように、中国は建国後まもなく、南沙諸島の領有権を主張していたが、南沙諸島は遠く、現実に支配することは難しかった。西沙諸島を押さえて、一九八〇

①南シナ海・南沙諸島のサンゴ礁につくられた第１世代「高脚屋」
海面の上に露出する小さな岩礁に領土標識を立て、岩礁に打ち込んだ金属パイプをアンペラで囲ってある。これにより領土・領海だけでなく、200海里の排他的経済水域と大陸棚の権利を主張している。（『TIME』1991年6月24日号より）

②南シナ海・南沙諸島のサンゴ礁につくられた第２世代「高脚屋」
海面の上に露出した岩の上につくられた堅牢な組み立て式のものへ進化しているのが分かる。（『解放軍画報』1988年８月号より）

③南シナ海・南沙諸島のサンゴ礁につくられた第3世代「高脚屋」
第1世代「高脚屋」から数年後、中国は軍艦島のような永久施設を5カ所のサンゴ礁に建設した。海軍の制服を着た人の姿が見られることから、海軍基地と推定される。（香港の週刊誌『WINDOWS』1993年9月3日号より）

④南シナ海・南沙諸島・永暑礁の中国海軍基地
国連海洋法条約では、人工島は領土として認められていないが、中国はこのサンゴ礁を人工島に改造して海軍基地とした。2階建ての建物の屋上には各種通信用のアンテナが立てられ、国旗が翻っている。その裏には畑や豚小屋がある。写真には写っていないが、船着場、ヘリポートもある。（香港の週刊誌『WINDOWS』1993年9月3日号より）

年代に入って南沙諸島に進出しようとした時には、南沙諸島で人の住める島嶼は、すでに台湾、フィリピン、ベトナム、マレーシアによって占領されていた。

一九八七年四月十五日、中国政府は「適当な時期に南沙諸島の島を取り戻す権利を留保している」との声明を発した。これは南沙諸島の島を「取り戻す」との表明であったから、南沙諸島で戦争が起きると心配されたが、ベトナムが占領していた赤瓜礁を除き、他の五カ所のサンゴ礁は無人島で戦闘はなかった。だが、六つのサンゴ礁に進出した中国は、これから述べる一つを除く五つのサンゴ礁の小さな岩に立てられた「高脚屋」に隣接して、鉄筋コンクリートの施設を構築して、海域の哨戒活動を行った。残る一つのサンゴ礁（永暑礁）では、人工島をつくり、二階建ての大きな建造物を建てている。この島は南沙諸島の中心であり、ここにも各種通信施設があるが、すぐ近くをシーレーンが通っているから、インド洋からマラッカ海峡を通って南シナ海を北上する船舶を監視する役割を担っている。この島には小さいながらも畑がつくられ、豚やダックが飼育されている。この畑には、全国各地から慰問品として送られてくる種や苗で育った野菜が実っていると報じられている。

国連海洋法条約では、人工島は領土として認められないが、中国は南シナ海は「歴史的水域」であると主張しているから、そのような規定は関係ないということであろうか。一方では条約を援用しながら、他方では無視する変幻自在の行動である。

一九九〇年代にフィリピン海域進出

ベトナム南部海域を支配下に収めた中国は、一九九〇年代に入ると、パラワン島の西部海域に出てきた。この海域は南沙諸島の中心で、ベトナム、フィリピン、マレーシア、台湾が入り乱れて、サンゴ礁を占領して、それぞれ軍事拠点をつくっていた。一九九〇年代初頭、中国はフィリピンが占領していたいくつかのサンゴ礁に「中華人民共和国」の領土標識を立てていたが、九五年にそのなかの一つ、ミスチーフ礁（中国名は美済礁）に進出して、環礁のなかの四カ所に、ベトナム海域に建てた高脚屋と同じような人工構築物を建てた。環礁のなかに建てたところから明らかなように、軍艦と漁船の停泊施設であった。

先に西沙諸島の永興島に二六〇〇メートルの本格的な滑走路を建設したと書いた。ミスチーフ礁はシーレーンを挟んで、その南側に位置する。中国は西太平洋からインド洋に向かうシーレーンを挟んで、その北と南に本格的な空軍航空基地と海軍艦艇基地をつくったことになる。またここは南シナ海で活動する漁船の停泊施設でもある。中国の海洋進出のいわば尖兵としてミスチーフ礁の施設は非常に重要であることが分かる。

だが、この重要な施設については、日本では誰も関心を示さなかった。ミスチーフ礁に建てられた四カ所の施設のうちの一つは、ほとんど間違いなく漁業施設であろう。二〇一〇年に南シナ海で中国の漁船が大挙して海域を占拠したとのニュースが流れたが、恐らくこうした施設を拠点とした活動と推測される。そのような事態はこれまでにもしばしば起きたであろうし、これからも頻繁に起きるであろう。わが国の領土である東シナ海の尖閣諸島の周辺海域に頻繁に中国の漁船が出没して、領海侵犯している事実も同じような事態である。中国の海洋進出には、軍艦に先立って漁船・漁民が活動していることを忘れてはならない。

中国のミスチーフ礁、すなわちフィリピン海域への進出は、当時わが国の外交・安保関係者の楽観的な見方に冷や水を浴びせる出来事であった。その頃わが国では、中国は日本をはじめとして東南アジア諸国の経済・技術援助を必要としているから、これらの国を刺激するような行動はとることはないであろうとか、中国の軍事力は前近代的であるから米国の軍事力に太刀打ちできないから何もできないといった見方が支配的であった。

著者は、ある軍事専門家とある大新聞で対談したことがある。中国がベトナム海域に進出していた時で、著者が、中国は南シナ海を「中国の海」と見てこれから支配を拡大していくだろうと述べたところ、その軍事専門家は、中国の海洋進出を「膨張主義」と捉えるべきでなく、単に中国とベトナムとの二国間の問題に過ぎないと説明した。後から分かったことであるが、その時中国はフィリピン海域に進出していた。

また、ミスチーフ礁の施設が完成したのは一九九五年であり、その前に米国海軍がフィリピンのスービック基地から撤退したところから、中国のフィリピン進出を米海軍の撤退と関連付けて説明する見方が定着してしまった。だが現実には、中国はそれ以前からフィリピン海域に進出していて、ミスチーフ礁の施設はそれ以前から建設が予定されていた。

「中国の最南端は曾母暗沙」というまやかし

南沙諸島の最南端に曾母暗沙《そうぼあんさ》と呼ばれる暗礁がある。満潮時で海面下二〇メートルの暗礁であるから、国際法上領土と主張できないが、中国は古来中国の領土であると主張し、この暗礁を中国の最南端としている。そして元日、建軍記念日（八月一日）、国慶節（十月一日）などには、海軍の艦隊が来て国旗を掲揚し、国歌を演奏して、栄誉礼を行っている。

著者が曾母暗沙の重要性に気がついたのは、一九七七年七月、中国の遠洋科学観測艦「向陽紅」二隻が、七十二日間にわたり、太平洋海域で各種の海洋調査を実施し、また各種の洋上訓練、各種通信機器などの性能実験を行ったことが報じられた時である。この調査は、八〇年五月に南太平洋のフィジー島近海に向けて実施された中国の最初の大陸間弾道ミサイル（ＩＣＢＭ）の発射実験を支援するための予備調査をしての帰りであった。二隻の調査艦が曾母暗沙の海域に入った時、南海艦隊の艦艇が汽笛を鳴らして迎え、編隊を組んで広州の黄浦江に帰港したと報道された。

中国は最南端の「領域」であることを主張するために、これまでに何回も、曾母暗沙の海底に「中華人民共和国」と刻んだ主権碑を投下している。そのいくつかをあげると、まず一九九二年二月、南沙諸島、西沙諸島、中沙諸島、東沙諸島をはじめとする中国大陸周辺海域に所在する島嶼の領有を明記した「領海法」（中華人民共和国領海法および接続水域法）が制定された時、海南省幹部が南海艦隊の艦艇に乗って南沙諸島を視察した際に、記念として投下されたと報じられている。

また一九九五年二月、海南省海洋局の海洋庁への昇格を記念して、海南省幹部が南海艦隊の艦艇に乗って、自国の最南端と主張している曾母暗沙に、「中華人民共和国」の文字を刻んだ十五個の主権標識を海中に投下したことが報じられた。ちなみに、このニュースはわが国の一部の新聞で報道されたが、主権碑を曾母暗沙に「置いた」「設置した」「建てた」と報じられており、曾母暗沙が海面下二〇メートルの海底にあることを知らずに書いたようである。

このように曾母暗沙の海底には、かなりの数の主権標識が存在する。中国が南シナ海を「中国の海」とするための重要な措置である。

二〇一〇年八月、中国海軍の有人潜水機が南シナ海の三七五九メートルの深海に潜水して、「中華人民共和国」の国旗を立てたことが報じられた。作業時間は九時間三分を要した。場所は明らかにされていない。主権碑にしても、国旗にしても、海面下では国際法上領土として認められないにもかかわらず、平然として自己主張を押し通すところは、次章で論じる尖閣諸島に関する自分勝手な主張と通じるところがある。

海南島の戦略的重要性と原子力潜水艦基地

繰り返しになるが、南シナ海とインドシナ半島、タイ、マレー半島から、さらにミャンマーも含んだ地域を、中国軍は「南部戦略区」と設定している。この戦略区を挟んで、東が西太平洋、西がインド洋である。中国は南部戦略区を「核心的利益」として、これから西太平洋とインド洋に向けて影響力を広げていくことを意図している。

その脈絡で指摘しておかねばならないのは、海南島の戦略的重要性である。海南島の真北の雷州半島の湛江《たんこう》に南海艦隊の司令部がある。海南島は湛江とともに南シナ海を防衛する役割を担っている。また台湾を南側から海上封鎖する上で重要な位置にある。海南島には海空軍基地があり、しばしば大規模な軍事演習が実施されている。また湛江には海軍陸戦隊が駐屯している。だが、海南島の最大の重要性は、潜水艦基地があり、原子力潜水艦が配備されているところにある。

二〇〇一年四月、海南島の東南海域上空で、米軍の偵察機と中国軍の戦闘機が接触し、戦闘機が墜落してパイロットが死亡する事故が起きた。当時この事故について、どのような経緯で衝突が起きたかに関心が集まり、中国軍の戦闘機の挑発的な行動に問題があり、米軍の偵察機は公海上を飛行していたのだから責任はないとの見方が、米国ばかりか、わが国の報道や専門家の間でも大勢を占めた。

当時、著者は公海上空を飛んでいた米軍の偵察機に落ち度はないが、事故が起きた空域と海域の軍事的重要性から、起こるべくして起きた事故であり、中国軍戦闘機の責任を非難して片付く問題ではないとの見方を示した。

では、その軍事的重要性とは何か。海南島は西沙諸島と一体となって、南シナ海を防衛する最も重要な位置にある。南シナ海海域には、台湾とフィリピンの間にあるバシー海峡とシンガポール、マレーシアの西を通るマラッカ海峡を結ぶシーレーンが通っており、マラッカ海峡を抜ければインド洋である。また海南島から東に進めば、バシー海峡を通って西太平洋に出る。

南シナ海を挟んで西太平洋とインド洋をにらむ中国にとって、海南島と西沙諸島は戦略的に決定的に重要な位置にある。その周辺海域は中国軍の「聖域」である。まさに「核心的利益」をなす南部戦略区のなかの「核心」である。

接触事故はその「聖域」で起きた。米軍機の偵察と中国軍戦闘機の緊急発進が日常的に実施されていると推定されるが、その時期に、海南島周辺海域で、米軍にとって特別に偵察する必要のある事態が進行していたのか、それとも中国軍にとって米軍偵察機に対する「挑発的」な行動をとらせるような事態があったのか、局外者には分かるすべもない。だが、当時著者は米軍偵察機の目的は、海南島周辺海域における中国海軍の潜水艦、特に原子力潜水艦の活動、潜水艦発射弾道ミサイル（ＳＬＢＭ）などの訓練であり、あるいはその活動の拠点となった海南島その他の軍事基地の偵察であろうと推定した。それから数年を経て、欧米で海南島の海軍基地の実態ににわかに関心が高まった。なかでも原子力潜水艦が潜水したまま出航し、帰港できる巨大な地下基地が建設されたことに注目が集まった。

建国以来六十年余、中国が最も重点を注いできた軍事領域は、核弾頭とそれを搭載して米国に到達する信頼性の高い弾道ミサイルの開発である。接触事故が起きた二〇〇一年四月時点で、中国は台湾を攻撃できる短距離弾道ミサイル、日本はじめ中国周辺諸国を攻撃できる中距離弾道ミサイルを完成していたが、肝腎の米国に届く信頼性の高い大陸間弾道ミサイルや潜水艦発射弾道ミサイルはまだ完成していなかった。だが、その開発に懸命になっており、発射実験を行ったとか、行うという情報がしばしば流れていた。米国が最大の関心を払っているのはそうした中国の核戦力の動向である。だからこそ、接触事故が起きたし、今も南シナ海で米中の角逐《かくちく》が熾烈《しれつ》になっているのである。接触事故以降の二〇〇三年〜二〇〇八年にかけて、中国は三回の有人宇宙船の打ち上げを成功させ、米国の主要都市に到達する精度の高い大陸間弾道ミサイルが完成に近づいていることが明らかとなった。中国が台湾を「軍事統一」する際、米国が軍事介入すれば、ワシントンやニューヨークを核攻撃すると威嚇して、米国の介入を阻止するのが目的である。その場合、米国を確実に威嚇するには、核弾頭を搭載した原子力潜水艦を展開することである。それには黄海や東シナ海とは違って水深の深い南シナ海、特に海南島周辺の海域が最適である。

それればかりではない。南シナ海の海中から発射された弾道ミサイルは、まっすぐ北上して、中国大陸を越え、ロシアの上空を通過した後、北極海に出る。北極海を通れば、カナダ、そして米国へと一直線上に飛翔する。南シナ海を中国の「核心的利益」と規定する理由がよく分かる。このように南部戦略区のなかに占める海南島の戦略的意味は極めて重要である。「核心的利益」のなかの「核心」といえる。

いつのまにか中国の支配下に組み込まれた東南アジア・南シナ海

南部戦略区は、南シナ海だけでなく、インドシナ半島、タイ、マレー半島、さらにミャンマーまで包摂している。これらの地区は、カンボジアとタイを除いて、中国と隣接しており、道路または河川の水路を通じて、古来往来のある地域である。

歴史から見れば、これらの国、なかでもベトナムは、第一章の歴史地図が示しているように、しばしば「中華帝国」のなかに組み込まれた歴史がある。ベトナムにとって「中国の脅威」は、これまで背後の陸地から来たが、中国の南シナ海進出により、海から直接及んでくるようになった。中国の海洋進出が進展すると、南シナ海は「中国の海」となり、南シナ海に面した東南アジア諸国は封じ込められてしまう。

そこで、南シナ海に面した国はそれぞれ自国の排他的経済水域を設定した（図4－4）。中国は南シナ海の全海域のぎりぎりのところまで線引きしている。ベトナムは中国と同様に南シナ海のほぼ全海域を線引きしている。フィリピンは南沙諸島の中心となる海域に菱形の海域を設定しているが、この海域は関係各国が領有を主張する島嶼で入り乱れている。まさにその時期に、米国は東南アジアから引き揚げていったのである。その契機はベトナム戦争の停戦である。

ベトナム停戦交渉は一九七三年一月に実現したが、停戦にはベトナムを背後から支援している中国との交渉が不可欠であり、そこからニクソン訪中による「米中接近」が行われた。その大前提は、米軍の東南アジアからの引き揚げ、また沖縄からの引き揚げ、すなわち七二年の「沖縄返還」である。その際米国は東南アジア諸国に対して「自助努力」、すなわち自分の国は自分で守ることを要請した。そのなかに日本も含まれたが、特に日本に対しては「肩代わり」を要求した。

図4-7　道路と鉄道整備構想

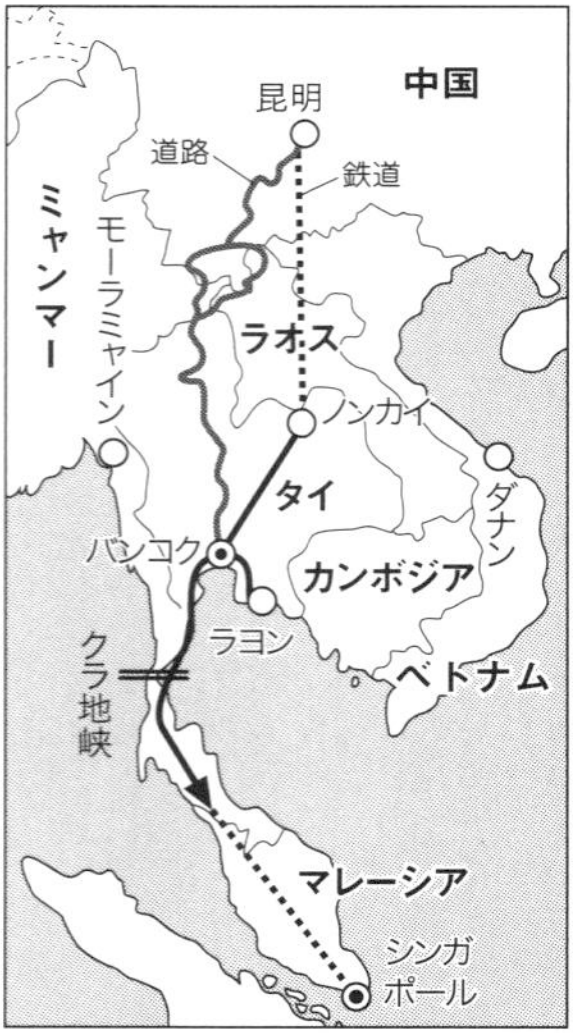

出典：『読売新聞』(2009年3月27日)を基に作成

「肩代わり」とは何だったのか。具体的には明らかにされていないが、①「核の傘」はそのまま存続する、②通常戦力は徐々に引き揚げるから、その後を日本を含めて東南アジア諸国は自分で守る、という極めて当たり前の条件であることは間違いない。特に日本に対しては、これまで米国が果たしてきた役割を「肩代わり」することが要求されたが、日本は経済的に東南アジア諸国に進出して、経済的繁栄を謳歌しただけで、軍事的には憲法第九条を盾に何も果たさなかった。そのツケが四十年を経て、今回ってきている。すなわち米国が引き揚げ、日本が「肩代わり」を果たさない間に、中国が着実に東アジアに進出してきた。その足掛かりとしてまず南シナ海を押さえたのである。

近年、中国の南シナ海・インド洋支配にさらなる重大な影響を与えることになる問題がある。それは、中国がタイとミャンマーの国境に近いタイのクラ地峡（六〇キロメートル）でマレー半島を掘削して、インド洋のアンダマン海から南シナ海に通じる運河路を建設する計画である。この計画は以前からあるが、具体化すれば航路が現状より二五〇〇キロメートル短縮され、中東・アフリカの石油を、マラッカ海峡を通ることなく南シナ海に輸送できるようになる。中国の南シナ海・インド洋支配が確実に強まる事態に発展するだろう。海だけではない。中国はタイと協同で、雲南省の昆明からラオスを通ってタイに入り、タイを南下縦断して首都のバンコクを経てマレー半島からシンガポールに至る高速鉄道や道路（ハイウェイ）の建設を計画している（図4－7）。この計画が実現すれば、インドシナ半島、マレー半島が中国の影響下に入るのはそれほど遠い将来のことではない。

3　西アジア、インド洋から中東、さらにアフリカへ進出

兵器移転を通して浸透

中国は早くからインド洋から中東の産油国に関心を持っている。そのことは、中国が兵器を供与している国を地図にプロットすればよく分かる。ミャンマー、バングラデシュ、スリランカ、パキスタン、イラン、イラク、そしてサウジアラビア、さらに

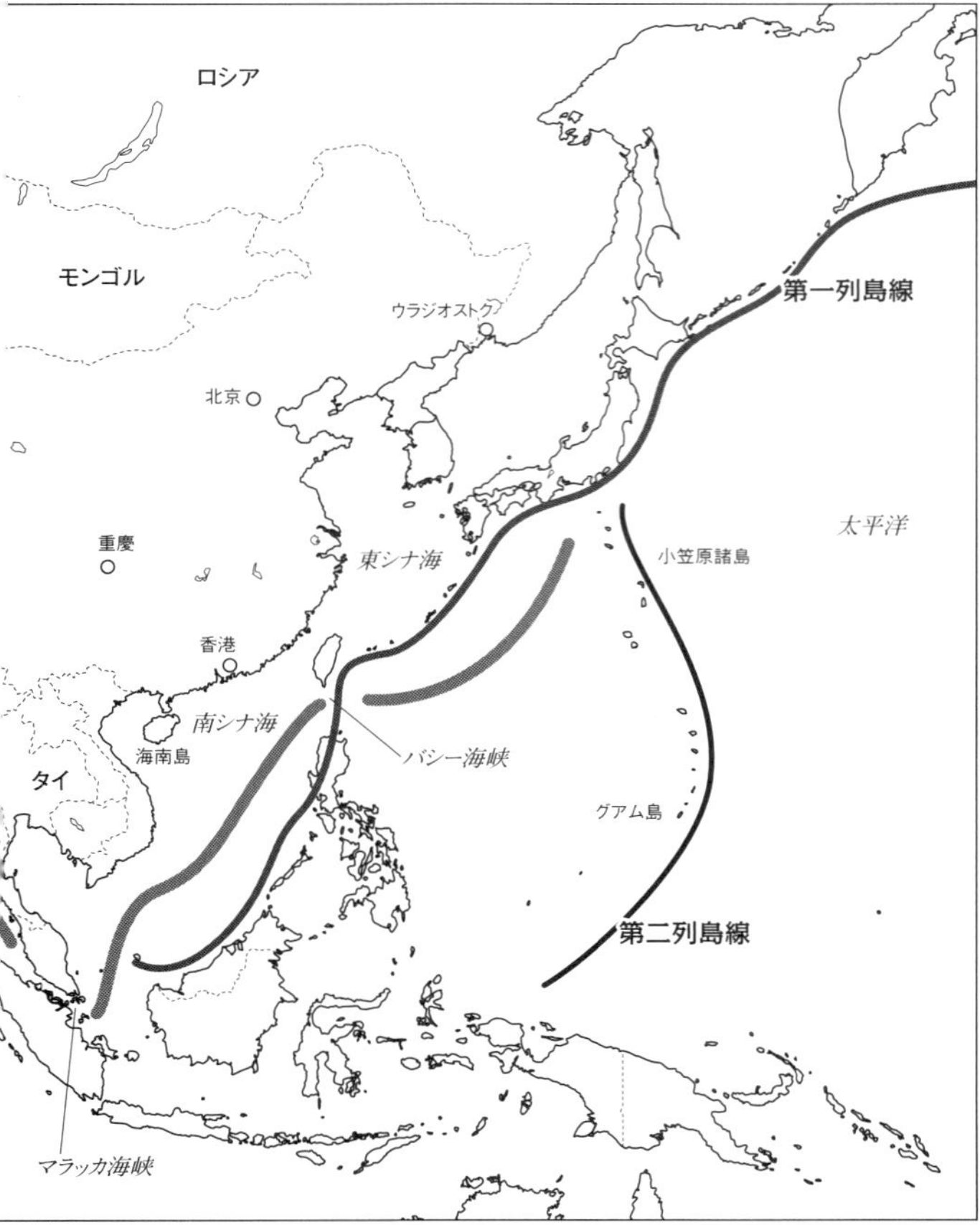
ロシア
モンゴル
ウラジオストク
北京
重慶
香港
東シナ海
南シナ海
海南島
タイ
バシー海峡
マラッカ海峡
第一列島線
第二列島線
小笠原諸島
グアム島
太平洋

図4-8　西アジア、インド洋から中東、さらにアフリカへ

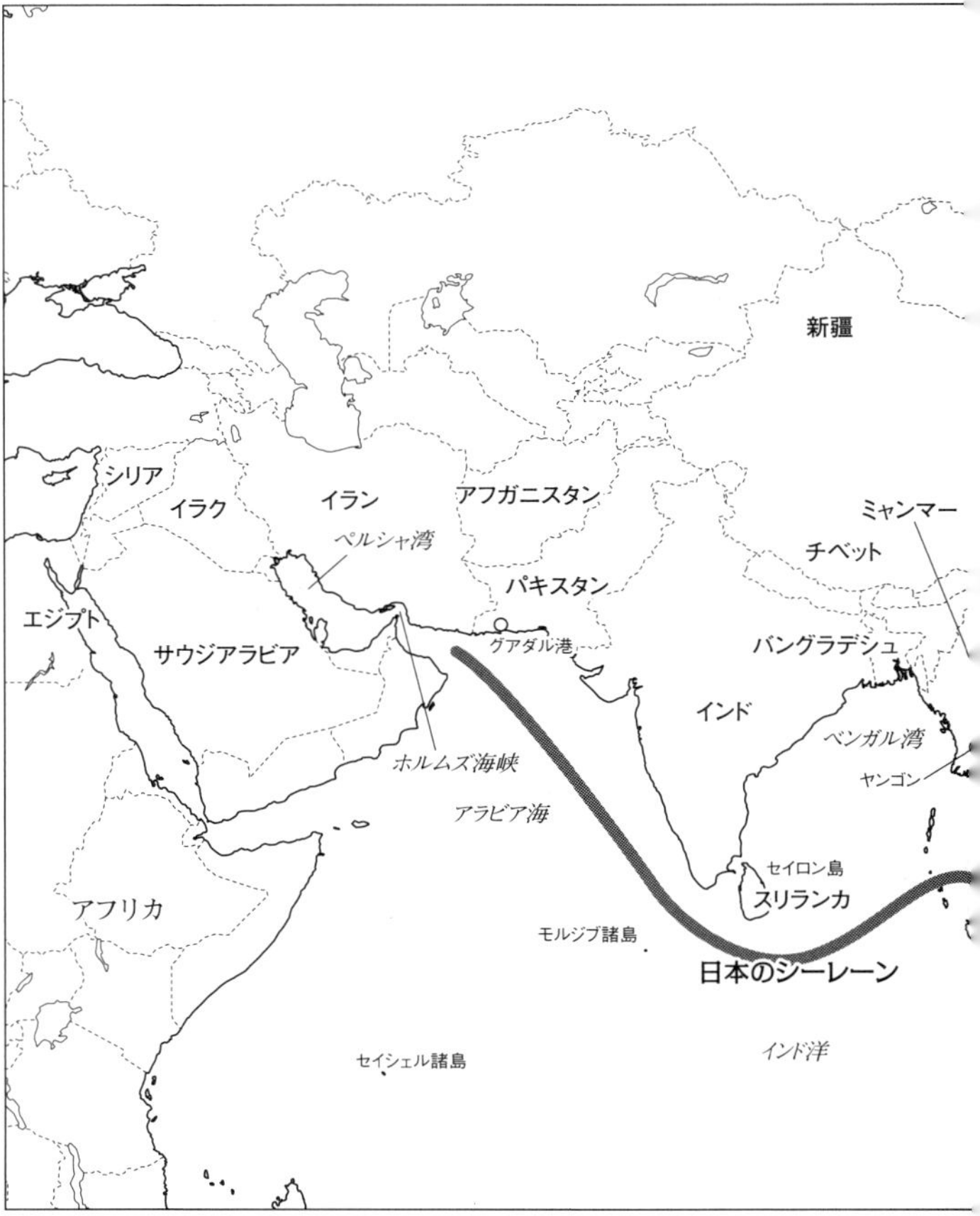

シリア、リビアと、中国が兵器を供与している国は、南シナ海からマラッカ海峡を経由して、ベンガル湾に入り、インドを回ってアラビア海、そしてペルシャ湾へとつながっている。

特に一九八〇年代を通じて、中国は核弾頭を搭載する弾道ミサイルをつくったロケット学者銭学森《せんがくしん》の提唱により、「兵器は商品である」との考えに基づいて、イラン・イラク戦争の両当事国に対して、大量の兵器を輸出し「死の商人」さながらの金儲けを行った。さらに九一年の湾岸戦争以後、中国は湾岸諸国に核開発技術および弾道ミサイルを供与した。

中国の関心は中東の石油にあるが、他方、当時中国の実力では、あからさまに米国に挑戦できなかったことから、米国が「好ましくない」と見るイラン、イラク、シリアなどに足掛かりを得ることにより、さらに米国と友好関係にあるサウジアラビアに弾道ミサイルを売却することによって、米国の世界戦略に側面から打撃を与えることを意図した。

その一方でインドを海上から牽制する意図もあった。インドはインド洋に突き出した亜大陸で、ペルシャ湾からマラッカ海峡を経由して日本に至るシーレーンを見渡す重要な位置にある（図4-8）。

図4-9　パイプライン

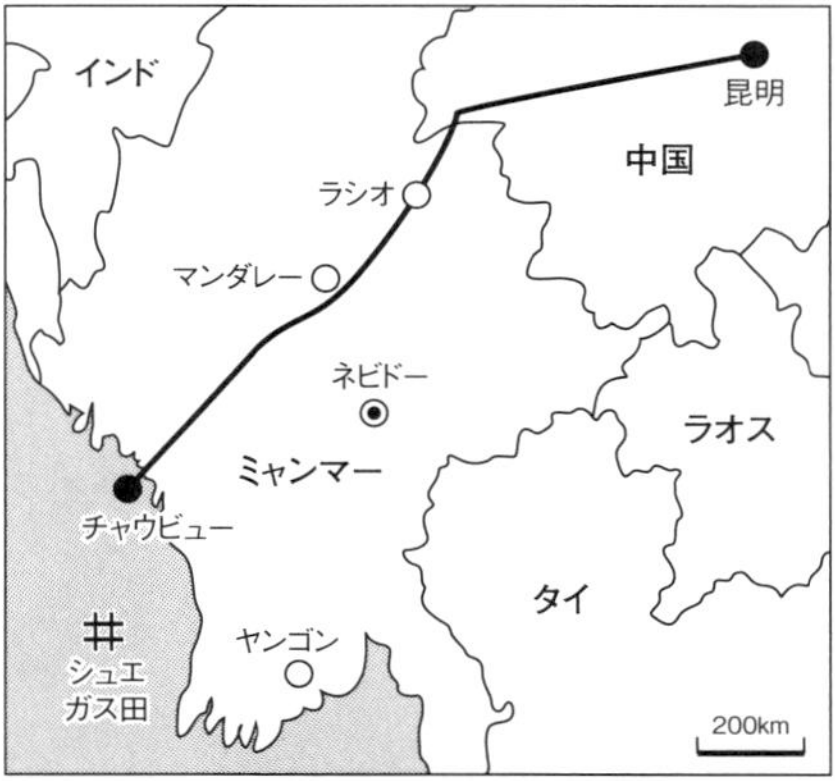

出典：『日本経済新聞』（2009年11月18日）を基に作成

ミャンマーの果たす役割

中国は一九八八年のミャンマーの軍事政権成立以来、軍事援助を与えている。ミャンマーは後述するパキスタンに次いで、中国による第二位の被兵器供与国である。中国は九〇年代初頭に、アンダマン海とベンガル湾を隔てるグレート・ココ諸島に海軍の電子情報施設、スモール・ココ諸島に軍事施設を建設している。中国の西南地区の雲南省からミャンマーの当時の首都ヤンゴン（旧ラングーン）に至るルートは、第二次大戦中、「ビルマルート」「援蔣《えんしょう》ルート」として、米国が重慶に遷都した蔣介石の国民政府に大量の兵器・物資を輸送したルートである。それから半世紀以上を経て、今度は中国からインド洋、インド洋から中国へのルートとして利用されている。中国の援助で道路が建設されているが、イラワジ河を利用する水上ルートも開発されているようである。これにより中国とインド洋を通じての、中東・アフリカとの最短ルートが開設されたことになる。前に触れたが、現在、中国雲南省の省都・昆明からラオスを経てタイを縦断し、マレー半島を南下してシンガポールにつながる高速鉄道や道路が敷設される計画が進められている（図4－7）。またミャンマー西部の港チャウピューからミャンマーを縦断して中国雲南省の昆明まで全長二三八〇キロメートルの石油パイプラインが敷設されている（図4－9）。

中国はインドを東からミャンマー、西からパキスタンで挟み撃ちにしようとしている。さらにバングラデシュ、スリランカにも港湾施設を建設している。これらの港湾は中国海軍艦艇の寄港が目的であるから、これにより、インドは中国の海軍力によって封じ込められることになる。インドの北側のチベットには、空軍基地が十数カ所にわたって展開しており、さらにその隣の青海省には、核弾頭を搭載した中距離弾道ミサイル基地がある。近年、中国のインド包囲網を「真珠の首飾り」と表現しているが、そのような綺麗な言葉ではすまない現実が進行しているのである。

またミャンマーの軍事政権成立以来、パキスタンとミャンマーの間で、軍事協力が進んでおり、パキスタンは各種火器の供与ばかりか、兵員の訓練、中国製戦闘機の供与、パイロットの訓練まで行っているといわれている。

中印紛争でパキスタンに接近

パキスタンはアジアでは中華人民共和国を早くから承認した国であり、一九五一年五月には正式に外交関係を樹立している。だが、パキスタンは五四年に米国の同盟国となり親米・反共政策をとっていたことに加えて、中国はカシミール問題でパキスタンと争っていたインドとの関係が緊密であったことから、五〇年代を通じて中国とパキスタンの関係は疎遠であった。

ところが、一九六二年十月に起きた中印国境紛争を契機として、中国とインドの関係が一転して険悪となると、中国とパキスタンとの関係は緊密な関係に変化した。中国はカシミールに関するインドとの紛争でパキスタンの領土要求を支持し、パキスタンと国境協定を締結して領土問題を解決し、経済・軍事援助を供与して、パキスタンとの友好的な政策をとった。

一九六五年九月、カシミール問題でインドとパキスタンが戦争すると、中国は公然とパキスタンを支援した。カシミール問題は、四七年にインドとパキスタンが分離独立した時、三つの藩王国の帰属に関して、両国の間で紛争が起き、現在に至るまで解決されていない。

中国最大の兵器供与対象国

パキスタンは中国から最大の兵器供与を受けている国である。兵器供与は一九六〇年代から始まっている。世界の先進国から見れば時代遅れとはいえ、当時の中国軍としては最新鋭のT59戦車約六〇〇輌、MIG19ジェット戦闘機約六〇機、IL28爆撃機約二〇機、潜水艦、哨戒艇、高速ミサイル艇などの艦艇七〜八隻、この他に地対空ミサイル、軽火器などが供与され、七〇年代を通して、中国の援助した兵器により、パキスタン軍は装備された。また各種兵器の修理はもとより、兵器の生産も行われている。

何よりも重要な援助は核ミサイル開発の援助である。パキスタンはライバルであるインドが一九六四年の中国の核実験に刺激されて核開発に着手し、十年後の七四年に核実験に成功した。パキスタンの核開発は七〇年代を通じて進展した。七九年十二月のソ連のアフガニスタン侵攻を契機に、米国の対ソ戦略に占めるパキスタンの地位が向上したところから、パキスタンの核開発およびそれに対する中国の支援に米国の態度は寛大であった。そのため、パキスタンはいつの間にか核保有国に成長した。さらに中国から、運搬手段となる短距離弾道ミサイルの供与を受けた。このミサイルが、現在台湾正面の中国沿岸に並んでいる。

中国のパキスタンへの兵器売却は、イデオロギーや政治的立場とは関係なく、国家の安全保障を優先して遂行されていることを示している。中国のパキスタンへの兵器供与の背後には、インドとの関係悪化、その背後にあるソ連・ロシアの脅威に対処するという配慮がある。

中国は新疆南部のアリ地区のカラコルム山脈で、パキスタンのカシミール領と国境（約六〇〇キロメートル）を接している。ここは、インドとパキスタンの間で紛争中のカシミール地方のパキスタンが支配する地域である。この地域は、世界第二の高峰K2（ゴッドウィン・オーステン山、八六一一メートル）を含むカラコルム山脈であり、無人地帯であるが、この地域で中国とパキスタンとの間に、約六〇〇〇平方キロメートルの領土の食い違いがあった。

中国は一九六二年十月にインドとの国境紛争が起きる直前から、パキスタンとの国境会談を始めて、六三年三月、国境協定に調印した。係争地は分割され、中国はそのうちの三六九〇平方キロメートル、パキスタンは二四三〇平方キロメートルを領有したが、そのうち一三五〇平方キロメートルは従来パキスタンの支配下になかった地域である。国境線はK2を含む高峰の頂上を通っているばかりか、パキスタンは関係地域の七つの峠のうち六つを獲得した。さらにパキスタンの獲得した地域は、岩塩や牧草地を含む経済的に価値のある地域である。これに対して中国は主として丘陵地域で、経済的には無価値な地域であったが、南アジア、さらに西アジアの戦略的拠点となる

イルクーツク
ウランバートル
東北(旧満洲)
ハバロフスク
ハルビン
珍宝島
ウラジオストク
北京
38度線
ピョンヤン
ソウル
黄海
朝鮮半島
日本海
日本
南京
上海
東シナ海
一江山島
大陳島
尖閣諸島
沖縄
小笠原諸島
硫黄島
金門島
台湾海峡
台湾
宮古島
中越国境
ハノイ
トンキン湾
マカオ
香港
東沙諸島
バシー海峡
海南島
沖ノ鳥島
太平洋
西沙諸島
中沙諸島
マニラ
フィリピン
グアム島
ベトナム
南シナ海
南沙諸島
パラワン島
ブルネイ
ジャカルタ
インドネシア
東ティモール
ロンボク海峡

図4-10　中国と周辺国との領土係争地点図

出典：平松茂雄『「中国の戦争」に日本は絶対巻き込まれる』（徳間書店、2008年）

カシミールの一角を獲得した。

南西アジアへの道を確保

それより七年前の一九五六年から、中国は新疆とチベットを結ぶ新蔵公路を建造した。この道路はインドが自国の領土と主張するラダク地区（中国名・アクサイチン）で、一八〇キロメートルにわたって横断して建設された。この事実をインド政府は、五七年九月、工事完成を祝う中国の報道記事で初めて知った。

そして一九六二年十月、中印の東部国境マクマホン・ライン地区と西部国境のアクサイチン地区の全線で、中国軍とインド軍との間で大規模な戦闘が始まった（中印紛争）。この戦争で中国軍はインド軍を圧倒し、マクマホン・ラインを三〇キロも越え、東部国境地区で一万五〇〇〇平方キロメートル、アクサイチン地区で一万二〇〇〇平方キロメートルを占領した。

その後の交渉で、中国は東部で占領した地区を譲っても、西部のアクサイチンを確保しようとした。アクサイチンは、インドとパキスタンが領有を争っているカシミール地区の一角にあり、新疆南部のアリ地区、また中国がパキスタンとの国境協定で獲得した地域と隣接している。ここからパキスタン領のカシミール地区との間に聳《そび》えるカラコルム山脈を越えれば、パキスタンの首都イスラマバードは至近距離にあり、西はアフガニスタンにつながり、さらにその先はイランである。イスラマバードからカラチに出ればインド洋であり、ペルシャ湾は間近である。逆に、パキスタン領カシミールがインドに押さえられたら、中国は新疆からパキスタンへの出口を塞がれ、さらにはアフガニスタン、イランへの出口を失うことになる。

新疆南部のアリ地区、中印紛争で中国が占領したアクサイチン、パキスタンとの国境協定で中国が獲得したカシミールの一角、これらは中国が将来、南アジアから西アジアへ進出する場合、決定的に重要な戦略的位置にあるのである。

そして一九六六年から中国は、中国軍によるカラコルム・ハイウェイの建設に着手し、八二年に正式に開通した。新疆のカシュガルから国境の紅其達坂（クンジェラブ峠、標高四七〇三メートル）を越えて、パキスタンの首都イスラマバード近くに通じる戦略道路である。六六年といえば、中国では「文化大革命」の真っ最中であることに留意されたい。あの想像を絶する大混乱の真っ最中に中国とパキスタンの国境の数千メートルの高地で、中国軍による道路建設が行われていた。

さらに、中国はパキスタンのカラチ港の改良工事を援助したばかりか、その後グアダルに新しい港湾の建設を援助している。カラチもグアダルもインド洋に面した港であり、特にグアダルからペルシャ湾は指呼《しこ》の距離である。中国はイランと友好関係にある。カラコルム・ハイウェイは中国からインド洋、ペルシャ湾への最短距離である。

またカラチからインド洋を越えればアフリカである。中国からアフリカはそれほど遠くない。

中国が南西アジアへの道を確保してから四十年余を経た現在、中国はインド洋、中東、アフリカに積極的に進出している。その現実を見るにつけ、当時から毛沢東の中国が、パキスタンからイラン、中東、さらにはアフリカを目指す世界戦略を念頭に置いていたことが分かる。

エジプト経由でイラン、イラクへの兵器の移転

中国のアフリカ進出の足掛かりはエジプトへの接近から始まった。早くも一九五五年にエジプトとの間に貿易協定、文化協定に調印している。それを皮切りに、アラブ諸国に接近し、次いでアフリカに浸透していった。中国とエジプトとの関係で書いておきたい問題は、中国の兵器改造でエジプトが果たした役割、および中国がイラン・イラク戦争で兵器を売却した際エジプトが果たした仲介である。

中国は自国の兵器生産を行う場合、米ソとの間の技術上の大きな格差を乗り越えることが課題だった。この課題に対して、中国はエジプト、パキスタン、さらにはイスラエルなどを通して、欧米諸国の進んだ軍事技術を取り入れて、自国製兵器の性能の向上を図ってきた。

エジプトは一九七〇年代中葉にソ連との関係が悪化して以後、ソ連から供与を受けたＭＩＧ21／23を中国に提供した。中国はそれをデッドコピー（まるごとのコピー）してＦ７／８を開発したとされている。またソ連製戦車Ｔ72を中国に提供し、中国はそれにより新型戦車を開発したといわれている。

また中国にとってエジプトは当時中東諸国への兵器輸出のための重要な拠点であった。前にも触れたが、一九八〇年代のイラン・イラク戦争で、中国はイランとイラクの両国に兵器を供与する「死の商人」の役割を果たした。それらの兵器はエジプトを経由して輸出されたといわれている。またエジプトで組み立てられた中国製ジェット戦闘機が輸出されたといわれている。

兵器移転のなかで注目される動きは、イスラエルからの兵器移転であった。イスラエルは一九六七年、七三年、八二年（レバノン侵攻）の三回にわたる中東戦争で鹵獲《ろかく》した多数のソ連製兵器を改良していた。中国はそれに注目して、イスラエルに国産戦車の改良を依頼した。一説では、九〇〇〇輛の戦車を改良したというから、中国陸軍部隊が保有する戦車のほとんどが改良されたことになる。八四年十月の国慶節に建国三十五周年を記念して、五九年の建国十周年以来二十五年ぶりに、北京の天安門広場で挙行された軍事パレードで展示された戦車のなかに、英国の戦車の大砲を搭載し、西ドイツの戦車のサイドスカート（履帯）を装備した戦車があった。さらに砲安定装置、赤外線暗視装置を装備している戦車もあった。これらの装置は六〇年代から七〇年代にかけて、米国とＮＡＴＯ諸国および日本の戦車に装備されたものであり、イスラエルの協力によるものと推定された。

早く、かつ急速だったアフリカへの進出

意外に見落とされているが、中国のアフリカへの進出は、「中国の脅威」を間近に受けるアジアの近隣諸国よりも、早く、かつ急速であった。

一九六四年に毛沢東は「中間地帯論」といわれる対外戦略を展開した。この戦略は建国以前の四六年に米国の女性ジャーナリスト、アナ・ルイズ・ストロングとの対談で提示されたものだが、六〇年代に再提起され、一般に知られるようになった。その考えを以下に略述する。

米国を先頭とする帝国主義陣営とソ連を先頭とする社会主義陣営の間に、アジア、アフリカ、ラテン・アメリカからなる広大な地域、すなわち「中間地帯」が広がっている。「中間地帯」に属する国々は、それまで主として西欧の植民地支配下にあった国であり、第二次大戦を契機にそれらの植民地宗主国から独立し、あるいは独立を目指して闘争中であり、それらの国を米国とソ連が奪い合っている。

毛沢東は「中間地帯論」のなかで、中国が米国ともソ連とも異なり、ヨーロッパの

植民地であったアフリカと同じ立場に立っていることを示して、その争奪に積極的に参入した。そして毛沢東は、アフリカ諸国の信任を獲得するために、中国とアフリカ諸国との共通性を強調した。第一に、中国はアフリカ諸国と同じように、ヨーロッパ諸国の半植民地であった。第二に、有色民族として、中国とアフリカは互いに優越感を抱かない。第三に、米国帝国主義とソ連修正主義に反対する国際的な統一戦線を組織する。そして自らの革命の経験から、民族独立の手段としての武装闘争の重要性を強く説いた。

いい換えるならば、毛沢東は、白人の植民地政策の被害者であるところに共通の接点を求め、そこからアフリカ諸国民に親近感を持たせ、彼らに「米帝国主義」の本質を示し、中国の革命経験から武装闘争と「自力更生」を理解させようとした。

中国にとって重要な一九六〇年の「アフリカの年」

中国は一九五八年にアフリカのアルジェリア、ギニアと国家関係を締結しているが、六〇年代に入ると積極的にアフリカに進出して、アフリカに重要な拠点をつくることになった。

一九六〇年は「アフリカの年」といわれ、ヨーロッパの植民地であったアフリカが、次々と独立して国家を形成していくことになる重要な年であった。国連総会で植民地独立宣言が可決され、この年だけで十九カ国が独立した。そのなかで中国が承認したアフリカの独立国は十六カ国で、ベルギー領コンゴ（旧ザイール、現コンゴ民主共和国）、チャド、ダホメー（現ベナン）、ガーナ、セネガル、マリ、中央アフリカ、ニジェール、ナイジェリア、ソマリアの十カ国が中国と国家関係を締結した。残る六カ国は中国を承認せず、台湾の中華民国との国家関係を選択した。

当時中国は「大躍進」「人民公社」により自国の経済事情が悪化していたにもかかわらず、大量の資金、物資、技術などさまざまな援助をアフリカ諸国に提供した。一九六三年十二月から六四年三月まで周恩来首相と陳毅《ちんき》外相以下五十余人からなる大規模な政府代表団が、二カ月にわたってアフリカ、ヨーロッパ、アジアの十四カ国を歴訪したが、アフリカの訪問国はエジプト、アルジェリア、モロッコ、チュニジア、ガーナ、マリ、ギニア、スーダン、エチオピア、ソマリアの十カ国であった。訪問団は各国の指導者と会談したばかりか、額は多くないが、経済援助を供与した。

このアフリカ訪問のなかで注目されたのは、米国の警告を無視して、エチオピアのセラシエ大統領が周恩来首相と会見したことである。エチオピアが中国を承認したのは、一九七〇年であったが、六〇年代を通して、エチオピアは国連総会で「台湾を追放し、中国に議席を与える」議案に賛成票を投じた。

こうしたアフリカへの働きかけは、一九七一年十月の中国の国連加盟となって結実した。

この時中国を代表する国家として、台湾の中華民国ではなく、北京の中華人民共和国に投票した国は、百カ国、そのうち四分の一の二十五カ国は、一九六〇年代に次々と独立したアフリカの新興諸国であった。それは毛沢東の働きかけによるものであった。六〇年代の中国は、「大躍進」「人民公社」が失敗して政治の混乱と経済の後退で深刻な事態にあった時期に当たるが、それにもかかわらず、アフリカに着実に浸透していったことは注目に値する。

ちなみに、この一九六〇年代は、中国が原水爆およびその運搬手段である弾道ミサイルの開発に専念していた時期である。六〇年代の中国は、「不毛の十年」であり、そのために中国の発展は二十年から三十年遅れたといわれている。だが、核ミサイル開発と国連加盟によって、中国は今日見るような「世界の大国」に成長することになったのであるから、決して「不毛の十年」ではなく、「実りある十年」であったと著者は評価している。

二〇〇一年にようやくアフリカ歴訪を果たした日本の首相

中国のアフリカ支援を考える上で、一九七〇年に着工し七五年に完成したタンザン鉄道は、大変参考になる。当時著者は、『文藝春秋』（七二年十月号）に掲載された小松左京の見聞記「幸福な過疎国家・タンザニア」を興味深く読んだ。以下はその概略である。

タンザニアの首都（当時）ダルエスサラームからザンビアの首都ルサカを結ぶ一九〇〇キロメートルの鉄道建設に、中国は四億ドルの資金を提供した。建設後十年据え置き、その後も三十年賦で無利子返済という国際常識からいって破格の条件であった。「これは非搾取の友好的国際連帯に基づく人民経済外交」と、中国ばかりか、わが国の新聞でも報じられた。

だが、その実態は、四億ドルの資金の半分は、中国から建設資材、鉄道材料などの現物供与であり、残りの半分は、「ローカル・コスト・ファクター」として、中国からタンザニアに雑貨その他の製品を無償輸出し、それをタンザニアで売りさばいて、その売り上げで中国人労働者の賃金、生活費その他をまかなうというものであった。建設期間の四年間に、毎年六〇〇〇万ドルの物資を中国から輸入するが、その半分をタンザニアが負担し、その金額はタンザニアの年間輸入額の七分の一に相当した。しかも、中国製品は低価格でも、粗悪で、デザインもタンザニアの国内需要に沿わない製品が多かった。他方、中国人労働者は三万人に増加し、彼らの衣食住をまかなうだけでも大変であった。さらに、中国人労働者は集団生活をしているため、支給される賃金は地元での消費に回されない。「鉄道ブーム」は起きず、景気はよくならなかったという。さらに対中赤字が増大したため、タンザニアは最大の輸出製品である綿花を中国に輸出するはめになり、タンザニアの外貨獲得源がなくなってしまったという。

近年、中国のアフリカ進出がわが国でも報道される機会が増えているが、その内容はこの見聞記と似たようなもので、中国資本がアフリカに積極的に進出し、各地で散々に迷惑をかけ、現地住民の激しい反発を買っているといった内容である。中国の海外進出にはそうした負の側面が必ずつきまとう。だが、いくらその非を鳴らしたところで、中国とアフリカ諸国の関係は変わらない。その点にこそ注目する必要があろう。

例えば、中国とアフリカとの関係は、中国が経済発展を続けるために「資源外交」に血道をあげるようになったと最近の話のように説明されているが、そうではなく、一九六〇年代から小規模とはいえ経済援助や兵器移転を通じて密接に関わってきた。日本がアフリカに全くといっていいほど関心がなく、経済援助をしていなかった時代から、また日本の経済援助を受けるようになってからも、中国は資金や兵器をアフリカ諸国に供与し続けているのである。それから四十余年を経た二〇〇五年、国連の安全保障理事会常任理事国の拡大を議論する国連総会で、中国はアフリカの力（票）に依拠して、日本の常任理事国入りを阻止した。その事実をよく考える必要がある。

「アフリカの年」といわれた一九六〇年に、わが国では、「ダッコちゃん」といわれる黒いビニール製の人形が流行した。ある程度の年配の読者なら記憶にあるだろうが、空気で膨らます人形で、両手足が輪状になっていて、両手を広げて人間の腕に抱きつくようにぶら下がるようにできていた。日本でビニール製品が出始めた頃でもあった。ナイロンの靴下が普及し始めた頃でもある。若い女や中年の女が、腕にぶら下げて街を闊歩していた。テレビが普及し始めた頃でもあり、たちまち大ヒット商品となり、ニセモノまで出回った。

著者の記憶にあるところでは、わが国の「アフリカの年」に対する関心は「ダッコちゃん」であった。正直にいえば、当時の著者のアフリカに対する関心も、五十歩百歩であった。隣国でありながら、日本と中国のアフリカに対する関心の違いがよく出ている一つ一つのエピソードである。

もう一つ著者のアフリカに対する無関心を示す事例をあげる。著者は一九六〇年四月から大学院で現代中国の研究を始めた。その時から六〇年代を通して、毎年十月の中国の建国記念日である国慶節、七月一日の中国共産党の創立記念日などでは、北京の天安門広場で記念の大集会が挙行され、大規模な大衆のデモ行進が行われた。この時天安門の楼上に、毛沢東以下の中国の指導者が並んで観閲するのだが、そのなかに外国からの賓客も参加した。その写真を見て、著者は「外国の賓客といっても、黒人ばかりではないか、先進国の代表はいない。これはナンだ」との感想を抱いたことを今でもはっきり覚えている。だが、その黒人たちの国が国連での中国代表権問題で、蔣介石の中国ではなく、毛沢東の中国に票を入れたのである。

このような日本のアフリカへの関心の薄さは、これ以降も続く。周恩来首相と陳毅外相らの大代表団がアフリカ十カ国を歴訪したのは、先に触れたように、一九六三年末から六四年二月にかけてであったが、日本の外相の初めてのアフリカ歴訪は七四年、現職首相においては、なんと二〇〇一年の森喜朗首相が初めてであった。日本とアフリカの関係は、中国のそれとは密度においても、大きさにおいても敵《かな》うものではない。

兵器を売って大量の石油を買う中国

特に、中国のアフリカ諸国への兵器移転には目を見張るものがある。その対象は政府もあれば、革命勢力・反政府勢力もあり、千差万別、現地の事情に応じた柔軟なものであった。援助した国家はタンザニア、コンゴ共和国、スーダン、ソマリア、ザイール（現コンゴ民主共和国）、ギニア、カメルーン等、国家ではなく革命勢力・反政府勢力には、アルジェリア民族解放戦線、モザンビーク解放戦線、ジンバブエ・アフリカ民族同盟、アンゴラ解放民族戦線（ＦＮＬＡ）、アンゴラ全面独立民族同盟（ＵＮＩＴＡ）等である。

供与した兵器では、一九六〇年代、七〇年代、八〇年代には、自動小銃、迫撃砲、

図4-11　中国への主要原油供給国

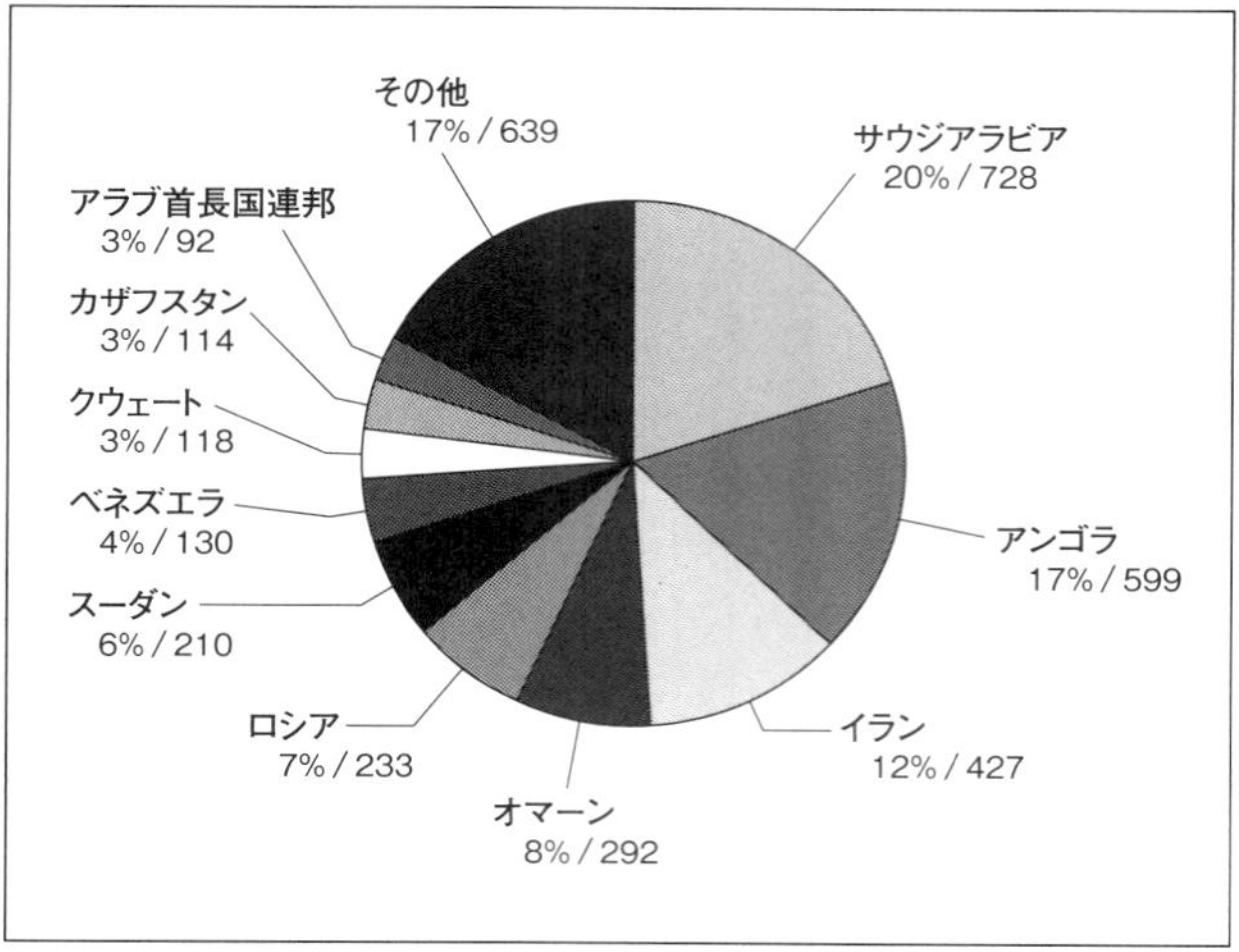

（単位：1000バレル／日；小数点以下切り捨て）
出典：2010年「中国の軍事力と安全保障に関する年次報告」を基に作成

ロケット砲などのゲリラ戦争向けの火器が主体であったが、その後は、戦闘機、輸送機、戦車、装甲兵員輸送車、多連装ロケット砲、各種戦術ミサイル、快速ミサイル艇と対艦ミサイルなどの近代兵器が、アンゴラ、スーダン、ナイジェリア、コンゴ共和国、モーリタニア、アルジェリア、ジンバブエなど多数の国に輸出されている。なかでもジンバブエは全面的に中国製兵器に換装している。

中国はこうした兵器を売却して、その代金で、大量の石油を輸入している。一九八〇年代のイラン・イラク戦争では、中国は両戦争当事国に同じ兵器を売却し、その見返りに石油を輸入するという「死の商人」の役割を果たしたが、その後はアフリカ諸国に注目して、「死の商人」になっている。この数十年来の中国の経済成長、軍事力の急速な発展の背後には、中東からアフリカへと発展している中国と、これらの地域の軍事力の発展が結び付いている。

二〇〇八年における中国の石油輸入相手国と輸入量を示す数字と割合を円グラフで示した（図4－11）。この円グラフから、中国が輸入先を中東だけでなく、アフリカ、ロシア、中央アジアなどに分散して一国、一地域への依存の危険を避けていることが分かる。

さらに中国はアフリカで、石油ばかりでなく、南アフリカのマンガン、クロム、プラチナ、ザンビアの銅、アンゴラのダイヤモンドなど、兵器生産をはじめとする先端工業に必要な希少金属や鉱物資源を手に入れている。

領土拡張を正当化する「戦略的辺疆」論とは

「アジアの大国」であった中国が、核戦力を中心として宇宙と海洋へと発展し、「世界帝国」へと変貌し、その活動範囲と影響力が拡大するなかで、中国が領域と主張し、守ると主張する範囲も拡大の一途を辿っている。その立場を正当化して理論付けた

「戦略的辺疆」という概念がある。これは「百万人の兵員削減」による中国軍の再編が進行していた一九八五年から八七年初頭にかけて、中国軍内部で「国防発展戦略」と呼ばれる重要な戦略論議が闘わされるなかで提起された。この「戦略的辺疆」という概念は「なぜ中国は膨張をやめられないのか」―「なぜ中国は軍備増強を続けるのか」―という疑問に答えるものでもあろう。

以下は、徐光裕「合理的な三次元戦略的辺疆―国防発展戦略の九」(『解放軍報』一九八七年四月三日付)、蔡小洪、王蘇浪、王東、秦朝英「戦略競争はすでに外層空間と海洋に延伸している―国防発展戦略の八」(同一九八七年一月二日付)による。

「戦略的辺疆」とは「地理的境界(国境)」に対して提起された概念である。「地理的境界」が「領土・領海・領空の範囲の限界」であるのに対して、「戦略的辺疆」は「国家の軍事力が実際に支配している国家利益と関係ある地理的範囲の限界」と定義されている。両者の相違は、「地理的境界」が「国際的に承認された」「相対的に安定性と確実性を持っている」のに対して、「戦略的辺疆」は「領土・領海・領空に制約されず、総合的国力の変化に伴って変化し、相対的に不安定性と不確実性を持っている」ところに求められる。具体的に述べるならば、「戦略的辺疆」は「総合国力の増減に従って伸縮する」ものであり、国家の「戦略的辺疆」が長期間「地理的境界」よりも小さく、両者を一致させる力がない時には、「地理的境界」は「戦略的辺疆」まで後退し、領土の一部を失ってしまう。これとは反対に、「地理的境界」から外に出て「戦略的辺疆」を長期間有効に支配すれば、「地理的境界」を拡大することができる。それゆえ「戦略的辺疆」は「国家と民族の生存空間を決定付ける」。

ここで述べられている考え方は、「中華帝国」「中華思想」の現代版である。通常は現実の領土・領海・領空が自国の領域となるが、中国にとってはそれらを超えて「ここはオレのものだ」と頭のなかで考え、主張する範囲（戦略的辺疆）が「中国のもの」ということになる。むろん、それは現実の世界においても実現していくことになる。この章で見てきたように、中国は建国後間もない一九五一年九月、南シナ海の南沙諸島、西沙諸島など四つの諸島に対する領有権を主張したが、現実にそれから二十数年を経た一九七四年一月、西沙諸島を押さえたのをはじめとして、八八年に南沙諸島、九五年にミスチーフ礁を押さえてしまった。

では、「戦略的辺疆」を拡大するには何が必要か。軍事力とその後ろ盾としての総合国力（経済・科学技術・政治・社会・文化・外交などからなる）である、と前記論文は明快に答えている。「総合国力が強大であって初めて、戦略的辺疆を地理的境界の外に推し進める能力を備えることができる。総合国力の基礎の上に築かれた戦略的辺疆こそ、有効で安定したものであり、総合国力と戦略的辺疆との間の共通性を強め、助け合って生成発展する良性循環を形成することができる」と。

米国やかつてのソ連のような「覇権主義国」は、空間技術で相手の国土とその戦略兵器システムを監視し、相手国の海域に接近し、さらに兵力を海外に駐留させて、戦闘の前線を本国から遠く離れた領土の外の戦場に移し、大戦略的辺疆の目標を実現することができる。しかし「中国は平和愛好国家である」から、「覇権主義国のように全地球的な戦略的辺疆を追求することはない」として、「地理的境界を認めることを基礎に、国際法で公認された原則に従って、わが国の宇宙空間、海上、陸地の合法的な戦略的辺疆を確立する」ことを主張するが、そのためには中国の軍事戦略にいくつかの変更が必要である。

まず「国門の概念」を「伝統的な地理的境界から戦略的辺疆まで外に押し出さなければならない」として、これまで十二海里の領海をもって「敵を防ぐ国門」と定めていたが、これからは「国家が直面している現実的脅威と潜在的脅威、ならびに世界の海洋と宇宙空間の発展の新しい情勢に基づいて、われわれは国門を海上三〇〇万平方キロメートルの海洋管轄区域の際まで外に拡大し、陸地では地理的境界と一致させ、宇宙空間では高度境界へ進入してこそ、必要な総合的空間を獲得し、国家の安全と発展を保障できる」と強調する。

ここでいわれている「三〇〇万平方キロメートルの海洋管轄区域」とは、中国大陸周辺の海域、すなわち黄海、東シナ海、南シナ海を指す。中国の陸地国土面積は約九六〇万平方キロメートルで世界第三位と大きいが、海岸線が陸地国土の割合には長くないため、排他的経済水域は約九六万平方キロメートル、世界第二十二位である。それゆえ中国はその三倍の海域を「中国の海」として主張していることになるが、そのような主張の根底には、中国大陸周辺海域は古来、「中国の海」であるという伝統的な「中華世界」の考え方がある。そしてこれらの「中国の海」は、アヘン戦争を契機として当時の中国（清朝）が海軍力を重視しなかったところから、欧米・日本の帝国主義列強によって奪われたとして、海軍力によってこれらの「中国の海」を「取り戻す」ことが、現在中国海軍に課せられた任務であるとする。

こうした考え方は、鄧小平政権が固まり、「改革・開放」路線が進展するとともに、海軍関係者の発言や重要文献のなかで公然と主張されるようになったが、現実に中国は黄海、南シナ海、東シナ海という周辺海域に進出し、それらの海を支配下に置きつつある。「戦略的辺疆」には台湾とわが国の南西諸島も含まれ、「戦略区」の重要な対象となっている。もともと中国語にはヨーロッパ的な意味の国境概念はないと先に書いたが、「戦略的辺疆」は今もなお中国に国境の概念がないことを示している。中国の国境に対する考え方は、普通の国とは全く異なる。中国は米国の軍事力と近代国際法によって維持されてきた既存の国際秩序に挑戦している。「戦略的辺疆」は中華思想の現代版であると同時に、その挑戦を支える原理である。

第5章　中国はどこまで膨張するのか

1　東シナ海をわが物顔で徘徊する中国海軍

日本の裏庭・東シナ海は中国の西太平洋への玄関口

東シナ海は太平洋西北部に位置しており、北はわが国と韓国の間の対馬海峡を通じて日本海と接し、南はわが国の南西諸島を挟んで太平洋に接している。南西に台湾があり、台湾海峡を通じて、南シナ海と結ばれている。西は黄海に接している。海底はほとんどが中国大陸から続く大陸棚で、水深は二〇〇メートル以下で浅いが、東南部では、南西諸島との間に細長く弓なりに沖縄トラフがあり、水深は約二〇〇〇メートルと深くなっている。海流は黒潮およびその分流の対馬海流が流れている。

地図を広げてみれば分かるように、わが国にとっては東シナ海は「裏庭」であるが、中国にとっては「表玄関」である。中国が太平洋に出て行くには東シナ海から沖縄本島と宮古島の間の海域（この海域の固有名詞はないので、以下、「沖縄・宮古海域」と呼ぶ）を通らなければならない。一方、南シナ海からインド洋に出るにも、中国東部からは、東シナ海から台湾海峡を通らなければならない。中国は鄧小平の「改革・開放」以来、海洋を越えて世界へと発展することを目指しているが、それに当たって東シナ海は重要な位置を占めている。

図5-1　東シナ海要図

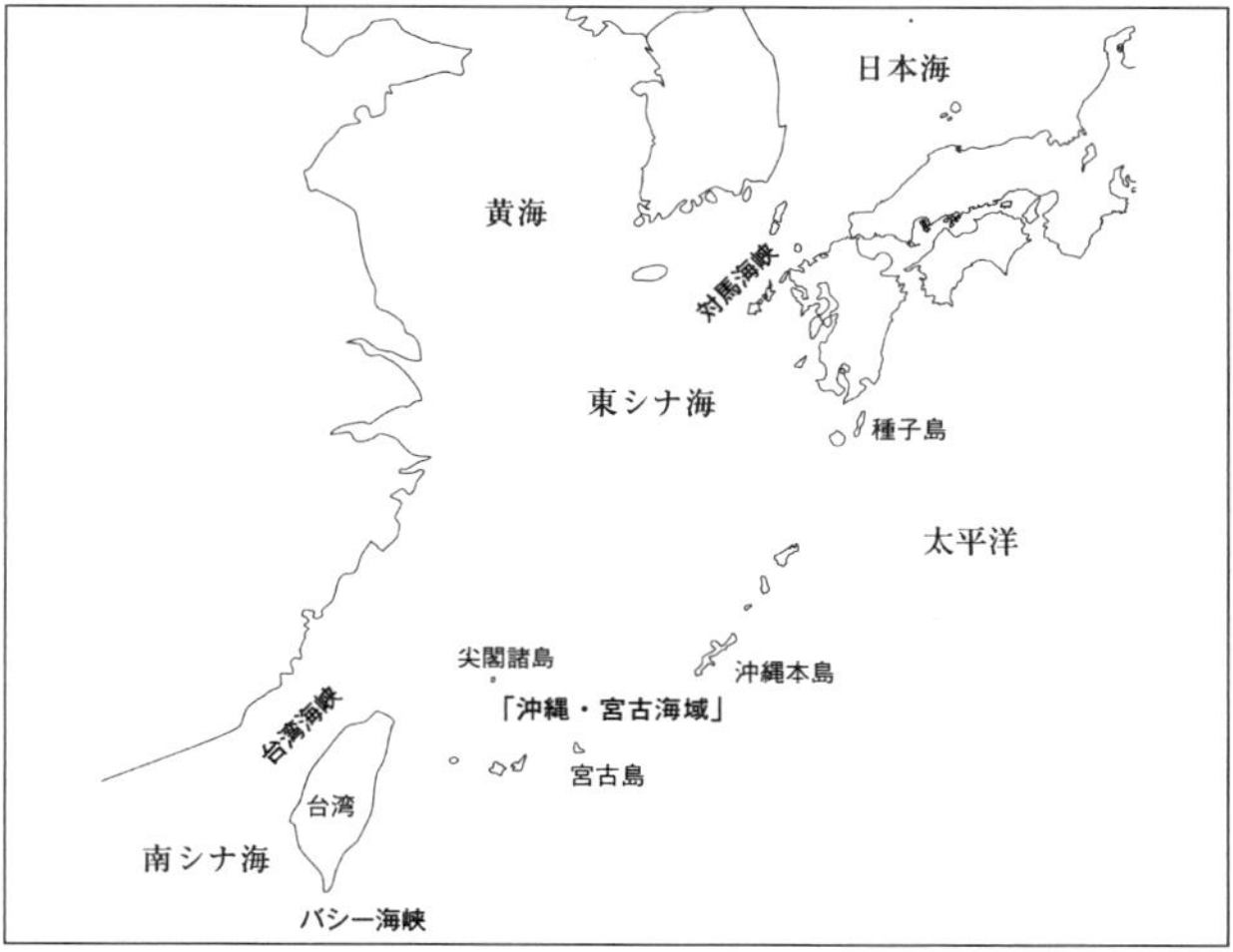

中国は一九七〇年代から東シナ海大陸棚の石油資源探査を始め、八〇年代を通して「日中中間線」に近い中国側大陸棚で試掘を進め、九〇年代以降は採掘を進めた。さらに九〇年代半ばから後半にかけて、中国の海洋調査船が日中中間線を越えて日本側の海域に進出し、違法な海洋調査活動を繰り返すようになった。だが、日本政府は抗議するだけで、何ら有効な対抗手段をとらなかったため、中国は二〇〇〇年代に入ると日中中間線付近の海域に採掘・処理施設を設置し、今では中間線付近の海域に中国の採掘施設が林立しようとしている。いわゆるガス田である。

こうして石油資源開発を通じて中国の影響力が高まるにつれて、東シナ海は無法状態となり、今や中国の海洋調査船ばかりか、中国海軍の艦艇・潜水艦がわが物顔で徘徊するようになった。中国海軍は東シナ海で毎月のように訓練・演習を行っており、潜水艦が東シナ海から沖縄近海を通過して西太平洋に出たという情報もしばしば報道されている。こうしたことから、米海軍の空母機動部隊も平時はともかく、有事を想定した訓練・演習では、東シナ海に入るのに慎重にならざるを得ないようである。東シナ海は「中国の海」となりつつある。

ちなみに、東シナ海における中国の影響力が強まると、朝鮮半島に対する圧力も強まる。黄海は奥が行き止まりになっており、外海とは東シナ海と接しているだけである。もし中国が東シナ海を押さえてしまうと、黄海は出入口を失い、自ずから「中国の内海」となる。黄海が「中国の内海」となると、黄海に面する朝鮮半島は中国の強い影響力を受けざるを得ない。

すでに南シナ海を押さえている中国は、東シナ海を押さえてわが国や周辺国に影響力を及ぼしながら、西太平洋に進出し始め、悲願の「台湾統一」と米国との対決に備え、着々と歩を進めている。

突然、東シナ海の権益を主張し始めた中国

この東シナ海において、一九七〇年以来、日本、中国、台湾の三国の間で尖閣諸島の領有権問題が、日本、中国、台湾、韓国の間で、石油ガス田に絡んだ経済水域と大陸棚の設定をめぐる争いが起こっている。

尖閣諸島は東シナ海の南西に位置し、わが国の南西諸島の一つの島嶼群である先島諸島に属する。行政上は石垣島に所属する。五つの島と三つの岩礁からなっている。主島の魚釣島《うおつり》は、東西三・五キロメートル、面積三・六平方キロメートル、富士五湖の山中湖を一回り小さくした大きさで、形もよく似ている。全島が岩山で、名前の通り、海から見ると、標高三六三メートルの山頂が鋭角に尖《とが》っている。他の四つの島はどれも数百平方メートルの小さな島である。

このように地図の上で点のようにしか記載されておらず、地図によっては記載すらされていない島が、日本と中国との間の「紛争」となった契機は、東シナ海の海底の大陸棚に石油資源が埋蔵されている可能性があることが分かったことにある。

一九七三年から国連で「海洋法条約」の審議が始まったが、それは陸上の資源を開発して利用する時代から、海洋の資源を開発して利用する時代の始まりであった。そのために世界の海で、海洋調査が実施された。東シナ海でも、国連アジア極東経済委員会（ＥＣＡＦＥ《エカフエ》、現ＥＳＣＡＰ《エスキャップ》）による調査が六八年に実施された。結果は翌六九年に発表され、東シナ海の大陸棚に「中東に匹敵する石油資源が埋蔵されている可能

図5-2　尖閣諸島位置図

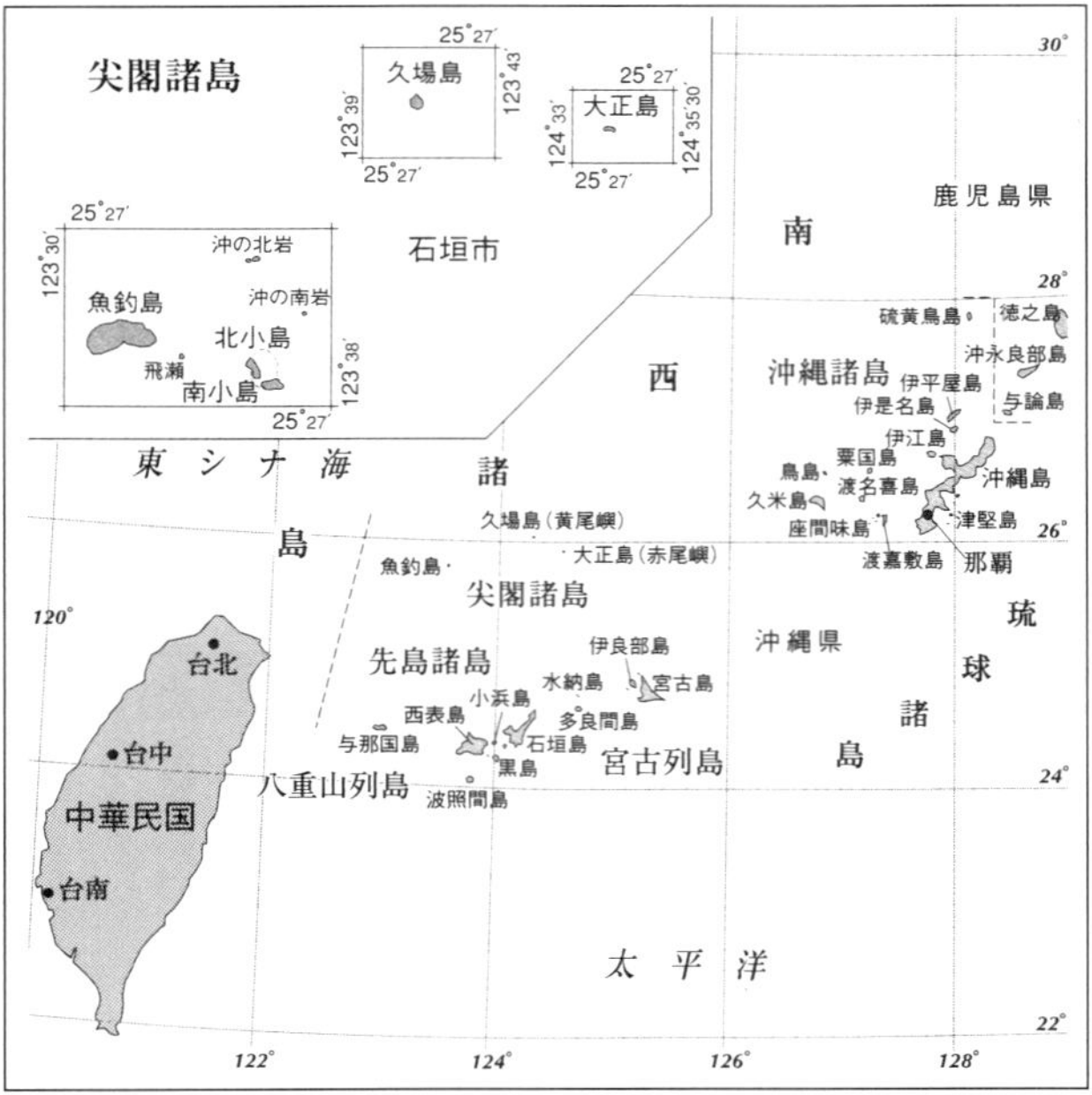

出典：外務省情報文化局『尖閣諸島について』（1972年）

性がある。特に尖閣諸島海域が最も有望である」と報じられた。

日本の企業四社が石油開発のための鉱区を設定したが、台湾と韓国も鉱区を設定して鉱区が重なったので、領有権問題を切り離して三国で共同開発する計画が進んでいた。ところが、一九七〇年十二月三十日、突然、中国が尖閣諸島は中国の領土であると主張。『人民日報』評論員論文では、東シナ海の石油資源は中国の資源であると主張し、特に日本に対して、「また中国大陸の資源を略奪するのか。それは日本軍国主義ではないのか」と非難・攻撃した。翌七一年十二月、中国は外交部声明を発し、初めて公式に尖閣諸島の領有権を主張し、やはり強く非難・攻撃した。こうした非難・攻撃で、やむなく日台韓三国による共同開発計画は中止され、以後三国は東シナ海の石油資源開発に関わることが難しくなってしまった。

尖閣諸島は明治初頭以来日本の領土である

歴史をふりかえると、日本政府が、「尖閣諸島はわが国の領土である」と宣言したのは明治二十八年（一八九五年）一月である。だが、それ以前の明治初頭から先島諸島および沖縄本島の漁民たちが漁場を求めて、尖閣諸島海域に出漁していた。尖閣諸島のすぐ南に「沖縄トラフ」と呼ばれる海溝があるが、この海溝で太平洋の波が大陸棚にぶつかる関係で、尖閣諸島周辺の海域は豊かな漁場となっていた。そこで明治初年から、先島諸島の漁民が小さな刳《く》り舟や伝馬船に乗って漁をした。やがて沖縄本島糸満《いとまん》の漁師がやってきて、尖閣諸島を拠点として活動した。こうした活動のなかから、尖閣諸島領有の動きが出てきた。

明治十八年、沖縄県は「沖縄県と清国福州との間に散在する」無人島（尖閣諸島）を調査した。その結果清国帰属の証拠は少しも見当たらず、「無主地」であることから、国標建設（領土編入）を要望する上申書が沖縄県から内務省に提出された。しかし、井上馨外務卿（外務大臣）が反対した。その後も沖縄県から二回にわたって領土編入の上申書が提出されたが、明治政府は放置した。だが日清戦争の勝利が確実となった明治二十八年一月、突然尖閣諸島に標識建設は差し支えないとの閣議決定が下された。明治政府は中国（清国）の対応を恐れていたのである。このように尖閣諸島が日本の領土となった背景には、先島諸島と沖縄本島の漁民の活動があった。

翌明治二十九年、石垣島の古賀辰四郎氏が、大正島を除く、魚釣島、久場《くば》島、南小島、北小島の四島を日本政府から三十年の期間無料で借り、魚釣島と南小島で夜光貝やアホウドリの羽毛の採取を生業とした。辰四郎氏の死後、子息が鰹節《かつおぶし》工場も経営し、最盛期には漁師八十人、海鳥の剝製《はくせい》作り職人七十〜八十人が住んでいた。昭和七年（一九三二年）に払い下げを申請し古賀氏の私有地となった。昭和十五年、ヨーロッパ大陸、中国大陸での戦争が激しくなり、石油需給の逼迫《ひっぱく》により渡航困難となったため、古賀氏は引き揚げ、無人島となった。だが、所有権はそのまま古賀氏にあり、戦後も毎年石垣市に固定資産税を納めてきた。昭和五十三年に古賀氏が死去し、その後久場島を除く三島の所有権は埼玉県在住の日本人が取得し現在も有しているが、日本政府が借り上げ、管理している。

＊文庫版注記 本書単行本刊行後の二〇一二年九月十一日、日本政府は尖閣諸島の魚釣島、北小島、南小島の三島を、この埼玉県在住の日本人から購入し、国有化した。

尖閣諸島に何の足跡も残していない中国

他方、中国は尖閣諸島に何の足跡も残していない。明治二十八年に日本領土となって以来七十六年間異議を唱えたこともなかった。ところが前述のように、一九七〇年十二月、突然尖閣諸島の領有権を主張するようになった。そのきっかけは東シナ海大陸棚の石油資源であった。

ここで指摘しておきたい点は、中国の関心が、単に尖閣諸島だけでなく、東シナ海の海域全域にあることである。その後何回も尖閣諸島をめぐって摩擦が生じているが、わが国では、政府ばかりかマスコミの報道も含めて、尖閣諸島にのみ関心が向けられているのに対して、中国はつねに東シナ海全体を対象として発言し行動している。

その後も、中国は尖閣諸島の領有に向けて、巧妙かつ地道な手段をとってきた。一九七二年九月三十日、日本と中国は国家関係を樹立したが、その際、当時の田中角栄首相は中国に対して、尖閣諸島の領有権を明確にしたいと提案した。ところが、周恩来首相が「ここで議論するのはやめよう」と要請し、立ち消えとなった。

それから五年以上を経た一九七八年四月十二日、突然百数十隻の中国籍武装漁船が尖閣諸島のわが国領海を侵犯し、「尖閣諸島は中国の領土である」との意思表示を行い、日本政府の抗議を無視して領海内に停泊する事件が起きた。周恩来首相の約束を無視して、なぜそのような事件を起こしたのか、理由は分からないが、ちょうどこの頃、日中平和友好条約の締結交渉が進展していた。同月十五日、耿飈副首相が「偶発的な出来事である」と説明し、翌日漁船は引き揚げた。次いで同年八月、日中平和友好条約締結のために中国を訪問した園田外相に、鄧小平は「このような事件を二度と起こさない」と約束し、「領有権の棚上げ」を提案した。さらに鄧小平は同年十月、同条約の批准書交換のために来日した際、日本記者クラブでも、「領有権の棚上げ」を再度提案した。

しかしながら、「領有権の棚上げ」とは当時の中国にとって適切な時期でないとの判断でなされたことであって、中国が有利と判断した時にいつでも「棚から下ろされる」ことを意味する。要するに、それまでの時間稼ぎであった。

果たして、それから十四年後の一九九二年二月、中国は「中華人民共和国領海法および接続水域法」（以下、領海法と略す）を制定し、そのなかに尖閣諸島を「中国の領土」と規定した。このような重大な問題に対して日本政府は、在北京大使館を通して口頭で抗議し「是正」を要求しただけであった。著者の知る限り、文書で該当する条項の削除を要求することはなかったようである。これに対して中国外交部は、「大量の歴史的事実」および国際法から見て、「釣魚島（中国での呼称）が中国の領土である」ことは、「非難されるべきことではない」と答えた。

それから間もなく江沢民主席は日中国交二十周年を記念して日本を訪問したが、訪日直前の記者会見で領海法と尖閣諸島の関係について質問され、臆面なく、「鄧小平同志の立場と主張は変わっていない」と説明した。そして東京での両国首脳の会談でも、問題解決に向けて、何の進展もなかった。日本側の遠慮した態度の背景には、年来の日本政府の対中軟弱外交に加えて、同年末に予定されていた天皇訪中に対する配慮があったと考えられる。

この領海法に関連して懸念される点は、この法律が中国の領海および接続水域（領海十二海里のすぐ外側の海域、海岸線から二十四海里まで）に許可なく侵入する外国の軍艦を排除し追跡する権限を、中国軍の艦艇と航空機に付与していることである。

それはつまり、将来尖閣諸島海域で中国の活動が積極化した時、わが国の海上保安庁の巡視船や航空機が「中国の領海を侵犯した」として排除されるばかりか、発砲される恐れがあることを意味する。

それより前の一九八九年に、日本青年社というわが国の民間団体が魚釣島に灯台を建設し、日本政府に対して、航路標識としての認可を申請した。灯台の認可により、尖閣諸島の領有権の国際的認可を意図したのであるが、中国政府が強く抗議し、台湾が強く反発したところから、日本政府は認可しなかった。同組織はその後も繰り返し認可を申請したが、日本政府は認可しなかった。次いで九六年に同じ日本青年社が尖閣諸島の北小島に灯台を建てた。台湾、香港、マカオの活動家たちが多数船に乗って尖閣諸島海域に押し寄せ、一部の者が魚釣島に上陸して、中華人民共和国と中華民国の国旗を掲げる事態が生じた。中国政府が激しく非難・攻撃したため、日本政府は灯台を認可しなかった。

これらの出来事に対する中国の反応・態度を見ると、中国は、尖閣諸島の問題で、必要以上に日本との関係を悪くすることを考えていないことが分かる。日本の実効支配を強化させることなく、後述するように、海洋調査船による海洋調査活動を通して、東シナ海に対する影響力を強化・拡大していくことを意図している。日本政府の対中弱腰は、これまでの何回かにわたる行動から十分に証明済みであり、強く押せば日本政府は折れると読んでの行動である。

日本と中国で異なる東シナ海大陸棚の解釈

日本との間で、尖閣諸島をめぐるこうした「紛争」が起きている一方で、中国は東シナ海大陸棚の石油資源開発を着実に進めた。すでに述べたように、この問題でも、日中間で諍《いさか》いが生じていたが、それは東シナ海の大陸棚および排他的経済水域、すなわち境界画定についての考え方の相違に原因があった。

本章冒頭で述べたように、東シナ海のわが国の南西諸島のすぐ西側（中国から見て南西諸島の手前側）に沿って、「沖縄トラフ」と呼ばれる細長い海溝がある（図5－3）。東シナ海の海底で石油ガス資源が埋蔵されている海域は、中国大陸から延びている大陸棚である。

東シナ海の大陸棚は、中国大陸から張り出して、わが国の南西諸島を越えたところで、太平洋の四〇〇〇～五〇〇〇メートルの深い海底（南西諸島海溝）に落ち込んでいる。わが国の南西諸島は中国大陸から延びている大陸棚の東端に位置する。そしてわが国の南西諸島の海岸線と中国大陸の海岸線から、それぞれ二百海里の線を引くと、海域の幅は四百海里に満たないために排他的経済水域が重なる。この重なり合う部分については日中間で境界を画定する必要がある。

図5-3　沖縄トラフ、中間線、ガス田

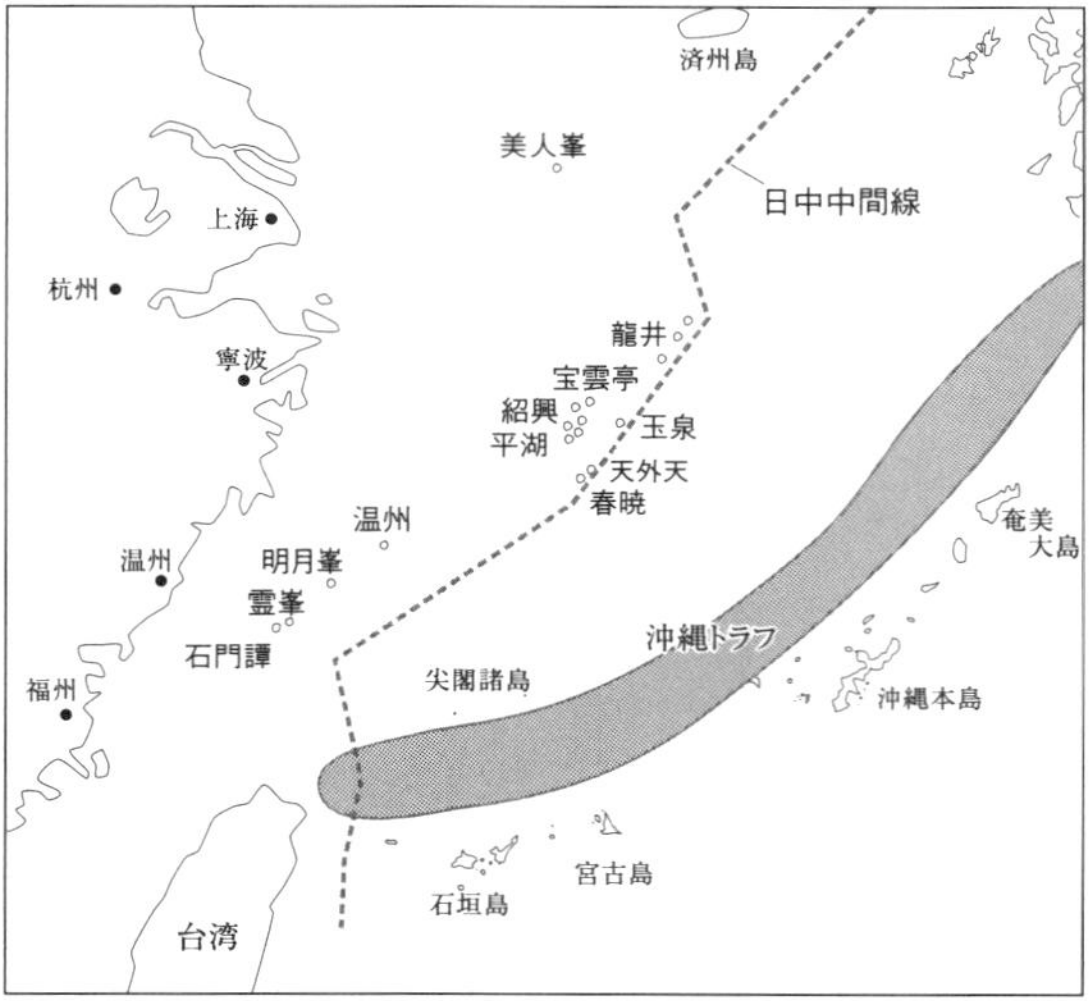

出典：平松茂雄『続中国の海洋戦略』(勁草書房、1997年)

図5-4　断面図

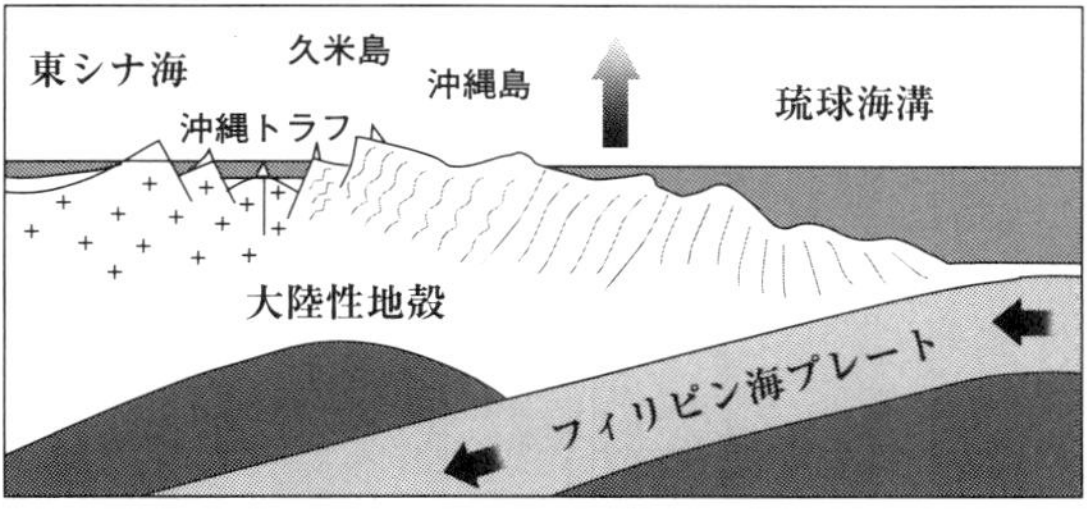

出典：同上、木村政昭琉球大学名誉教授作成

そこで重なり合った部分を真ん中で均等に二分する。これが「中間線」論の立場であり、日本政府の立場である。「日中中間線」はこの考え方に立って主張しているものので、日本政府の説明によると、境界が画定するまでの間はとりあえず中間線までの水域で主権的権利・管轄権を行使する。

これに対して、大陸棚が二百海里を超えて延びている場合には、二百海里＋百五十海里までをその国の大陸棚として認めるなどの立場がある。これを「大陸棚自然延長」論と呼び、中国は東シナ海でこの立場に立っている。

要するに、中国は東シナ海は「中国の海」として、東シナ海全域に対する主権的権利を主張している。すなわち東シナ海における日本の主権的権利は一切認めていない。日本の主張する「日中中間線」も認めたことがない。中国大陸から延びている東シナ海の大陸棚は、沖縄トラフで終わっていて、日本は東シナ海の大陸棚の上に位置していないから、日本には東シナ海の大陸棚および海域に対する権利はない。これが中国の主張である。

「中間線」論も「大陸棚自然延長」論も、どちらも国際法上認められているから、どちらの立場が正しいという結論は法的には出ない。国連海洋法条約は当事国同士の政治交渉による解決を謳っているが、日本政府は中国との摩擦を避けて政治交渉に積極的でなかった。その間、中国は東シナ海における石油開発を着々と進めた。

図5-5　平成8年（1996）中国海洋調査船調査海域図

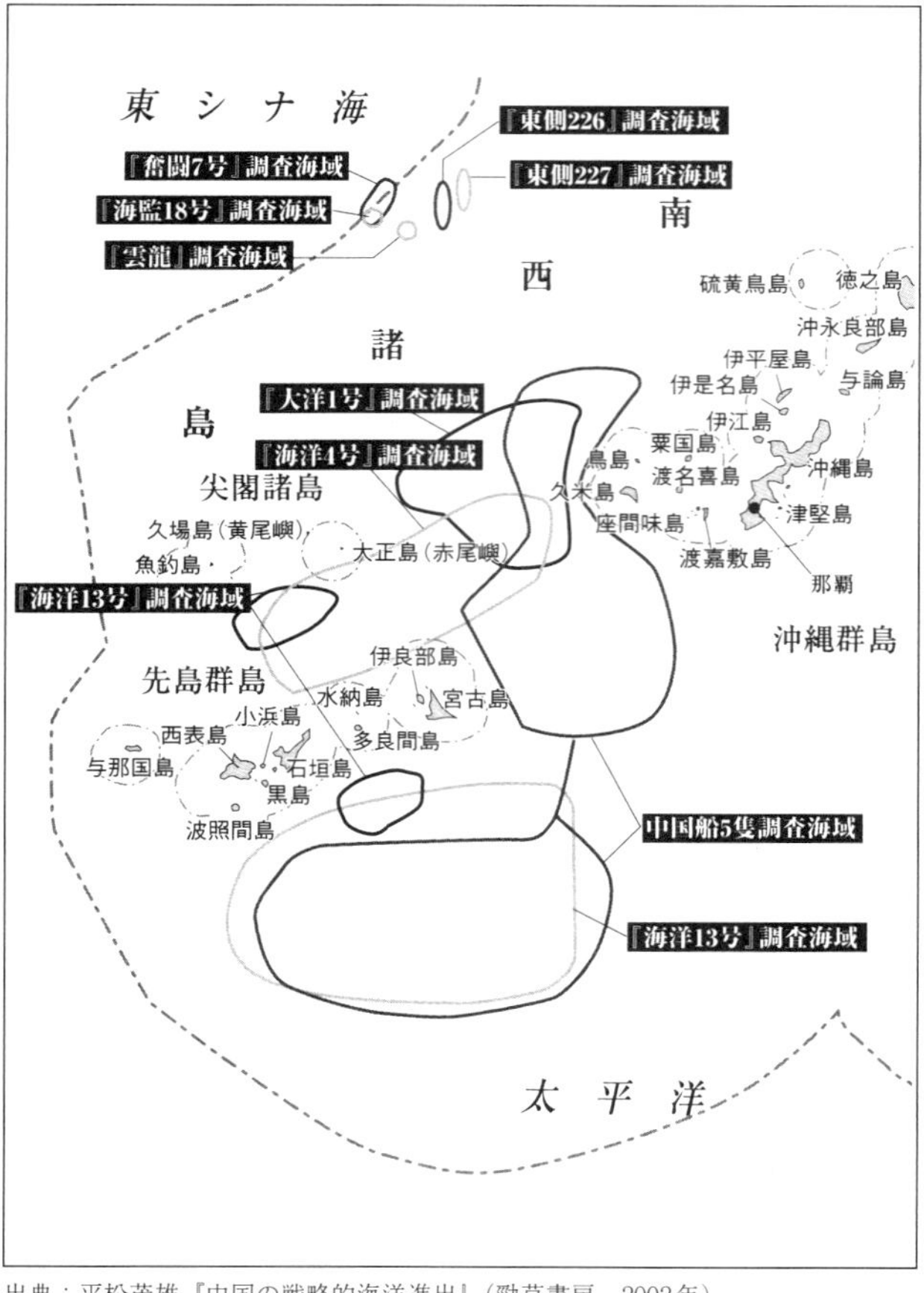

出典：平松茂雄『中国の戦略的海洋進出』（勁草書房、2002年）

進展するガス田の開発

中国は一九七〇年代に中国側海域の海洋調査を進め、八〇年代を通して、東シナ海の中国側の約二十カ所の海域で、石油ガス資源のボーリングを実施した。八〇年代の終わり頃から東シナ海のほぼ真ん中で、「日中中間線」より少し中国側の海域で石油施設が建設され、石油の採掘が始まった。「平湖石油ガス田」で、九〇年代末までに、採掘が開始された。

こうして中間線の中国側海域での石油開発が進展するとともに、一九九〇年代半ば以降、中国の海洋調査船が中間線を越えて、日本側海域で調査を行うようになった。特に九五年十二月には中間線から少し日本側に入った海域で試掘を始めた。海上保安庁の巡視船が「日本の排他的経済水域である」と何度も警告したが、中国側はその警告を無視して試掘を行い、翌九六年二月には、石油の自噴に成功して引き揚げた。以後、わが国が主権的権利を有する東シナ海の至る所に中国の海洋調査船が出没し、違法な海洋調査を行うなど、東シナ海は無法状態に陥った。

さらに、二〇〇〇年には信じ難い事態が起きた。河野洋平外相が中国政府に対して、日本周辺の海域で海洋調査を実施するには、事前に日本政府の許可を求め、許可を得てから実施して欲しいと提案し、中国政府との間に「事前通報制度」をつくったので

建設中の天外天石油施設（2006年6月産経新聞撮影）

ある。これにより中国はこの制度を十全に利用して、日本政府の「お墨付き」で東シナ海の日本側海域における調査を実施した。

実はこの海域では、わが国の石油企業四社が一九六〇年代末に鉱区開発のための先願権を獲得して調査を申請していたにもかかわらず、日本政府は四十年近くもの間放置したままであった。つまり、日本政府は自国の企業には許可を与えないのに、中国には許可を与えた。日本政府の「売国行為」ともいうべき信じ難い措置であった。

そして今世紀に入ると、東シナ海のほぼ真ん中の、中間線に隣接する中国側海域で、二〇〇四年五月から「春《しゅん》暁《ぎょう》「石油ガス田群」の「天外天」と呼ばれる採掘施設の建設工事が始まった。特にガス田群の一つである「春暁」は中間線の日本側海域に隣接し、海底の地質構造は日本側につながっている可能性が濃厚であったことから、著者は新聞やテレビを通じて「わが国の石油資源が中国側からストローのように吸い取られる危険性がある」と報じた。大変なニュースとなり、一気に国民の関心が高まった。わが国政府もようやく関心を示すようになり、中国政府に対して開発中止とデータの提供を要求した。だが、再三再四の要求にもかかわらず中国政府が応じないため、わが国政府は対抗措置として、日本側海域における試掘に向けた環境整備を進めた。「春暁」を「白樺」、「天外天」を「樫」と命名した。ちなみに、「春暁石油ガス田群」は採掘施設と中央処理施設からなる「天外天」を中心として複数の施設から構成される。ガス田といえば、「春暁」が代名詞のようになっているが、「春暁」は「春暁石油ガス田群」の一部に過ぎない。

その後紆余曲折を経て、二〇〇五年十月から日中で「共同開発」の協議が始まり、二〇〇八年六月には一応の「合意」をみたといわれたが、中国政府は「日本は中国の法律に従って春暁ガス田の開発に参加することに同意し、春暁の主権が中国に属することを承認した」と明言している。これのどこが国家と国家の「合意」なのか。

なお、この「合意」は細部を詰め、条約化することになっているが、現在まで協議はほとんど進んでいない。その一方で、中国によるガス田開発は着々と進み、今では

「天外天」ばかりか、「春暁」でも掘削が始まっているようである。これまで論じてきたように、中国は東シナ海全域の権利を主張し、その権利を行使している。これを止めるには、わが国も権利を主張するだけでなく、行使する他ない。それは具体的には、日本側大陸棚を試掘さらには採掘して開発に乗り出すことである。

ガス田は西太平洋に通じる重要な戦略ルート上にある

しかしながら、中国の石油開発は単なる資源開発ではない。それを通してこの海域に軍事プレゼンスを主張するという重要な国家戦略目的を持っている。

今のところ施設が設置されているのは「天外天」と「春暁」の二カ所の採掘施設と中央処理施設であるが、中国側の発表によると、完成すれば、四つの採掘施設と中央処理施設の五カ所の施設から構成される計画で、それぞれにヘリポートが設置されることになる。しかも、「天外天」の北には、「平湖」と呼ばれる施設が「天外天」よりも以前の一九九〇年代後半から稼動している。

中国は早くから海上の石油採掘施設やコンテナ船をヘリコプターの離発着施設、あるいは衛星の発射台として利用して、軍事施設とすることに関心を示している。南シナ海には島は多くないが、小さな岩が露出しているサンゴ礁は多数ある。前述したが、そのいくつかの岩を利用して、中国は軍事施設を設けている。だが東シナ海には島は尖閣諸島しかなく、サンゴ礁はない。しかも尖閣諸島は西に偏り過ぎている。そこで中国は東シナ海のほぼ真ん中に石油開発施設を設けて、軍事拠点としても利用することを意図している。

とりわけ、この海域は米国海軍の艦隊が西太平洋から東シナ海、さらに黄海に入り、あるいは台湾海峡に抜けるルートでもあるから、この海域を支配して米国艦隊が入るのを阻止しようとしていると見なければならない。

現実に二〇〇五年頃から中国海軍がガス田周辺を遊弋し始め、今では艦艇や航空機による哨戒活動が活発化している。一方、二〇〇七年秋の日中局長級協議で、日本側がガス田の試掘を示唆した際、中国側は「軍艦を出す」と発言した。従って、わが国の石油企業が試掘・採掘を実行する場合、日本政府はその安全を確保するために、必要な時には自衛隊が出動できるよう政治上軍事上の態勢を整えねばならない。目の前でわが国の正当な権益が脅かされようとしている以上、もはや境界画定がどうとか条約がどうという議論をしている場合ではない。

さらにいえば、ガス田は中国が東シナ海を支配する上での重要な軍事拠点というだけではない。著者は、後述する沖ノ鳥島の地理的戦略的重要性を突き詰めて研究するなかで、ガス田の重要性と、南シナ海の海南島の重要性を、全く新たな観点から見直した。

図5-6　春暁ガス田の地理的重要性

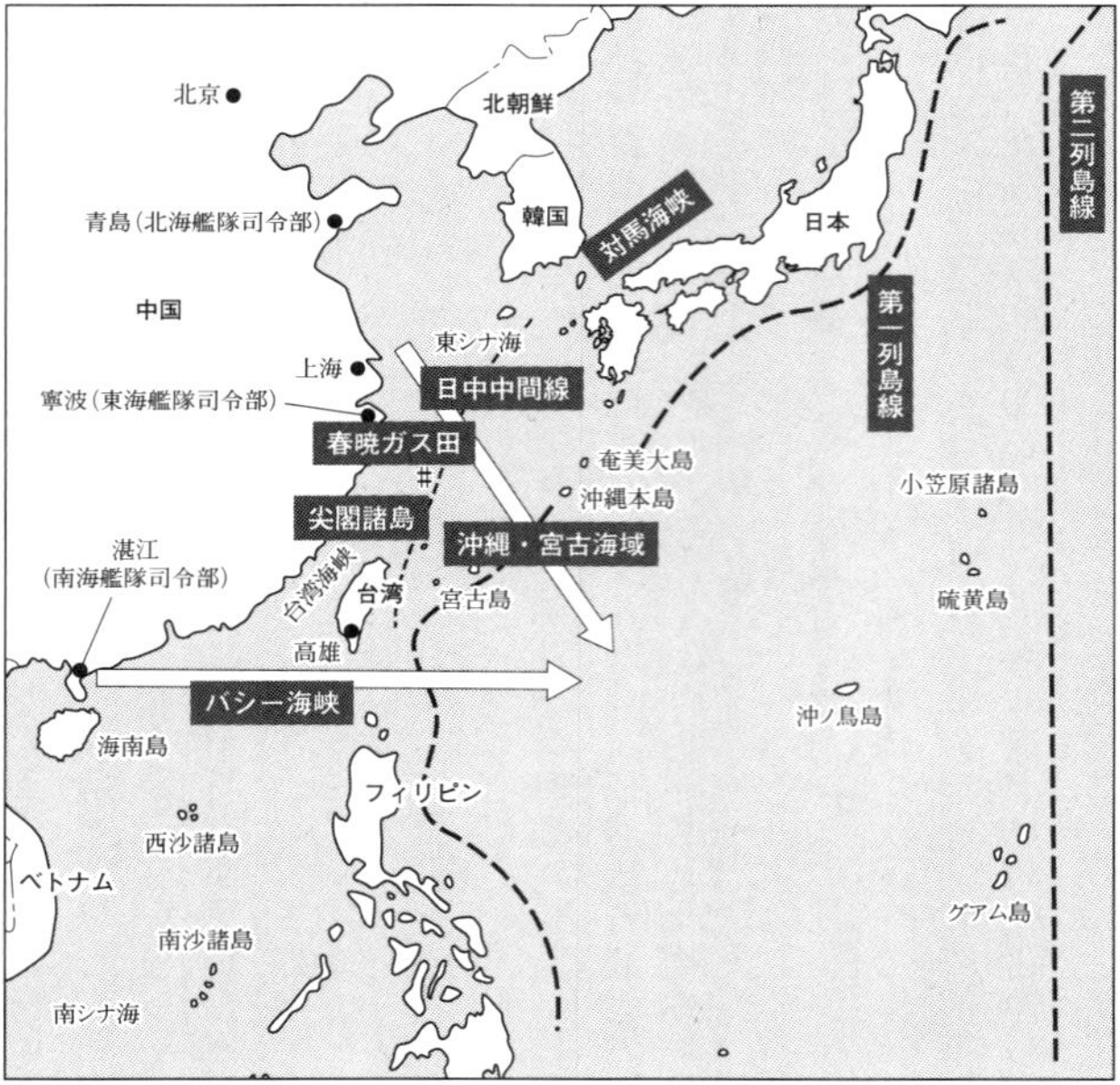

中国海軍には北海艦隊（青島）、東海艦隊（寧波）、南海艦隊（湛江）の三つの艦隊があり、そのうちの南海艦隊が海南島から真東に進んでバシー海峡を抜けると沖ノ鳥島の西方海域に出る。また北海艦隊と東海艦隊の二つの艦隊が西太平洋に出て行くには、東シナ海から「沖縄・宮古海域」を通って南下する必要があるが、そのまま東南に進むと、やはり沖ノ鳥島の西方海域に出る。そして「春暁石油ガス田群」は、北海艦隊と東海艦隊が西太平洋に出て行く途中の重要な「通り道」に位置している。というより、その「通り道」に中国はガス田採掘施設を設置して、艦隊の通航を守っているのである。

要するに、ガス田―海南島―沖ノ鳥島で結ばれた「三角海域」は、中国が西太平洋に進出する上で極めて重要な「通り道」なのである。次節「2 海の辺疆、西太平洋」で詳しく論ずるが、もし中国の西太平洋進出を許せば、将来この海域に三艦隊が集結して、中国の「連合艦隊」が展開することになりかねない。それは「日本の生命線」である台湾と沖縄が「海から包囲」されることを意味する。

対中最前線の南西諸島を守れ

立場を変えて論ずれば、日本にとって沖縄つまり南西諸島は、対中安全保障の最前線に位置する極めて重要な役割を担う。

沖縄は米国の前方展開戦略の最前線基地であり、沖縄を円心として、半径一三〇〇キロメートルから二二〇〇キロメートル幅の帯状の円を描くと、東京、ウラジオストック、北京、マニラ、グアムがほぼそのなかに位置する（図5－7）。沖縄はこれら各国の主要都市・軍事拠点を叩くのに最も好都合な拠点といえる。第二次大戦末期、米軍が沖縄を占領したこと、また現在も沖縄に駐留することの軍事戦略的な意味がよく分かる。

また地図を逆さまにして見れば分かるように、南西諸島は中国が東シナ海から太平洋へ出て行く場合その出口を塞ぐ天然の要害となっている（図5－8）。中国が太平洋に出るためには、東シナ海から「沖縄・宮古海域」を通るか、台湾とフィリピンの間にあるバシー海峡を通るか、事実上この二つしかない。従って、わが国としては少なくとも「沖縄・宮古海域」を通させないようにすることが今後の重要課題である。

二〇一〇年九月、わが国の尖閣諸島海域を中国漁船が領海侵犯し、海上保安庁の巡視船に衝突する事件が起き、それ以来、尖閣諸島に対して、広く国民の関心が高まっているが、四十年以上にわたる東シナ海での中国の行動を見ていると、中国は尖閣諸島という島を押さえるというより、東シナ海という水域全体を押さえることを意図している。いい換えれば、尖閣諸島という「点」を押さえるのではなく、東シナ海という「面」を押さえようとしている。同時に、南西諸島はその地理的位置からいって、

図5-7 北東アジアにおける沖縄の位置

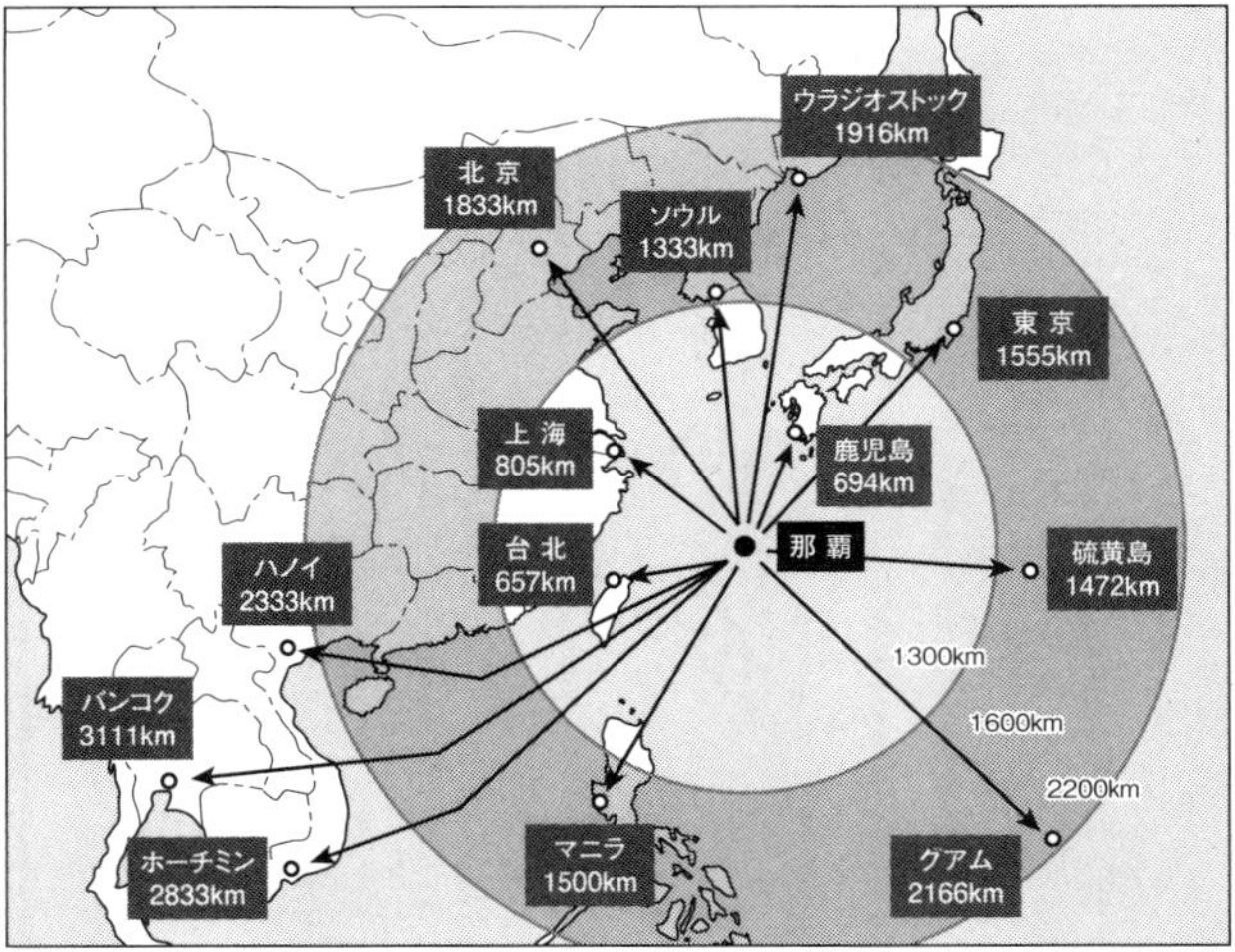

図5-8 南北を逆さにした地図

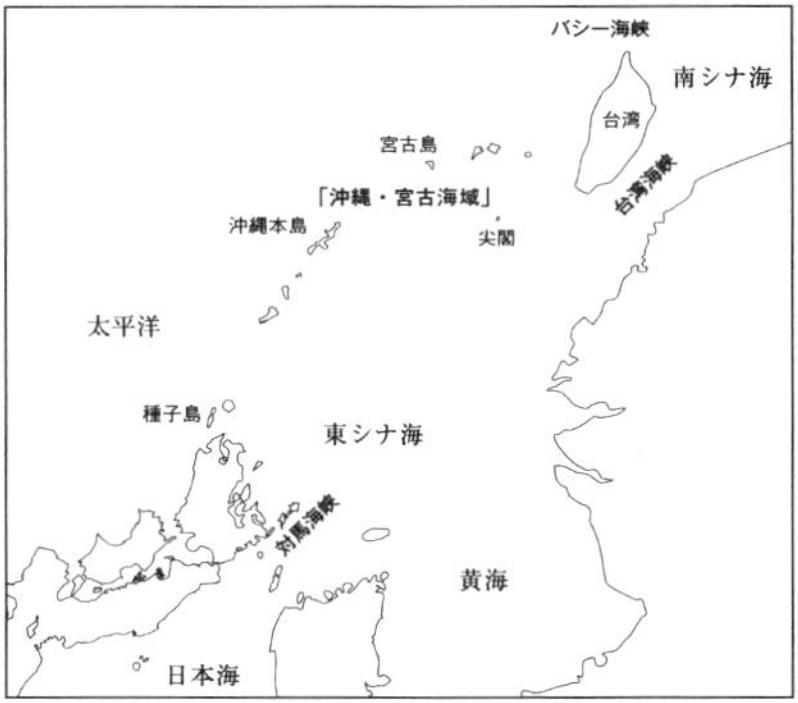

中国が「台湾の軍事統一」を実現しようとすれば、わが国が好むと好まざるとにかかわらず、戦争に巻き込まれることは避けられない。その場合、たとえ小さな島嶼であっても戦略的観点から見れば価値は大きい。

その意味で、尖閣諸島はむろん重要であるが、同時に与那国島—先島諸島—宮古列島—慶良間《けらま》列島—沖縄島—奄美諸島と続く南西諸島を防衛することこそ重要なのである。尖閣諸島という特定の「点」だけにとらわれるのではなく、南西諸島という「線」全体、東シナ海という「面」全体を防衛するという、より大きな観点に立たなければならない。

2 海の辺疆、西太平洋

悲願の台湾統一へ

これまで論じてきたことから、この数十年来の東シナ海における中国の海洋活動は、東シナ海全域とわが国の南西諸島への影響力を強めることを目標としていることが分かる。このまま放置しておくならば、東シナ海は中国の影響下に入ってしまうばかりか、中国海軍の艦艇が日常的に「沖縄・宮古海域」を南下して西太平洋に出てくることなろう。

では、東シナ海から「沖縄・宮古海域」を通って西太平洋に出る目的は何か。中国は、何を意図しているのか。

一言でいえば、それは中国共産党が中華人民共和国を建国する以前から悲願としてきた台湾の統一にある。

台湾は一六二四年にオランダが支配して以来、鄭《てい》氏三代、清国、日本、中華民国と支配者が交代しているところから「中国固有の領土」とはいえない。だが、清国は、台湾を「化外の地」として経営には消極的であったとはいえ、一六八三年から二百年余り領有していた。第1章で述べたように、中国の指導者は、漢民族が過去において支配した地域が「中国の領土」あるいは「中国の版図」であるという意識が強く、建国当初から台湾の「回収」「解放」「統一」を執拗に主張してきた。

だが、中国が台湾に固執するのは、そうした歴史的な意味もあるが、台湾が地理的戦略的に重要な場所に位置するからである。

中国大陸は太平洋の西岸に位置し、大きな大陸であるが、海洋とは東シナ海をはさんで太平洋としか接しておらず、中国が海洋に発展していくとすれば、その方向はただ一つ、太平洋だけである。沿海の諸海域は大陸を守る自然の要害であるが、立場を変えて論ずれば、中国は周辺の国家・地域によって包囲されており、半封鎖の状態にある。中共政権成立以来の二十余年間、米国はこの地理的条件を利用して中国の周辺諸国と軍事同盟条約を結び、あるいは米軍基地を置いて中国を封じ込め、中国の発展を長期にわたって停滞させた。

一九七〇年代以降中国は周辺海域に進出し始め、特に八〇年代に入ると成長しつつある海軍力を後ろ盾に、南シナ海に進出し、さらに九〇年代以降は東シナ海に進出し、今では西太平洋にも進出し始めているが、中国は今なお半封鎖の状態にある。中国が太平洋、さらにインド洋に進出するには、周辺の国家・地域によって包囲されている半封鎖の状態を突破しなければならないが、その場合重要なカギとなる位置に存在するのが沖縄と台湾である。

台湾は中国大陸に最も近く、東側は太平洋に面し、中国が海洋に向かう上で最も便利な場所に位置している。東シナ海と南シナ海の間に位置し、渤海、黄海、東シナ海、南シナ海という大陸周辺の四つの海を二分している。

渤海と黄海から太平洋に出るには東シナ海を通らなければならないが、東シナ海から太平洋に出るには、台湾の東側にあるわが国南西諸島の「沖縄・宮古海域」を通るか、台湾海峡を通過して南シナ海に入り、台湾の南のバシー海峡を通らなければならない。南シナ海から太平洋に出るには同様にバシー海峡を通るか、台湾海峡を通過して「沖縄・宮古海域」を通ることになる。さらにインド洋に進出するためには、台湾海峡を通過して南シナ海に出た後、マラッカ海峡を通らなければならない。政治地理的戦略的に分析して台湾は日本の南西諸島およびフィリピン群島とともに、中国の沿海海域を事実上半封鎖の状態に置いており、中国の太平洋への出口を塞いでいることになる。

軍事的側面について論じれば、中国海軍は山東半島の青島に司令部を置く北海艦隊、杭州湾の寧波に司令部を置く東海艦隊、雷州半島の湛江に司令部を置く南海艦隊の三つの艦隊から編成されているが、仮に南シナ海で紛争が起きた場合、北海艦隊と東海艦隊が作戦に参加するには、台湾海峡を通って南下しなければならないし、反対に黄海や東シナ海で紛争が起きて南海艦隊が作戦に参加する場合には、台湾海峡を北上しなければならない。その場合、台湾海峡を通過できなければ、中国大陸の海上防衛線は二つに分断され、中国海軍は全体作戦の利を失い、南北に軍事力を分けて作戦することになる。

台湾は大陸周辺海域のほぼ真ん中に位置しており、北は鴨緑江まで約五〇〇キロメートル、南は南沙諸島まで約四五〇キロメートルで、戦略的価値は極めて高い。もし近代化された艦隊が台湾から出撃すれば補給を受けることなく、二日のうちにすべての中国の沿海海域に到達できる。北に向かえば東シナ海から黄海で作戦ができ、南に向かえば直接南シナ海に進んで防御作戦ができる。海空軍の機動作戦の優位を十分に発揮できる。もし台湾が中国沿海で大陸進攻作戦を実施する仲介地点となるならば、地の利を得ている。台湾はわが国の南西諸島、フィリピン群島とともに、中国が二十一世紀に海洋に向かって発展していく際に、最大のカギとなる位置にある。

西太平洋進出の真の目的

ところが、この台湾の統一が、六十年以上にわたって実現できなかったのは、中国が「台湾統一」に打って出ようとすると、必ず米国が介入して阻止してきたからである。

政権掌握前の一九四九年三月十五日、中共中央は新華社を通じて「中国人民は必ず台湾を解放する」との立場を表明し、以後、「台湾解放」に向けた準備に取りかかっていた。だが、一九五〇年六月、朝鮮戦争の勃発とともに、米国が「台湾海峡の中立化」を宣言し、台湾海峡に第七艦隊の空母機動部隊を派遣したため、「台湾解放」は事実上不可能となった。その後、一九五五年と五八年に中国軍と蔣介石軍との間で二回の戦闘が起きた。また、それから約四十年後の一九九五年と九六年には中国軍が台湾沖に向けてミサイル演習を行って恫喝した。だが、その都度、米国が空母機動部隊を派遣して介入したため、「台湾統一」は棚上げのまま今日に至っている。

この米国の介入を阻止するために、中国は今必死になって西太平洋に進出しようとしているのである。

具体的にいえば、中国が西太平洋に進出する目的は二つある。一つは、将来的に米国の覇権に挑戦するため、太平洋への全面的な進出に備えて、西太平洋を影響下に置くことである。もう一つは「台湾の軍事統一」に打って出る際、西太平洋に潜水艦を展開したり、機雷を敷設したりすることによって、横須賀の米第七艦隊空母機動部隊とグアム島の米原子力潜水艦の台湾接近を阻止することである。そのために中国はカムチャツカ半島―千島列島―日本列島―台湾―フィリピン群島―カリマンタン島（ボルネオ島）へと続く「第一列島線」から、カムチャツカ半島―千島列島―日本列島（一部）―伊豆諸島―小笠原諸島・硫黄島―グアム島―パプア・ニューギニアへと続く「第二列島線」に囲まれた西太平洋海域に進出している（図5－6参照）。

また、中国は一九七〇年の人工衛星打ち上げで中距離弾道ミサイルが発射できることを示したが、「東風21」というミサイルは日本全域とグアム島の一部を射程に収めている。最近話題の空母キラーと呼ばれる対艦弾道ミサイルはその改良型の「東風21D」である。

「台湾の軍事統一」に打って出る際、中国は大陸間弾道ミサイルで米国の主要都市を核攻撃すると威嚇し、対艦弾道ミサイルで空母を攻撃すると威嚇し、米国に介入を思いとどまらせようとするであろう。同時に、東京や沖縄を核攻撃すると威嚇して日本の米軍支援を阻止するであろう。中国の核ミサイルは日本に間違いなく数十発向けられている。これを防ぐには、現在は米国の「核の傘」に頼る他ないが、自国民を敵の核攻撃の危険に晒してまで他国民の安全を優先する国はないし、「核の傘」の提供はその時の日米・米中関係に左右されるであろう。従って、わが国は北京を威嚇できるぐらいの核やミサイル、策源地（後方拠点）攻撃などの「攻撃的防御能力」を持つ必要がある。

もし中国が米国の介入阻止に成功し、台湾が中国に「統一」された場合、中国海軍の艦艇がバシー海峡から南シナ海、さらに西太平洋に展開され、いうまでもなく日本は中国の強い影響下に入ってしまう。

もし南シナ海や西太平洋に戦略型原子力潜水艦を展開することができれば、潜水艦発射弾道ミサイル（ＳＬＢＭ）に核弾頭を載せてワシントンやニューヨークを核攻撃することが可能になる。これは過去五十年以上にわたるアジア・太平洋地域の秩序を決定的に覆す事態である。

徹底的に調べ尽くされた日本の沿岸海域

中国が西太平洋に進出してきたのはここ十年の間である。今から十年ばかり前の二〇〇〇年、二十世紀最後の年の五〜六月、中国海軍の情報収集艦「塩冰」が、対馬海峡と津軽海峡を通って、太平洋に出た後、三陸海岸を南下して房総半島、伊豆半島、紀伊半島、四国の沖合いを西行し、九州を回って東シナ海に出て帰国した。これは東シナ海の海洋調査が終わったことを知らせるシグナルであり、次は太平洋側で海洋調査を実施するであろうと著者は推定した。

果たせるかな、それから一カ月後の同年七月、同じ情報収集艦が、小笠原諸島・硫黄島から南西諸島に至る太平洋海域で、調査を実施した。翌二〇〇一年、二十一世紀最初の年の十二月から二〇〇三年十二月まで、数隻の海洋調査船による同海域の詳細な調査が実施された。中国は東シナ海での「事前許可制」をこの海域にも適用して事前に許可を求めた。

この海域は図5－9で示すように、わが国の排他的経済水域であるが、日本列島から台湾へと連なる第一列島線を越えて、中国海軍が東シナ海と南シナ海から西太平洋へと進出するのを抑制する重要な海域である。ところがわが国政府は、中国の調査は一般的な海洋調査であるとの理由で、直ちに許可を与え、中国はすぐに調査を開始した。調査は広い海域をいくつかのブロックに分け、さらにそのブロックのなかをいくつかに区分して、そこに数十カ所から百に近い多数の観測点を設置して、海面、海中、海底の立体的な調査を実施した。その徹底振りから、目的は中国海軍の潜水艦を展開するための調査と推定された。

図5-9　太平洋における中国の海洋調査活動

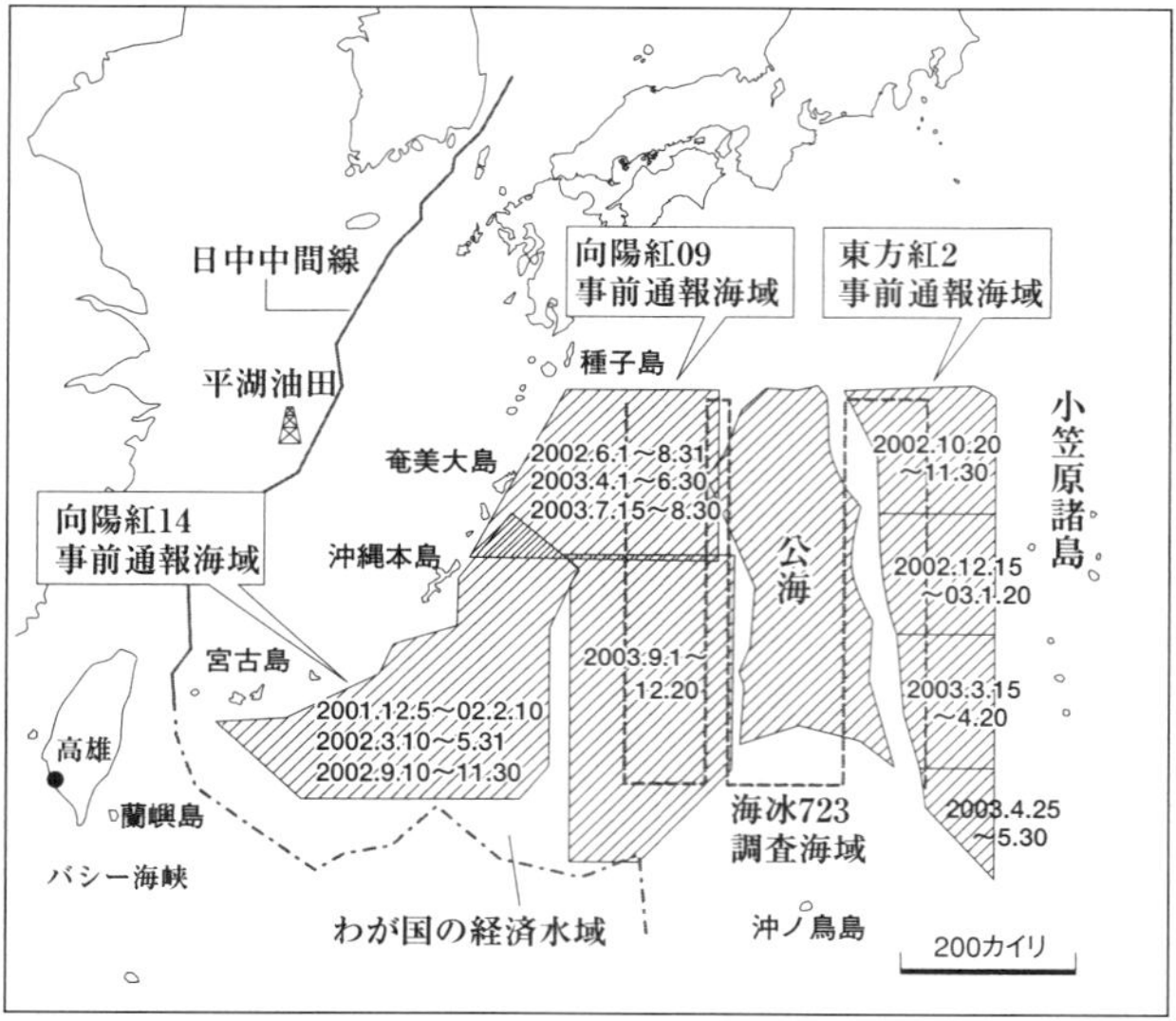

出典：平松茂雄『江沢民時代の軍事改革』（勁草書房、2004年）

それに続いて、二〇〇四年から二〇〇六年にかけて、同じ調査がその南の海域で実施された。この海域はほとんどが公海であるとの理由で、日本に通告なく実施されたが、同時にわが国最南端の領土である沖ノ鳥島周辺の排他的経済水域で許可なく調査を実施し、それに対してわが国政府が抗議したところから明らかとなった。

わが国政府の抗議に対して、中国政府は沖ノ鳥島が日本の領土であることは承知しているが、単なる岩であるから領海十二海里は主張できるものの、排他的経済水域は主張できないと主張し、調査を続けた。

沖ノ鳥島周辺海域で軍事演習を始めた中国

こうした過程を経た二〇〇八年十月、米ソ冷戦時代に米空母が恐れたというソ連製の対艦ミサイルを搭載するソブレメンヌイ級ミサイル駆逐艦二隻、新鋭の江凱級フリゲート艦一隻、洋上補給艦一隻で編成された中国海軍の艦隊が、対馬海峡から津軽海峡を通過して、太平洋に出た後、三陸海岸を南下し、房総半島で西に向かい、小笠原諸島・硫黄島を通って九州まで太平洋沿いに航行し、沖縄本島・宮古島の海域を通って帰国した。その際沖ノ鳥島西方海域で、簡単な軍事訓練を実施した。

先に述べた二〇〇〇年の時には情報収集艦による日本一周であったが、今度は戦闘艦艇による日本列島の一周であった。著者は、これは中国の西太平洋における海洋調査が終了したというシグナルで、遠からず中国海軍の艦隊が西太平洋に進出するという意思表示であると捉え、さらに今後、沖ノ鳥島の周辺海域で、中国の艦隊による軍事訓練・演習が実施されるであろうと予想し、警告した。

果たせるかな、翌二〇〇九年六月、洋上補給艦を含む五隻の艦隊が、沖ノ鳥島の北東海域で艦艇の行動、艦載ヘリコプターの訓練などを実施した。次いで翌二〇一〇年三月に六隻の艦隊、四月にはキロ級潜水艦二隻、ソブレメンヌイ級ミサイル駆逐艦二隻など計十隻の艦隊が、東シナ海から沖縄・宮古海域を通過して、沖ノ鳥島の西方海域で協同訓練・対艦演習を実施した。その途中、艦載ヘリが、監視している海上自衛隊の艦艇に二回にわたって至近九〇メートルまで接近するというこれまでにはなかった異常事態が発生した。

著者の予想が現実のものとなったのは、占いや予言が当たったとか、機密情報を握っていたからではない。社会科学的研究から自ずと導き出されるものである。

著者は一九八〇年代から南シナ海における中国の海洋進出を観察してきたが、南シナ海ではまず海洋調査船が出てきて調査を行い、その次は軍艦が出てきて周辺海域への影響力を高め、最後は上陸・占拠するパターンで支配権を固めてきた。その先例が東シナ海および西太平洋で繰り返されているのである。

ところで、十隻の中国艦隊が出てきた時、民主党政権の鳩山首相（当時）は、ワシントンで日中首脳会談に臨んでいたにもかかわらず、一言も言及しなかったという。政府は外交ルートでは抗議したものの、それに対して中国側は、「中国海軍は最近、公海海域で恒例の訓練を行った」（中国外交部報道官）、「公海での正常な訓練であり、国際法に基づいた合法的な行動である」（中国国防部報道官）と一蹴し、ある中国海軍関係者は「日本は中国艦艇が頻繁に外洋に出ることに慣れるべきだ」と述べた。非はわが国の方にあると言わんばかりの不当な主張であった。

おそらくこれからも中国海軍の艦隊は沖ノ鳥島西方海域で頻繁に同様の訓練・演習を繰り返すことになろう。このまま放置して中国海軍が東シナ海から西太平洋に展開する既成事実が積み重なれば、米海軍の空母機動部隊といえども航行の安全確保が困難となり、その行動は著しく制約されてしまう。それゆえ米国はわが国の政府・自衛隊に対して支援を要請するであろうが、わが国が躊躇逡巡してその要請に応えられなければ、日米安保体制は無力化する他ない。

わが国にとって今大事なことは、南シナ海、東シナ海での先例に学び、中国の艦船や潜水艦を、沖ノ鳥島を含む日本周辺海域で自由に行動させないことである。

日本最南端の領土・沖ノ鳥島

わが国最南端の領土である沖ノ鳥島は、北緯二〇度二五分、東経一三六度〇四分に位置する。日本で唯一北回帰線（北緯二三度二七分）の南にある島で、香港や台湾よりも南に位置し、ハワイ島北部と同じ緯度にある。東京から約一七四〇キロメートル、小笠原諸島の父島から約九〇〇キロメートル、沖縄本島の那覇から約一一〇〇キロメートルの距離にある。東西の長さ約四・五キロメートル、南北の長さが約一・七キロメートル、外周は約一一キロメートルの細長い円形のサンゴ礁である。礁湖内の深さは約三〜五メートル、西端に北露岩（北小島《きたこじま》）と東露岩（東小島）という小さな岩が二つ、満潮時にかろうじて海面に露出している。

かつては五つの岩が海面に露出していたが、三つは太平洋の荒波に洗われて水没してしまった。そこで、残る二つが水没しないよう、わが国政府は約三〇〇億円を投じ一九八八年から三年かけて、岩の周囲に直径五〇メートルの大きな波消しブロックをつくった。人工構築物は領土として認められないから、岩の周囲にはわずかとはいえ公海部分をつくり、波消しブロックに何本かの溝をつくって外海とつながるように工夫されている。さらに島の上には、チタン製の網が掛けられている。こうして、わが国政府は二つの岩の自然崩壊を防いで、沖ノ鳥島の「領土保全」を図ったのである。

著者は波消しブロックがつくられる前の二つの岩をテレビ番組で見たことがある。二つの岩のうち一つは、三畳間程度の小さな岩、もう一つはキノコのような形の岩であり、見るからに崩れ落ちそうであった。国連海洋法条約は「島とは、自然に形成さ

上は沖ノ鳥島の遠望。手前左の2カ所に満潮時に露出する岩がある。国連海洋法条約によると、小さな岩でも、満潮時に海面に露出している場合には、領土として認められ、12海里の領海だけでなく、200海里の排他的経済水域・大陸棚の権利を主張できる。そのため日本政府は、下の写真のように消波ブロックをつくった。（海上自衛隊提供）

れた陸地であって、水に囲まれ、高潮時においても水面上にあるものをいう」と規定している（第一二一条一項）。この二つの岩が高潮（満潮）時にも海面上に露出していることにより、わが国はこの規定を根拠に、沖ノ鳥島を島として二百海里の排他的経済水域を設定している。

島を中心に半径二百海里の円を描くとその面積は約四〇万平方キロメートルにもなり、日本の陸地総面積（約三八万平方キロメートル）を上回る。ちなみに、わが国の陸地国土面積は世界で第六十位だが、領海・排他的経済水域等を含めた海の面積は世界で第六位の広さである。しかも、島の海底にはコバルト、マンガンなどの希少金属も埋蔵されていると見られている。沖ノ鳥島はわが国にとって極めて重要な島である。

一方、中国は、同条約の「人間の居住又は独自の経済的生活を維持することのできない岩は、排他的経済水域又は大陸棚を有しない」（同条三項）という規定を援用し、沖ノ鳥島は無人島であり、独自の経済生活を営んでいないから、日本は排他的経済水域・大陸棚の権利を主張できないと主張している。もしこの主張を認めれば、わが国はこの広大な海洋権益を失うことになる。従って、このような主張は断じて認めてはならない。

だが実をいえば、中国はそれ以前に日本政府による沖ノ鳥島の保全工事を評価していた。

一九八八年三月十一日付の中国軍機関紙『解放軍報』は「島礁、海洋と民族の将来」という署名入りの記事を掲載して、「日本政府が巨額の資材を投入して島嶼を保持しようとしている」沖ノ鳥島の工事を、「過去においては思いもよらなかった優れた事業である」と全面的に評価した。また同年七月三十一日付の別の同紙記事は、日本が沖ノ鳥島に、気象観測・海洋観測施設ばかりか、科学研究施設、遠洋漁業の中継施設を建設することを企図していると記述し、さらに将来宿泊施設、会議施設、滑走路などを備えた海洋都市を構想しているとまで書いている。

日本政府は二つの岩に波消しブロックをつくって領土保全を図ったが、まさかその後、中国が沖ノ鳥島に関心を持ち、この海域に進出してくるとは考えていなかったであろう。

中国が狙う沖ノ鳥島の地理的戦略的重要性

それから二十余年を経て、現在、中国は沖ノ鳥島は単なる岩だから、二百海里排他的経済水域を主張することはできないと全く異なる立場をとっている。なぜそのような異なる立場を主張するのか。それは今世紀に入ってから、中国が沖ノ鳥島を中心とする西太平洋海域で自由に活動することを意図しているからに他ならない。そのためには、沖ノ鳥島周辺海域が日本の排他的経済水域であることは都合が悪い。地図を見れば分かるように（図5－6）、沖ノ鳥島は沖縄本島とグアムを結ぶ直線のほぼ中間に位置しており、極めて重要な地理的戦略的位置にある。

繰り返しになるが、中国が西太平洋に進出する目的の一つは、遠からず現実化するであろう「台湾統一」の際、米国海軍の台湾接近を阻止することにある。

一九九六年三月の「台湾海峡危機」の時、横須賀の米海軍空母機動部隊が西太平洋から「沖縄・宮古海域」を通って東シナ海に入り、台湾の北部海域に展開した。さらに中東にいた米海軍空母機動部隊がマラッカ海峡を通り、南シナ海を北上して、台湾南部の海域に展開した。それにより「台湾海峡危機」は急速に去ったが、それ以後の十数年間に中国がとりわけ重点を入れた領域の一つは、この九六年の「台湾海峡危機」を繰り返さないことである。そのために中国は南シナ海と東シナ海を押さえ、西太平洋に進出している。その中国の強い意志の一端が明らかになったことがあった。

二〇〇八年三月十一日、米国上院軍事委員会公聴会において、キーティング米太平洋軍司令官（当時）は、中国海軍高官と会談した際、太平洋を東西に分割し、ハワイより東側を米国が、ハワイより西側を中国が管理することを提案された、と証言した。キーティング司令官は証言の際、この中国側の提案について「面白半分の冗談」と断ったが、「たとえ冗談にしても、これは中国海軍の戦略的視点を示すものだ」とも付け加えた。

これは極めて重要な指摘である。なぜなら、もし中国が西太平洋へ全面進出することになれば、太平洋を通じてつながっている米国と日本、韓国、フィリピン、オーストラリア、ニュージーランドという同盟国にとって軍事的に大きな障害となる。また、米国とその同盟国・友好国は経済的にも太平洋を通じてつながっている。わが国を例にとると、米国からはトウモロコシ、大豆、小麦、綿花などを、北太平洋のカナダからは木材・パルプ、小麦、豚肉などを、南太平洋のオーストラリアからは石炭、鉄鉱、天然ガス、小麦、牛肉などをそれぞれ大量に輸入している。中国が太平洋に進出してくると、中東からの原油を運ぶ南シナ海ルートのシーレーンだけでなく、太平洋ルートのシーレーンの安全にも配慮せざるを得なくなる。

さらに、太平洋における中国の影響力が相対的に高まれば、資源の開発・輸入を通して中国と関係のある中南米諸国、南太平洋島嶼諸国、オーストラリアなどとの関係がより密接となろう。しかも、中国は太平洋への全面進出に備え、七〇年代から太平洋全域をくまなく調査し、九九年にはハワイ諸島東南の広い海域にまたがる深海底に、希少金属の宝庫である「多金属団塊開発鉱区」をすでに設定している。また南極に根拠地を設け、北極でも資源や軍事目的の調査を行っている。

太平洋を「ハワイで二分する」という事態は現実化するとしても当分先のことであるが、その大前提は中国が西太平洋をその影響下に置くことである。それを考えれば、これを冗談として片付けることはできない。少なくとも中国海軍高官は冗談で語ったのではないと見なければならない。

「公海だから仕方がない」では中国から日本を守れない

一連の中国の海洋進出問題において、最も問題なのは、海上での中国の行動がここまでエスカレートしているにもかかわらず、わが国政府が中国の行動を阻止するために何ら有効な措置をとろうとしないことである。その最大の障害となっているのが、「公海だから仕方がない」とのもっともらしい「言い訳」である。

二〇一〇年四月二十日、十隻の中国艦隊が東シナ海から「沖縄・宮古海域」を通過したことについて、岡田外相（当時）は記者会見で「軍艦であれ、艦船が領海も含めて航行することは、国際法上認められたことでありますので、そのことを何か国際法違反であるかのように言うというのは、間違っていることだと思います」と述べた。中国海軍の艦艇が航行した水域は公海上であり、軍艦の航行は基本的に自由であるとの認識である。こうした立場は政府のみならず、わが国の言論機関も同様である。

むろん、国際法では外国海軍艦艇の無害通航が認められている。だが、公海だから何をやってもいいというものではないし、公海だから仕方がないといって済ませられる問題ではない。もし中国海軍艦艇が、ハワイ周辺の公海を通過した場合、米国はこのような立場をとるであろうか。想像できない話である。

中国も同様である。前述したが、二〇〇一年四月一日、中国の海南島東南海域上空で、米軍の偵察機と中国軍の戦闘機が接触し、戦闘機が墜落して中国のパイロットが死亡する事故が起きた。この事故について、どのような経緯で衝突が起きたのかに関心が集まり、米国は中国軍の戦闘機の挑発的な行動に問題があり、「公海の上空であるから、米軍機に責任はない」と執拗に主張し、日本の報道機関と専門家の大半はそれに同調した。それは間違いではないが、中国は同年四月五日付『人民日報』の評論員論文で、米国を次のように批判した。

「これは強盗が他人の玄関先にやって来て騒ぎを起こしても、その人はやめさせられないようなものである。国連海洋法条約によれば、外国の飛行機は排他的経済水域において『自由に飛行する』権利を有するが、それは必ず沿岸国の法律と国際法の規定を守り、沿岸国の主権、安全、国家利益に危害を与えない活動であることが前提となっている。ところが米国の軍用機は中国の近海上空にしばしば出没して、偵察飛行を行い、中国の主権に挑戦し、さらに正当に追跡・監視している中国の航空機に衝突して破壊した。これは国際法に違反しているばかりか、中国の安全と国家利益に危害を与えた。米国は国際法の『飛行自由』の原則に違反している」と。

続いて四月六日付『解放軍報』評論員論文は、「多年来米軍の軍用機はわが国の近海上空で、この種の危険な挑発活動を停止していない」「われわれは米国の未だにあの『冷戦』思考を離していない先生方に尋ねたい。もし他国の軍用機がハワイ付近の空域で、偵察を行った場合、あなた方はそのような『国際慣例』と『飛行の自由』を容認できるのか」と問い、「米国は中国沿海空域でのこの種の飛行を停止する」ことを要求し、「このようにして初めて、同じような事件の再発を防止することができ、また米中関係の発展に有利となる」と指摘した。

文中の米国を中国に、中国を日本に、軍用機（飛行機、航空機）を艦船に置き換えれば、まさに十隻の中国艦隊の行動そのままである。このように中国は、ある時は国際法を援用し、ある時は国際法を都合良く解釈して、自国の正当性を主張し、その影響力を拡大しようとしている。その論理が分かれば、わが国の対処方針も自ずと見えてくる。

国連海洋法条約の規定に基づいて計算すると、中国の排他的経済水域は一〇〇万平方キロメートル弱であるが、中国はその三倍の三〇〇万平方キロメートルもの広大な海域を歴史的に自国が管轄する海だと主張している。もしこれを認めれば、黄海も台湾海峡も南シナ海も東シナ海もすべて「中国の海」となってしまう。中国が南沙諸島に進出した一九八〇年代末から九〇年代初頭に、著者はこのまま放置しておくと、中国は南シナ海を支配してしまうから、そのような不当な言動を認めてはならないと主張した。それから二十年を経て、南シナ海は事実上、「中国の海」になってしまった。

また東シナ海では特に一九九〇年代後半に、日中中間線を越えて日本側海域にまで中国の海洋調査船が頻繁に侵入して調査活動を実施してきたが、わが国政府は抗議するものの、それだけで、中国の活動を停止させるために何ら有効な措置をとらなかった。

それから十年余り、先の中国艦隊十隻が帰投《きとう》して間もない二〇一〇年五月三日、東シナ海のわが国の排他的経済水域で、海上保安庁の測量船が海洋調査を実施していたところ、中国国家海洋局の海洋調査船が接近し、「何をしているのか。この海域は中国の規則が適用されるので調査を中止しろ」と命令した。日本側は「日本の大陸棚であり国際的に正当な調査を実施している」と応答したが、中国側に追尾され至近距離まで接近されたため、調査を中止して引き揚げた。この一件について、元中国海軍幹部は、「中国の艦艇がこれまで自国の海を守ってこなかったことが異常だった」とまで述べた。もはや東シナ海においては主客転倒、日中の立場が逆転する状態が生まれようとしている。

それは西太平洋も同じである。今から四十年以上前に著者の指導教授は、「中国人は、力を持ったとか、相手より自分が優位に立ったと感じた時には、嵩《かさ》にかかってくるところがある」とよく話されていたが、このままでは中国海軍艦隊の西太平洋進出は常態化することとなろう。

冷戦時代、米国海軍は日本周辺海域で情報収集するソ連漁船の活動を妨害し、ソ連潜水艦を執拗に追跡した。海上自衛隊も米軍に協力して懸命に活動した。今わが国がなすべきは、中国がどのような言動をとろうが、その先例を臆せず実行することである。「公海だから仕方がない」では、中国から日本を守ることはできない。

おわりに

二〇一一年一月、米国のゲーツ国防長官が北京で胡錦濤主席と会談した際、胡錦濤主席がステルス性の高い次世代戦闘機「殲20」の試験飛行について知らなかったというニュースが流れた。その後の記者会見で、ゲーツ長官は「中国の文民統制について懸念を持っている」と表明したが、中国に「文民統制」などあろうはずもないことは米国は当然知っており、これは外交上の牽制と見るのが常識である。

だが、あろうことか、わが国ではこれを真に受けて「中国の文民統制に崩壊の恐れがある」という論評があった。また著者のところには「胡錦濤は軍を掌握していないのですか」「軍の独断専行ですか」といった質問が寄せられた。正直なところ、このような愚問がいつまで繰り返されるのだろうか、というのが著者の率直な気持ちである。

経済のグローバル化とともに、多数の日本企業が中国に進出し、偽造品・模造品の横行や不当な賄賂の要求、さらには尖閣事件後のフジタ社員の拘束やレアアースの事実上の禁輸等々、中国には相当痛い目に遭わされているにもかかわらず、日本人は何も学んでいないようである。何より中国が「軍事国家」であるという肝腎な所は全く見ていない。

十年ばかり前に、杏林大学大学院で自著の『中国軍現代化と国防経済』（勁草書房）を輪読したことがあった。その輪読に、北京駐在経験のある大企業の元幹部が参加していた。当時中国の経済発展の象徴であった深圳《しんせん》の空港で、いやでも大きな広告塔が目に入る「三九集団」が話題になった。著者が「三九集団」が軍事企業集団であることを指摘すると、その元幹部は驚き、「自分が取引していた企業の多くが軍事関連企業であることが分かった」「中国に赴任する前に、先生の所で勉強しておけばよかった」と嘆いた。このように中国企業のなかには、表向きは民間企業の装いをしているが、実際には軍需関連企業という企業が多数存在する。おそらく日本の政府開発援助（ＯＤＡ）事業に携わっている中国側企業もこうした軍需企業が多数関係していると推定され、ノーガードの日本企業がハイテクなどの先端技術を渡してしまった可能性は濃厚である。

ちなみに、このカラクリを「軍民転換」という。鄧小平の「改革・開放」が進むにつれ、中国では生産性の低い軍需産業を淘汰すると同時に、高い生産・技術能力を有する軍需産業を活用して民需製品を生産して利益を確保した。さらにその利益を投入して、外国から先進的な生産能力・技術を導入し、先端的な軍需産業に成長させていった。

例えば、中国で「軍民転換」を最初に始めたのは海軍関連部門で、各種軍用船舶をつくっていたセクションが再編されて民需用船舶の設計・建造を行うようになった。中国は今では世界の造船大国となったが、一九八〇年代以降、中国の海洋進出が進んだ背景には、民需用船舶の輸出で獲得した外貨の活用があったと考えられる。また八〇年代後半からは、外国の委託で民用衛星の打ち上げ事業を行っているが、それを実施しているのは中国の軍関係の組織であり、衛星の打ち上げは軍事事業そのものである。その事業で外貨を獲得し、先進国の宇宙関連技術やノウハウを吸収し、戦略ミサイルの開発にフィードバックしていったことは、もはやいうまでもないであろう。

このように「改革・開放」も、経済発展で儲けたカネによって強大な軍事力を構築し、「中華帝国」を実現するためのもので、中国というのは「軍事国家」なのである。だからこそ、著者は中国の軍事を研究してきた。中国の軍事に興味があるから中国の軍事を研究したのではなく、軍事を研究しないと中国という国家が分からないから、中国の軍事を研究してきたに過ぎない。

今さら書いても意味がないが、著者は中国への経済・技術援助は中国を強くするだけであるとの理由で、反対してきた。

だが、当時は「中国が経済成長を遂げれば、中国は普通の国になる」とのナイーブな見方が一般的で、現実に、一九七九年から二〇〇七年までに円借款は三兆三一六五億円、国際協力銀行を通した資金協力を合わせると、総額六兆円を超える援助が実施された。この時期は中国が宇宙と海洋へ戦略的に進出していった時期と重なる。日本の援助の行き着く先が、米国も侮れない「世界の大国」となった今日の中国の姿として表れてきているのである（無償援助と技術協力はいまだに行われている）。

最近、中国の国内総生産（ＧＤＰ）が日本を追い越したと報じられたが、中国の人口はわが国の十二倍強であるから、一人当たりに換算すれば、日本の十二分の一に過ぎない。だが、中国政府はそのＧＤＰを、国民の生活を向上させることに使うことなく、軍事費に回してきたからこそ、早くから核ミサイル開発ができたのである。核ミサイル開発を断行した毛沢東は、「一皿のスープを皆ですすりあっても」「ズボンを履かなくても」核兵器をつくると、人民に耐乏生活を強いて核ミサイルを開発したが、その構造は現在も変わらない。日本を凌駕する経済成長を遂げたところで、豊かになった地域、人口はごく一部に過ぎず、その他大多数は切り捨てられている。

先に述べた「殲20」の開発も、今頻繁に情報が流れている航空母艦の建造も、欧米やロシアの技術を元にしているとか、完成まではまだ時間がかかるという軍事専門家のコメントが流れている。特に航空母艦は現代の軍事技術の粋を集めたとてつもない代物であるから、簡単ではない。だが、中国は時間をかけても、航空母艦を建造するであろう。日本人旅行者に人気の観光名所の一つに敦煌《とんこう》の石窟があるが、あの石窟はトンカチで百年も二百年もかけてつくったものだ。それを見た人は「何百年もかけてこれをつくったなんて、素晴らしいわ」と絶賛しているが、中国が建国以来やってきたことも結局は同じことである。今は「あんなもの大したことはない」とバカにしていても、十年、二十年経つと形をなし、われわれの前に明確な形でもって姿を現したときには、もはや取り返しのつかない事態にまで発展していることは本書で縷々《るる》述べてきた通りである。

中国は日本人の常識の外にある国である。国土面積は日本の二十六倍、一三億とも一五億ともいわれる人口、漢民族と五十四の非漢民族を抱え、多数の言語・文化・風習をあわせ持つ多様な国である。それを束ねているのが独裁の中国共産党であり、その力の源泉が核兵器を中心とする軍事力である。日本や欧米の尺度で「中国はいずれ崩壊して民主化する」との願望を持ったり、「中国はケシカラン」と批判することはいくらでもできるが、それだけでは、いつまで経っても中国という国を見誤るであろう。中国はこれからも中国共産党という名前の政治集団が支配する独裁国家、軍事国家であることを忘れてはならない。

＊

地理ないし地政学の観点から、現代中国を論じてみたい――これは、著者が一九六〇年から五十余年にわたり、現代中国を研究していて、いつも念頭にあったテーマであった。これまでの著書や研究論文のなかで、断片的に論じてきたが、今回正面から取り組んでみると、簡単でないことが分かった。

中国はすべてにおいて巨大であり、広大であるだけでなく、世界の国が持っているあらゆる要素を併せ持っているとてつもない国、というか一つの世界なので、どのように取り組んで論じるのか、戸惑いがあった。はなはだ不十分、不本意な出来ではあり、論じ足りないところが多々あるが、こんなものかという思いでもある。願わくば、このつたない本書を土台にして、若い研究者が後を引き継いで、より精緻《せいち》なものに発展させていただけることを願っている。

最後に、本書の執筆には、日本政策研究センターの新井大智さんの適切なご助言を得た。また出版には、五年ばかり前に、講談社インターナショナルから『中国は日本を併合する』を出版した際の担当者であった吉田充子さんが、その後草思社に移られ、本書の出版を支援してくださった。お二人のご支援、ご協力に感謝します。

平松茂雄

文庫版のためのあとがき

中国の習近平政権が二期目を迎えた直後、草思社の吉田充子さんから二〇一一年に出版した本書を文庫化したいとの連絡があった。

齢八十を越え、研究からも半ば手を引きつつある著者にとっては光栄な話だが、一度出してしまった本を後から読み直せば、いろいろと手を入れたくなるところが出てきて収拾がつかなくなるため、今度の文庫化に当たっては一切手を付けないことを前提に引き受けることにした。編集サイドが事実関係や字句を再点検した結果明らかになった不具合については最低限の修正を施し、また、ごく一部に注記を入れたが、内容は基本的に当時のままである。

ただ、本書を出版したのはまだ胡錦濤の時代であり、特にここ数年の間に、中国および国際関係は大きく変動してきている。それについてまったく触れないというのも不自然な話であるから、ここで簡単に触れておきたい。

＊

二〇一四年以降、中国は南シナ海の南沙諸島にある七つの岩礁や暗礁を埋め立て、その上に人工島を造成したばかりか、その人工島に港湾、滑走路、レーダー施設、地対空ミサイルなどを設置し、軍事要塞化を進めてきた。そもそも南沙諸島については中国のほか、台湾、フィリピン、ベトナム、マレーシア、ブルネイが領有権を主張しており、その帰属等の解決は簡単ではない。その上、国連海洋法条約では、いかに「岩」を埋め立て、施設等を造ったとしても、人工島は「島」の地位を有しない。従って、中国の行動が国際法違反であることは明白である。

しかしながら、本書に書いたように、中国にはもともと国際法が規定するような国境の概念はない。中国は自国周辺の三〇〇万平方キロメートルの海域を歴史的に「中国の海」として、南シナ海も「オレのものだ」と主張してきた。現実に七〇年代には南シナ海に進出して西沙諸島を押さえ、八〇年代には南沙諸島を押さえ、九〇年代にはフィリピンのミスチーフ礁を押さえて南シナ海の支配を進めてきた。それと同じ論理で、今回も七つの岩礁・暗礁を埋め立て、人工島の造成を進めたのである。

人工島の造成と軍事要塞化が著しく進行していた二〇一五年、あからさまに国際法を無視する中国の行動は国際社会から強く懸念されたが、それにもかかわらず、中国が打ち出した陸と海のシルクロード経済圏構想「一帯一路」に多くの国々が色めき立ち、中国主導で創設された「アジアインフラ投資銀行」（ＡＩＩＢ）にはヨーロッパ諸国までが雪崩を打って加盟した。

また、中国の言動は国連海洋法条約に反するとしてフィリピンがハーグの仲裁裁判所に提訴していたが、二〇一六年七月、仲裁裁判所は中国が主張してきた「歴史的権利」を否定し、埋め立てなどが違法であることを認定する判決を下した。だが、中国はこの判決を「紙クズ同然」として全く相手にせず、引き続き軍事要塞化を進めた。

さらに、現在の中国の「顔」となった習近平は、二〇一七年十月の中国共産党第十九回全国代表大会で、南シナ海での人工島建設を自画自賛した上で、建国から百年となる今世紀半ばまでに「トップレベルの総合国力と国際的影響力を有する国になる。中華民族は世界の諸民族のなかにそびえ立っているであろう」「世界一流の軍隊を築き上げるよう努める」と述べた。その翌月に行われたトランプ米大統領との首脳会談では「太平洋は十分に広く、中米両国を受け入れられる」と臆面もなく言ってのけた。

著者は二〇〇五年に出版した『台湾問題』（勁草書房）において、一九七〇年代初めの「米中接近」当時の中国および国際関係と、それから「米ソ冷戦終結」を経て三十年経った中国および国際関係とを比較した上で、米国にとっては「大国化する中国をどのようにして米国を中心とする世界秩序に組み入れていくかという問題に直面することになった」と書いた。

しかし、それから十数年経った今、もはや中国を「米国を中心とする世界秩序」に組み入れていくことは事実上不可能となり、むしろ「大国化した中国は、米国を中心とする世界秩序とは別の世界秩序を構築し始めた」と、誰もが危惧せざるを得ないような状況になってきている。

＊

国際社会は、中国の国力が目に見えて強大になってきた今頃になって中国を「現状変更勢力」として警戒しているが、「今さら何を……」というのが著者の率直な感想である。本書に書いたように、もともと毛沢東が核戦力の構築に総力をあげて取り組むようになったのは、米国と対等に渡り合い、米国に二度と侮られない国になるためであった。また鄧小平は一九八八年に「国際政治経済新秩序」の形成、すなわち米国の軍事力と近代国際法によって維持されてきた国際秩序に挑戦し、「中国を中心とする世界」を目指すことを提起した。

だが、目に見える中国の国力が米国に遙かに及ばなかったからであろう、こうした意志表明を国際社会はまともに取り合おうとしなかった。中国の海洋進出に警鐘を鳴らし始めて以来、著者はわが国の外交・防衛関係者から、「あんなブリキの海軍に何ができるか」「何を心配しているんですか、オオカミ少年みたいに」と笑われ続けてきた。確かに、米国と比べれば、中国の「力」は遠く及ばなかったが、本書で縷々述べてきたように、中国は弱い者が強い者に勝つにはどうすればいいかと考えて様々な布石を打ち、着実に進展させてきた。

とりわけ毛沢東は、口では米国を厳しく非難したが、やったことは米国と同じである。

米国は核兵器を持つことによって、誰からも米国本土を攻撃されない環境をつくり、戦争は国内ではなく国外で行うという前提に立って、世界のどこにでも直ちに兵力を展開できる機動力と統合作戦能力を構築した。世界最強の空母機動部隊や海兵隊はその象徴といえる。

中国の軍事力構築も、まず毛沢東が総力をあげて核ミサイル戦力を構築し、米国やソ連から中国本土が攻撃されない環境をつくった。そして、毛沢東を引き継いだ鄧小平は核ミサイル戦力を高度化させるとともに、「百万人の兵員削減」による陸海空軍の全面的な編成替えと通常戦力の近代化を断行した。すなわち、それまでの歩兵中心・陸軍中心の前近代的な軍隊から、諸兵種から成り必要な時に緊急展開できる合成集団軍および海軍力の増強に特に力を注いだ。強調しておきたいのは、毛沢東が対米・対ソの核抑止力を構築したからこそ、鄧小平はその「核の傘」の下で通常戦力の近代化に取り組むことができたということである。欧米やわが国のような西側先進国からみれば、毛沢東は「狂った独裁者」でしかなかったが、毛沢東は「米国に二度と侮られない国になる」ためには手段を選ばず、主敵の米国を手本にすることをまったく厭わない柔軟な指導者であった。

ついでに書いておくと、鄧小平が「改革開放」政策を打ち出して以来、西側先進国では、鄧小平は毛沢東とは違って西側の価値観が分かる人間であり、鄧小平の「改革開放」を積極的に支援していけば、経済成長につれて中国は「近代社会」になり、自分たちと同じような国になるから、積極的に支援すべきだという考え方が蔓延した。だが、鄧小平はそれを利用して先進国から経済援助・技術援助を引き出し、それを元手に著しい経済成長を遂げるとともに、軍事大国へと成長させる路線を敷いた。

その路線の下で、江沢民、胡錦濤、習近平らの指導者は、米国をはじめとする先進国から取るものを取り、利用するだけ利用して、米国も侮れないほどの「力」を付けるに至った。そして、取るものを取られ、ほとんど用済みという段階になって、国際社会はようやく中国が「米国を中心とする国際秩序」に挑戦し、「中国を中心とする国際秩序」を構築しようとしていることに気付いたのである。

著者は大学教授時代の教え子に「中国と国際社会の関係は、『ウサギとカメ』の寓話と同じだから、決して侮ってはならない」と教えてきたが、現在の国際情勢を見るにつけ、その教育は間違っていなかったと感じている。

＊

今後、中国は「米国に二度と侮られない国になる」という毛沢東の悲願を実現するために、一瀉千里に突き進むであろう。それは今、南シナ海で起こっているような無法がまかり通るようになるということであるから、様々な摩擦を引き起こさずにはおかないが、中国大陸と南シナ海すなわち「南部戦区」の西側では、一九五〇年代から営々と築き上げてきたアジア、中東、アフリカへの影響力を基盤として、「中国を中心とする国際秩序」を形成していくであろう。「一帯一路」は、いろいろな解説が出始めているが、そのための道具立て以外の何物でもない。同時に東側では、台湾の統一を実現するため、周辺海域から米国を追っ払うことに全力を挙げるであろう。その中で、台湾の隣国であるわが国への圧力は高まり続けることは間違いない。

中国は核戦力を中心として宇宙と海洋に進出し、わが国と台湾を包囲しつつあるが、近年はそれに加え、航空戦力、サイバー・電子戦能力、或いはいわゆる「三戦」なども含め、総合的に戦力を高めている。著者が警鐘を鳴らし続けてきた中国の海洋進出に限っても、本書を出版した二〇一一年当時と比べて大きく進展し、東シナ海では、尖閣諸島周辺海域に中国公船の侵入が常態化し、ガス田では採掘施設が軍事拠点化されつつある。また中国海軍艦隊は、東シナ海から沖縄・宮古海域を通り抜け、西太平洋の沖ノ鳥島周辺海域で軍事訓練・軍事演習を常態化するようになったばかりか、艦隊の行動がより細かくなり、大隅海峡、対馬海峡、津軽海峡、宗谷海峡等を通航したり、日本列島を一周することも珍しくなくなってきている。中国海軍の中では一九八〇年代から「二〇五〇年までに機動部隊を三個保有する」という構想が語られてきたから、いずれ中国の空母機動部隊がわが国周辺海域に現れることも覚悟しておかねばならない。

＊

こうした中で、わが国が生き残るためには「自分の国は自分で守る」という当たり前の原則に立ち、中国に対して一瞬たりとも隙をつくらないことが大前提である。同時に、わが国は核兵器を持っていないのだから、磐石な日米同盟が絶対条件である。

第5章で論じたが、地図を逆さまにすれば分かるように、わが国の南西諸島と台湾は「天然の要害」であり、中国大陸を半包囲している。それを突破するために中国は宇宙と海洋からわが国と台湾を包囲しようとしているが、この恵まれた「天然の要害」を死守し、イザという時には必要な態勢がとれるよう、中国を包囲し続けなければならない。

中国の歴代王朝は、風船玉が膨らんだり萎んだりするように、中央政府が強固な時には膨らんでいくが、弱体化すると簡単に捨ててしまうという歴史を繰り返してきた。わが国が危殆に瀕する今、読者には本書の第1章に掲げた地図を何度も繰り返し見てほしい。これらの地図を見れば分かるように、漢民族が住んでいたのはもともと黄河と長江周辺の小さな地域であった。今は風船玉が膨らみ続ける方向にあるが、いつまた萎む時期がこないとも限らない。その時まで、わが国は必死に耐える努力を怠ってはならない。

二〇一七年十二月

平松茂雄

＊本書は、二〇一一年に当社より刊行した著作を文庫化したものです。

草思社文庫

中国はいかに国境を書き換えてきたか

地図が語る領土拡張の真実

2018年2月8日　第1刷発行

著　　者　平松茂雄
発 行 者　藤田　博
発 行 所　株式会社 草思社
〒160-0022　東京都新宿区新宿1-10-1
電話　03(4580)7680(編集)
　　　03(4580)7676(営業)
　　　http://www.soshisha.com/
本文組版　朝日メディアインターナショナル株式会社
印 刷 所　中央精版印刷株式会社
製 本 所　加藤製本株式会社
本体表紙デザイン　間村俊一

ISBN978-4-7942-2321-0　Printed in Japan

草思社文庫既刊

鳥居 民
毛沢東 五つの戦争

朝鮮戦争から文革まで、毛沢東が行なった五つの「戦争」を分析し、戦いの背後に潜む共産党中国の奇怪な行動原理を驚くべき精度で解明する。いまなお鋭い輝きを放つ鳥居民氏処女作、待望の文庫化！

鳥居 民
「反日」で生きのびる中国

中国各地で渦巻く反日運動――その源流は95年以降の江沢民の愛国主義教育に遡る。中国の若者に刷り込まれた日本人への憎悪と、日本政府やメディアの無作為。日本人が知らない戦慄の真実が明かされる。

鳥居 民
近衛文麿「黙」して死す

昭和二十年十二月、元首相・近衛文麿は巣鴨への出頭を前にして自決した。近衛に戦争責任を負わせることで一体何が隠蔽されたのか。文献渉猟と独自の歴史考察から、あの戦争の闇に光を当てる。

草思社文庫既刊

兵頭二十八
北京が太平洋の覇権を握れない理由

太平洋をめぐる米国と中国の角逐が鮮明化しつつある。中国共産党が仕掛ける〝間接侵略〟の脅威とは？ 米中開戦を想定し、日本はじめ周辺諸国がこうむるであろう影響を、軍事評論家がリアルにシミュレート。

兵頭二十八
「日本国憲法」廃棄論

マッカーサー占領軍が日本に強制した「日本国憲法」。自衛権すら奪う法案を日本が丸呑みせざるを得なくなった経緯を詳述。近代精神あふれる「五箇条の御誓文」の理念に則った新しい憲法の必要性を説く。

山岡淳一郎
田中角栄の資源戦争

70年代、日米関係のタブーを踏み超えて挑んだ世界の「資源争奪戦」の恐るべき実態とは？ 独自の石油獲得に加えウラン燃料へのルートにも手を伸ばした角栄の航跡をたどる。3・11後の日本の針路を問う力作。